일상의 기하학

일상의 기하학

장두영 평론집

도화

책머리에

　이 책은 앞서 출판된 『소통의 상상력』, 『애도의 시간』과 더불어 문학평론서 삼부작의 마지막에 해당한다. 이 책은 지금까지 지속해 온 문학평론 관련 작업을 일단락 짓는 책이다. 물론 여기서 말하는 일단락은 마침표가 아닌 쉼표를 의미한다.
　그동안 다루었던 여러 작품이 생각난다. 작품을 읽는 시간은 즐거움의 시간이었다. 작품을 읽을 때 느꼈던 희로애락의 감정이 다양한 색채의 물방울처럼 눈앞에 펼쳐진다. 작품을 읽으면서 작중인물의 사색과 고민, 열정과 절망로 이루어진 허구 세계에 흠뻑 빠져들 수 있었다. 그런 작품을 쓰기 위해 고군분투한 여러 작가에게 깊은 감사를 드리며, 동시에 작품의 의의와 가치를 제대로 드러내지 못한 점에 대해 무척 송구하다는 말씀을 드린다.
　비평문을 작성하던 시간도 머릿속에 떠오른다. 작품에서 흥미로운 대목을 마주하면 금방이라도 글을 쓸 수 있겠다는 기대감에 흥분하다가, 막상 본격적으로 글을 쓸 때면 애초의 자신감은 사라지고 불안감과 압박감이 엄습했다. 하지만 괴로움 속에서 한참을 허우적대다 보면, 어느새 일체의 잡념 없이 그저 무덤덤하게 글쓰기에 몰두하고 있는 자기 자신을 문득 발견하게 된다. 짧지만 강렬하게 찾아오는 그 순간, 충일감마저 느낄 수 있었다. 분명 글을 쓰는 시간은 고통의 시간이었고, '그래서' 즐거움의 시간이었다.

    이 책으로 문학평론 삼부작은 마무리 되지만 작품을 읽고 쓰는 작업은 앞으로도 계속된다. 글 읽기의 즐거움과 글쓰기의 즐거움이란 너무나도 강렬한 이끌림이기 때문이다.

2024년 가을
다산관에서

차 례

책머리에

1부

일상의 기하학 … 10
-홍영숙 ≪퀼트탑≫

그녀의 시선이 향하는 곳 … 30
-서용좌 ≪흐릿한 하늘의 해≫

어느 관찰자의 우아한 시선 … 45
-김영민 ≪카모테스≫

분위기의 기호학 … 59
-심강우 ≪전망대 혹은 세상의 끝≫

일상 속 작은 희망을 찾아서 … 82
-김연정 ≪오후의 뒤뜰≫

집으로 돌아가는 길 … 101
-이월성 ≪인간등대≫

무언가를 사랑하기 위해 … 119
-윤원일 ≪거꾸로 가는 시간≫

시간의 위력, 인간의 길 … 139
-최성배 ≪나비의 뼈≫

2부

상처, 상실 그리고 회복 … 156
시간을 건너서 … 174
상처와의 대화 … 194
형식의 실험과 소설의 과제 … 207
그래도 그들은 걸어간다 … 220
환각과 스타일 … 234
소설적 장치와 주제의 구현 … 250
길 위의 운명 … 265
상호텍스트적 서사의 세 가지 예시 … 281
가족이라는 이름으로 … 294
사람과 사람 사이의 거리 … 311
희망의 노래 … 326

1부

일상의 기하학

－홍영숙 ≪퀼트탑≫

1. 퀼트의 시간

≪퀼트탑≫에 등장하는 인물들은 대개 무언가에 열심이다. 퀼트 강사, 건설기능사, 아동복 디자이너, 영화감독 지망생, 역술가, 부동산중개인 등 소설 속에 등장하는 직업도 각양각색이다. 다양한 직업을 가진 여러 인물은 각자 자신에게 부여된 일에 수행하기에 여념이 없다. 그뿐만이 아니다. 직업적으로 하는 일이 아니더라도 소설 속 인물들은 저마다 자기 일에 푹 빠져있다. 요가 수련, 숭어 방생, 김치 담그기, 경매 입찰 등 그들이 하는 일도 가지가지다. 소설은 사소한 행동 하나라도 놓칠세라 그들의 작업 내용을 부지런히 문장으로 옮기고 있으며, 그러한 서술이 소설의 상당 부분을 차지한다. 소설 속 인물도 열심이고, 그것을 소설 속에 담아내는 작가도 무척이나 열심이다.

꼭짓점이 희미하게 보인다. 정삼각형의 두꺼운 종이 본을 다시 천

위에 올려놓고 모서리를 맞춘다. 한 변이 십 센티미터인 첫 번째 조각의 꼭짓점이 머물고 있는 자리는 활짝 핀 빨간 장미 꽃잎이다. 연보라색 바탕에 빨갛고 노란 장미가 사방으로 이어진 무명천은 무늬 때문인지 재단선이 선명하게 나타나지 않는다. 한 손으로 본을 누르면서 모서리 부분에 샤프 연필을 대고 힘을 준다. 순간 도톰한 면직물의 감촉이 뾰족한 연필심을 타고 올라왔다 사라진다. 노란 장미 삼각 하나와 연보라색 삼각 두 개를 더 그린 다음 종이 본을 상자에 넣는다. 상자에는 삼각과 사각, 마름모 같은 본이 가득 들어 있다. 바느질 순서대로 조각에 번호를 붙인 후 천 밑에 받쳤던 사포를 빼내고 시접 선을 따라 가위를 놀린다. 가위 끝에서 잘려 나온 삼각 조각이 바람결에 꽃잎이 떨어지듯 마루 위로 흘러내린다. 조각을 모아서 가지런히 포개놓은 뒤 시침핀을 찾아든다. 겉을 마주 댄 일 번 조각과 이 번 조각의 모서리에 못을 박듯 시침핀을 꽂는다. 겹쳐진 조각의 가장자리도 핀으로 땀을 떠서 고정시킨다. 벌써 여섯 시다. 아이가 일어나기 전에 블록을 완성하려면 서둘러야 한다.(〈퀼트탑〉)

〈퀼트탑〉의 서두를 보면 작가가 인물이 하는 일에 대해 얼마나 많은 관심과 노력을 기울이고 있는지 쉽게 확인할 수 있다. 소설의 문장은 천 조각을 오려 붙이는 바느질 작업을 세밀하게 따라간다. 각양각색의 천 조각을 이리저리 넘나들기를 반복하는 바느질 작업은 천 조각의 색깔이나 형태뿐만 아니라 '도톰한 면직물의 감촉'까지 놓치지 않고 있다. 어찌나 작업에 몰두하는지 바느질하는 주인공의 의지에 따라 작업이 이루어지는 것이 아니라 바느질 작업 자체가 주인공을 이끌고 가는 형국이다. 일체의 잡념이 사라진 고요하고 엄숙한 분위기 속에서 한 치의 흐트러짐도 없이 지속되는 바느질 작업은 흡사 절대자를 향해

올리는 수도승의 경건한 기도를 연상케 한다.

정교하고 치밀하게 이루어지는 것은 소설 속 바느질 작업만이 아니다. '주인공이 이른 시간에 바느질을 하고 있다'라는 평범한 진술에 경건하고 신성한 의미를 부여하는 것은 전적으로 작가의 글쓰기에 의존한다. 손끝에 느껴지는 천 조각의 미세한 촉감까지 문장으로 담아내는 섬세한 글쓰기 작업이 지향하는 바는 평범하게 보아 넘길 수도 있던 일상의 사소한 조각들에 묻어 있는 감각을 일깨우는 일. 이러한 작가의 글쓰기를 통해 요가 수련에 심오한 세상의 비의가 숨겨져 있는 듯한 묘한 느낌을 가질 수 있고, 경매 입찰에 주인공의 꿈과 희망, 좌절이 고스란히 담겨질 수 있으며, 매일같이 식탁에 오르는 김치를 담그는 일에서조차 여자의 일생에 관한 묵직한 여운이 느껴질 수 있다. 홍영숙 소설에서 '등장인물이 하는 일'은 단순히 소설 속 사건에 그치지 않고 삶에 관한 감각을 담아내는 소설적 장치가 되는 셈이다.

모든 소설은 자전적이다. 작가의 자전적 경험에서 출발하여 섬세하고도 치밀한 묘사가 가능할 수 있다. 이런 점에서 〈퀼트탑〉의 서두에 제시된 바느질 작업 역시 작가의 자전적 면모가 발현된 것이 아닌가 추측되기도 한다. 터키의 지하도시를 관광한 경험을 소설화한 것이 〈깊은 우물〉이고, 어린 시절의 아버지에 관한 회상을 소설화한 것이 〈치자꽃〉이 아닐지 하는 추측도 가능할 듯하다. 그러나 이러한 추측을 벗어나는 대목 역시 만만치 않다. 〈숭어〉는 건설 현장에서 미장 공사를 하는 남자를 주인공으로 내세우는데 이른 새벽 바느질을 하던 여자와는 꽤 거리가 멀어 보인다. 〈마지막 비행〉의 늙은 역술가의 일대기 역시 자전적 경험이라고 보기에는 어렵다.

　소설은 자전적인 체험의 영역만으로는 이루어질 수 없다는 것 또한 당연한 이치다. 바느질이든 사주 보기든 작가는 소설 속 인물이 되어 그 인물의 체험을 상상해야 한다. 손끝에 느껴지는 감각을 상상하고, 한 땀 한 땀 바느질할 때의 고요하고 적막한 분위기를 상상해야 한다. 이때 성실한 취재가 뒷받침되어야 함은 물론이다. 건설 현장, 부동산 중개사무소, 경매입찰장, 요가학원 등을 돌아다니며 그곳의 모습을 꼼꼼히 메모하고 스케치하는 노력 없이는 그처럼 다양한 직종과 작업을 다루지 못했을 것이다. 설령 다루었다 하더라도 〈퀼트탑〉의 서두에서 보이는 것과 같은 독특한 분위기의 형상화에는 미치지 못했을 것이다. 일부의 자전적 요소를 제외한 나머지 대부분은 취재하고, 상상하고, 문장으로 재현하는 글쓰기의 몫이라 보는 것이 옳을 듯하다.

　다시 앞의 인용으로 상기하자. 주목할 부분은 "벌써 여섯 시다. 아이가 일어나기 전에 블록을 완성하려면 서둘러야 한다."라는 마지막 대목이다. 한참 동안 바느질 작업을 묘사하는 데 몰두하던 서술은 이제야 '여섯 시'라는 시간적 배경을 알려준다. 마법은 끝나고 이제 아이를 학교에 보내고, 자신은 퀼트 학원으로 출근하는 일상이 시작된다. 주인공의 일상은 초라하고 보잘것없다. 출근하는 길에 마주친 피곤한 얼굴들, 미스 김의 젊음과 대비되어 더욱 초라해 보이는 거울 속 까칠한 자기 얼굴, 화장기 없는 푸석한 피부에 자신보다 오 년은 더 늙어 보이는 친구 미연의 얼굴 등 꿈이나 희망과는 거리가 멀어 보이는 얼굴들로 가득한 일상이다. 일상은 경건하기까지 하던 바느질 작업과 선명한 대조를 이룸으로써 초라한 모습이 더욱 두드러진다. 자기 일에 몰두하는 인물에 관한 묘사는 초라한 일상을 이어나갈 수밖에 없는 삶의 아이러니로 이어진다.

무언가에 몰두하는 인물들의 일상을 따라가다 보면 자연스럽게 그들이 걸어온 삶의 궤적이 펼쳐진다. 남편의 사업 실패로 인해 생계의 곤란을 겪게 되어 퀼트 작업을 하게 되었다는 것, 디자이너로 사는 생활에 지쳐 알레르기 비염, 위염, 대인기피 등의 상황에 이르렀고 이를 극복하기 위해 요가 수련을 하게 되었다는 것, 우울증을 앓고 있는 어머니에게 아늑한 보금자리를 마련해 드리기 위해 경매에 뛰어들게 되었다는 것 등 순탄치 않았던 인물들의 삶이 엮여 나온다. 자칫 신산한 삶을 살고 있는 사람을 소설화하다 보면 이야기는 그저 그런 고생담이 되어버릴 위험도 있다. 소설집 ≪퀼트탑≫은 무언가에 열심인 인물을 소설의 전면에 내세워놓고, 그 인물의 일상을 살피는 과정에서 그간의 삶을 소개하는 방법을 취함으로써 그와 같은 위험에서 벗어난다. 그 결과 홍영숙의 소설은 단편 형식의 미학에 충실하면서도 그 속에 일상의 다양한 국면과 신산한 삶을 살아가는 사람들의 생생한 얼굴을 담아내는 데 이르고 있다.

2. 균열된 삼각형

홍영숙의 소설에는 여러 개의 삼각형이 산재해 있다. 가령 〈퀼트탑〉에 나오는 삼각형의 작은 천 조각 같은 것들이 우선 눈에 띈다. 그러나 퀼트 작업이 그러하듯 개별적인 삼각 조각은 그것들을 이어 붙이는 바느질 작업을 거쳐 더 큰 삼각형을 이룰 때 의미를 지닌다. 바느질에서 삼각형은 이미 '완성'되어 있는 각각의 조각이라기보다는 희미하게 보이는 세 개의 꼭짓점 사이에 펼쳐지는 세 개의 변으로 만들어지는 '과정' 그 자체이다. 꼭짓점을 향하는 바느질의 궤적은 때로는 흔들리기도 하고 비뚤어지기도 하는데, 그럴 때 삼각형은 깨어지고 끝내 사라질 수도 있다. 어느 한 변이라도 재단 선에서 벗어나면 서로 길이가 달라져 정삼각형이 유지될 수 없다는 퀼트 작업의 기본 원리가 가르쳐주듯 삼각형은 조화와 균형이 관건이다.

> 언니의 배추김치는 남들이 흉내 낼 수 없을 만큼 맛이 독특했다. 많이 매운 고추를 쓰고 무채의 양도 평균치보다 줄였지만 국물은 적당히 달고 시원했다. 언니는 간수를 뺀 보송보송한 굵은 소금으로 배추를 절이고 간을 맞췄다. 나는 김치 국물에 기포가 생기고 배추가 위로 들려지면 김치통을 냉장고에 넣었다. 하루 이틀 뒤 배추가 가라앉은 다음 김치를 꺼내면 어머니의 김치 맛과 비슷하면서도 사이다처럼 톡 쏘는 맛이 났다. 총각김치도 마찬가지였다. 무와 잎을 소금에 절이지 않고 양념으로 간을 맞춘 총각김치는 무 본래의 맛이 살아 있어 먹고 나면 속이 개운했다. 일 년 중 어느 때라도 언니의 총각김치가 상 위에 올라오면 입안에 군침이 돌았다.(〈깊은 우물〉)

조화와 균형이 중요한 것은 김치 담그기도 마찬가지다. 소금의 양, 배추 절이는 시간, 곁들이는 양념이 조화를 이루지 않으면 '어느 때는 국물이 넘쳤다가 그다음 번은 양념이 말라서 군내가 난'다. 이에 〈깊은 우물〉에 나오는 언니의 김치 담그기란 그녀 자신의 삼각형 만들기 작업이라는 점에서 〈퀼트탑〉의 바느질과 동격이다. 육체와 정신의 조화와 균형을 되살려 일정한 자세를 유지하는 요가 수련(〈중독〉), 타당한 금액을 계산하여 입찰금과 입찰보증금을 준비하고 적당한 시점에 입찰하여 매각 물건을 낙찰받는 일(〈오래된 집〉), 타일을 붙일 때 타일의 간격을 적절히 맞추고 접착제의 양을 조절해야 알맞은 결과가 나오는 미장일(〈숭어〉) 등은 모두 조화와 균형이 관건인 삼각형 만들기 작업이다. 심지어 늙은 역술가가 짚고 있는 지팡이 역시 성치 못한 두 다리를 보완하는 하나의 꼭짓점이 되어 삼각형을 이루고 있다(〈마지막 비행〉).

문제는 소설 속의 삼각형에는 크고 작은 균열이 발생한다는 점이다. 바느질은 자꾸 어긋나 삼각형의 다른 꼭짓점에 정확히 안착하지 못하고, 늘 자랑스럽게 주변 사람들에게 선물하곤 하던 언니의 김치는 본래의 맛을 잃었다. 충분히 낙찰받을 수 있으리라던 예상과는 달리 입찰보증금과 입찰금을 잘못 기입하는 어이없는 실수로 인해 '오래된 집'과의 인연은 멀어지고 말았다. 삼각형이 철저히 조화와 균형의 산물이라고 할 때, 삼각형은 안정적으로 유지되던 일상에 관한 하나의 비유다. 소설 속의 삼각형에 점차 균열이 생기고 급기야 허물어지듯이 인물들의 일상적인 삶은 각자의 희망에서 점점 멀어지고 있다. 이처럼 홍영숙이 구축하고 있는 일상의 기하학은 변화를 담아낸다는 점에서 정적이라기보다는 동적인 것이며, 그것도 우상향의 발전이 아니라 그와는 반대의 실패를 향한 변화이다.

실패로 귀결되는 삼각형은 무엇보다도 주인공의 가족 관계에 생긴 변화에서 명시적으로 확인된다. 홍영숙 소설의 특징적인 가족 구도라고 할 수 있는 '아버지-어머니-자식' 혹은 '남편-아내-아이'라는 삼각형에서 꼭짓점들이 이탈하여 삼각형이 붕괴된다. 삼각형은 하나의 꼭짓점이라도 소실되면 더 이상 삼각형이 될 수 없다. 아니, 면적을 지닌 도형이 될 수 없다. 꼭짓점이 빠진 삼각형은 아무런 면적을 지니지 못하는 선분이나 점에 불과하다. 남편의 사업 실패로 아내와 아이만 남게 되는 상황(〈퀼트탑〉), 아버지가 사망하여 어머니와 자식만 남게 된 상황(〈오래된 집〉, 〈스토리마케팅〉), 혹은 그와는 반대로 아내가 자살하고 남편과 자식만 남게 되는 상황(〈깊은 우물〉), 왕따당하는 아이의 교육 문제로 기러기 아빠 신세가 되는 상황(〈숭어〉), 불임 부부라 아이 없이 남편과 아내만 있는 상황(〈중독〉), 아버지의 병환 때문에 아버지와 어머니가 서울로 떠난 상황(〈치자꽃〉) 등 모든 작품에서 가족 관계의 삼각형은 깨져 있다.

> 나는 지금 하고 있는 퀼트가 좋아. 바늘을 손에 쥐고 앉아 있으면 그 순간만큼은 아무 생각도 안 나. 어떤 날은 한 땀 한 땀 떴을 뿐인데 날밤을 새우기도 하고 작품이 완성돼 있기도 해. 그때의 희열이랄까 충족감은 어떻게 설명이 안 돼.(〈퀼트탑〉)

'나'는 새벽에 고요하게 이루어지는 바느질 작업 시간만큼은 아무 생각이 나지 않는다고 말한다. 그러나 이때 느끼는 희열과 충족감은 일상적 현실에서의 감당해야 하는 괴로움을 일시적으로 내려놓을 때

누리게 되는 만족감이다. 잠깐의 휴식 시간이 끝나면 그들은 다시금 차갑고 무거운 일상을 견뎌내야 한다. 여섯 시가 되어 다시 비루한 일상이 시작되면 그들은 자신의 희망과는 멀어진 현재의 처지 때문에 괴로워하게 될 것이다. 당장의 생계를 위해 옆을 돌아볼 여유 없이 살아내야 하는 일상의 부담에 이리저리 치이게 될 것이다. 현실의 일상과 대비를 이루고 있는 일시적인 희열과 충족은 그것이 사라지고 난 후 더 깊은 좌절감을 불러올 수도 있다.

이처럼 홍영숙 소설에서 전개되는 삼각형의 기하학은 두 개의 층위로 나뉜다. 인물들은 붕괴된 가족 관계로 대표되는 실패의 삼각형 속에서 또 하나의 새로운 삼각형 만들기 작업에 몰두하고 있다. 인물들이 '무언가에 열심이다'라는 문장은 그들이 '새로운 삼각형 만들기에 열심이다'라는 문장으로 바꿀 수 있다. 새로운 삼각형 만들기 작업은 비록 일시적이나마 그것에 몰두하는 순간만큼은 희열과 충족감을 선사하기도 한다. 그러나 일시성이라는 한계 탓에 만족의 순간이 지나가면 실패한 삼각형을 재확인하게 될 수밖에 없다. 실패한 삼각형을 재확인하는 것은 좌절을 더욱 가중시킨다.

≪퀼트탑≫에 수록된 소설의 결말은 대개 실패로 끝난다. 실패로 끝나는 결말이 충분한 예고라든가 필연적인 과정의 결과로 제시되기보다는 다소 돌발적이고도 급작스럽게 이루진다는 점은 소설적 형상화의 측면에서 아쉬움이 남는다. 주인공이 갑자기 교통사고를 당한다든가(〈마지막 비행〉), 실수로 서류를 잘못 작성하여 경매에 실패한다든가(〈오래된 집〉) 하는 설정은 극적인 개연성을 저해하는 것이 사실

이다. 그럼에도 불구하고 그러한 결말의 아쉬움은 소설이 시작될 때부터 실패가 예정되었기 때문에 발생한 필연적 결과가 아닐지 하는 추측도 가능하다. 인물들은 처음부터 실패한 삼각형 속에서 새로운 삼각형을 만들고자 시도하였고, 그러한 시도는 애석하게도 실패의 재확인으로 귀결되고 만다는 것이 소설의 기본적인 서사 구성 원리이기 때문이다. 비루한 일상, 신산한 삶 속에서 여전히 무언가를 위해 발버둥을 치고 있지만 그곳에서 헤어 나오지 못하는 자들을 향한 안타깝고 애처로움이 홍영숙 소설 전반을 감돌고 있는 페이소스이기 때문이다.

3. 꽃이 있는 정원

홍영숙 소설 속 인물들은 과거 한때 삼각형의 아늑함 속에 머무른 적이 있다. 비록 이제는 멀어져 버린 시공간이지만 삼각형에 관한 향수는 여전히 남아 있다. 그것은 낙원에서 쫓겨난 인간이 그리워하는 신화 속 시공간을 향한 향수이며, 모든 인간의 마음속 깊이 자리하고 있는 원초적 고향에 대한 향수이다. 실패로 귀결되고 마는 홍영숙의 소설이 절망이나 허무로 빠져들지 않고, 일상에서 힘겨워하는 자들을 향한 공감으로 나아갈 수 있는 힘 또한 삼각형의 시공간에 관한 아련한 향수를 소설화하고 있기 때문이 아닐까. 그것은 그리움이라 부를 수 있고 복원을 향한 소박한 소망이라 부를 수도 있을 것이다.

어머니가 그리워하는 시간은 내가 초등학교 오 학년 때였다. 처음

장만한 마당이 있는 조그만 단층집에서 우리 세 식구는 모처럼 단란했다. 그 뒤 아버지의 월급을 모아 집을 늘리기도 했지만 어머니의 기억 속에 있는 우리 집은 처음 샀던 그 집뿐이었다. 그때 어머니가 아파트보다 추운 주택을 택한 것은 정원이 있는 집이 필요해서였다. 어머니는 꽃밭에 목련과 장미를 심고 여러 일년초들도 심었다. 꽃이 피면 어린 내게 꽃 이름을 가르쳐주며 흐뭇해했다. 어느 장마철에는 어머니가 꽃밭 둘레에 테두리 삼아 뿌려놓은 채송화 씨가 빗물에 대문 앞까지 떠내려가서 채송화 섬이 만들어지기도 했다. 대문 옆에는 나랑 같이 종로에 가서 사온 감나무를 심었다.(〈오래된 집〉)

〈오래된 집〉은 안정적인 삼각형을 유지하고 있었던 단란한 일상의 가족이 거처했던 시공간을 보여준다. '나'는 교통이 불편하고 초라한 외관의 단층 기와집을 경매로 낙찰받기 위해 '열심'이다. '나'가 그 집에 '오래된 집'이라는 별칭을 붙여놓고 가슴에 담아 놓은 것은 그 집이 과거의 행복했던 시절을 떠올리게 하기 때문이다. 세 개의 꼭짓점, '세 식구'가 만들어 내는 화목한 가정은 홍영숙 소설이 그토록 갈망하는 안정적인 삼각형의 완성체가 아닌가. 어머니가 그리워하는 것은 안정적이었던 삼각형의 시공간이다. 세 식구가 단란하게 살았던 그 시절로 돌아가고 싶은 간절한 소망, 훼손되기 이전의 상태를 복원하고 싶은 욕망이 어머니가 가진 욕망의 실체다. 그렇기 때문에 '오래된 집'은 돈이 부족하여 어쩔 수 없이 내린 선택이 아니라, 과거의 시절을 회복하고 싶은 어머니와 '나'의 소망이 고스란히 담겨 있다. 이에 경매로 집을 구입하는 이야기는 과거의 시절을 회복하려는 소박한 간절함에 관한 이야기로 해석되어야 한다.

회상 속 정원의 풍경은 어수선하고 시끌시끌한 경매장 모습과 대비를 이룸으로써 더 한갓지고 소담하게 그려진다. 경매장은 살던 집이 경매로 넘어가 마음 졸이는 사람과 조금이라도 더 싼 가격에 집을 낙찰 받으려는 사람으로 가득 차 있다. 때로는 입찰을 방해하는 협잡꾼도 가세하여 더욱 소란스러워진다. 경매장에서는 조금이라도 더 많은 금액을 적어내는 사람이 이기는 게임이 펼쳐진다. 건축주가 부도를 내는 바람에 졸지에 살던 집을 경매 당하게 된 주민들은 전세금보다 높은 입찰가를 적었지만 그보다 월등히 높은 금액을 써 놓은 입찰자가 낙찰받는다. 낙찰에 실패한 아이 엄마나 중년 여자는 머지않아 자신들의 삼각형을 빼앗기게 될 것이다. 소중한 일상의 보금자리가 입찰 금액의 숫자로 환원되어 버리는 곳, 본래의 가치는 묵살당하고 돈으로 측정 가능한 가치만이 지배하는 곳이란 결국 붕괴된 삼각형의 세계다.

'나'가 '오래된 집'을 낙찰받으려 했던 것은 다른 것보다 정원이 있기 때문이었다. 어린 시절 어머니는 정원에 꽃을 심고 어린 아들에게 꽃 이름을 가르쳐주며 흐뭇해하곤 했다. 값비싼 장식물로 치장한 정원이 아니라 그저 어린 아들의 손을 붙잡고 꽃향기를 맡기만 하면 족한 그런 정원이다. 소박한 정원 속에 은은하게 퍼지는 꽃향기는 〈치자꽃〉의 서사적 공간에서도 동일하게 반복된다. 강아지를 데리고 가는 동생과 함께 이름 모를 꽃향기가 풍기던 길을 걸어가던 그때 "어둑어둑한 길에 하얀 진돌이의 몸뚱이가 밤바다 위에 흰 돛단배가 떠가듯 출렁이며 가고 있었다."(〈치자꽃〉) 한 편의 동화를 떠올리게 하는 서정적 정취는 소녀의 집 마당까지 이어진다. 아버지와 함께 꽃망울이 맺히기 시작한 꽃밭을 바라보며 엄마를 기다리던 마당, 아버지와 '나' 그리고 곧 돌아올 엄마까지 세 개의 꼭짓점이 화목하게 삼각형을 이루는 꽃이 있는 정원이다.

"치자는 꽃도 예쁘지만 향기는 더 좋단다. 향기를 간직한 사람이 되어야 한다."
나는 치자 향기에 대해 깊이 생각한 적이 없었으므로 빨리 치자꽃이 피기만 바랐다. 나중에 어떤 사람이 되는 것보다 아버지와 같이 치자꽃을 보고 향기를 맡는 일이 더 중요한 것 같았다.(〈치자꽃〉)

〈치자꽃〉은 병이 생긴 아버지가 병 치료를 위해 엄마와 함께 서울로 떠나고 남겨진 '나'가 집을 지키던 때를 회상하는 이야기다. 소설은 치자꽃의 개화에서 시작하여 낙화로 끝난다. 치자꽃 꽃망울이 맺힐 무렵 이야기는 시작되고, 치자꽃이 활짝 필 무렵 아버지가 오기 전에 치자꽃이 질까봐 마음을 졸이며, 길고도 힘들었던 여름이 끝나고 치자꽃이 떨어질 때 아버지는 다시 돌아온다. 아버지가 집을 떠날 때 꽃은 피기 시작하고, 다시 아버지가 돌아올 때 꽃이 졌다는 것은 치자꽃에 아버지의 부재라는 의미가 덧씌워졌다는 것이다.

과거의 시절을 회상하는 서술자로서의 '나'는 지금쯤 고향을 떠나 서울 어딘가에 살고 있을 듯하고, 치자꽃 향기를 좋아하던 아버지는 이미 고인이 되셨을 듯하다. 홍영숙 소설에서 과거의 삼각형은 시간이 흘러 현재에 이르렀을 때 늘 어느 한 꼭짓점이 소실되어 있곤 하기 때문이다. 그러나 이러한 막연한 추측보다 중요한 것은 현재의 시점에서도 여름철이 되면 어딘가에서 치자꽃 향기가 풍겨올 수도 있다는 것이다. 번잡한 일상에서 어쩌다가 치자꽃 향기를 느낀다면 그 순간 시간을 초월하여 무너졌던 삼각형은 다시 회복된다. '나'는 다시 어린 소녀로 돌아가고 향기를 간직한 사람이 되라고 말씀하시던 아버지가 꽃이 있는 정원 속에서 '나'의 옆에 서 있을 것이다.

〈마지막 비행〉의 복사꽃도 과거로의 비약을 가능하게 만드는 소설적 장치로 설정된다. 사무실을 나와 민 여사와의 약속 장소로 가는 길에 가로수의 벚꽃을 본 늙은 역술가는 벅차오르는 감정을 주체하지 못한다. 불구가 된 자신의 처지를 비관하여 다시는 돌아가지 않겠다고 결심했던 고향 산천이 떠오르고, 첫사랑 연옥의 얼굴이 머리를 스친다. 도화살을 타고 난 민 여사를 만나러 가는 길에 마주친 복사꽃이라서 더욱 그러한지, 복사꽃은 젊은 시절 이성을 향한 충동을 다시금 맛보게 하는 묘한 생명력을 지니고 있다. 마치 마르셀 프루스트가 '마들렌'을 매개로 과거의 잃어버린 시간 속으로 비약했듯 홍영숙의 소설에서는 정원이나 길가에 핀 꽃이 동일한 역할을 한다. 결코 잊을 수 없는, 잊히지 않는 삼각형의 추억은 소설 속 인물이 처한 상황을 넘어 고향을 향한 인간의 보편적 정서에 가까이 다가가고 있다.

4. 다시, 삼각형을 꿈꾸며

현재는 여전히 무너진 삼각형으로 남아 있다. 이따금 과거를 떠올리며 그리움의 향수에 젖어들기도 하지만 고개를 돌리면 여전히 초라한 일상적 삶이 펼쳐져 있다. 인간이 시간을 되돌릴 수 없다는 엄연한 진실은 홍영숙 소설에서도 예외가 아니다. 삼각형의 복원을 소망하지만, 현실은 그렇지 못한 상황은 〈스토리마케팅〉에 나오는 앵무새 조대리의 신세와 닮았다. 새장 속에서 갑갑증을 느껴 날갯짓을 해보지만, 견고한 새장 밖으로 탈출할 수 없는 앵무새의 처지는 일상의 굴레에 갇혀 벗어나지 못하는 소설 속 인물들의 상황을 대변한다.

무너진 삼각형이 내리누르는 중압감 탓에 간혹 절망의 나락으로 떨어지는 경우도 존재한다. 산행에 나섰다가 추락사한 〈깊은 우물〉의 언니는 절망의 깊이와 충격의 강도를 극단적으로 보여주는 사례다. 언니는 소설집에 등장하는 여타의 인물과는 다른 삶을 살고 있었다. 대개의 소설 속 인물들이 일상에 지쳐 허덕이고 있을 때, 언니는 남들이 보기에 누구라도 부러워할 만한 안정적인 삼각형의 정점에서 살고 있었다. 그러나 실상은 그녀 역시 불안하게 균열된 삼각형을 온몸으로 지탱하며 살아가고 있었음을 동생인 주인공은 뒤늦게 알아간다. 언니의 사망 장소인 산속 나무 그늘을 확인하자 언니의 절망이 한꺼번에 느껴진다.

언니가 실족을 한 장소는 성벽 아래 낭떠러지였다. (…) 나뭇잎 사이로 햇빛이 비치는 그곳은 멀리서 봤을 때보다 훨씬 아늑하고 비밀스러웠다. 경사진 땅에는 높이 올라간 나무 밑으로 잡초가 무성했다. 나무 그늘에 몸을 숨기면 찾기가 쉽지 않을 것 같았다. 문득 허리를 굽히고 데린구유의 땅속 마을을 신기해하던 언니 모습이 생각났다.

"데린구유도 대단하지만 그것을 지키기 위해 많은 이들이 한마음이 되었다는 것이 기적이 아니겠니."
 어쩌면 언니는 나무 그늘 아래에서 데린구유를 떠올렸을지도 모를 일이었다. 그곳이 데린구유인 듯 그 품에 안긴 것은 아닐까, 나는 억장이 무너지는 것 같았다.(〈깊은 우물〉)

 외부의 침략과 박해를 당한 터키인들이 자신의 종교와 문화를 지키기 위해 깊은 우물이라는 뜻을 지닌 지하도시 데린구유로 몸을 숨겼듯이, 언니도 나무 그늘 속으로 몸을 피했다는 것이 주인공이 내린 결론이다. 아니 억장이 무너지는 느낌으로 체감한 진실이다. 언니의 장례식장에서 보여준 시댁 식구들의 태도, 특히 형부의 낯선 모습은 겉으로 주변 사람들에게 부러움을 사던 언니의 삼각형이 사실은 오래전부터 위태롭게 무너져 내리고 있었음을 보여준다. 언니는 자신의 삼각형을 지키기 위해, 삼각형을 무너뜨리려는 외부의 위력을 피하기 위해 데린구유의 품에 안긴 것이다. 자살이라는 극단적 선택이 비겁한 도피인가, 자유를 향한 불가피한 선택인가를 판정하기에 앞서 무너진 삼각형의 중압감과 절망감이 얼마나 무겁고도 무서운지 알 수 있다.
 병에 걸린 인물이 빈번히 등장하는 것도 그들을 내리누르는 현실의 무게를 가늠하게 한다. 위염, 알레르기 비염, 폐쇄공포증, 대인기피증, 우울증, 사소한 피부 가려움증까지 병명과 증상도 무척 다양하다. 그런데 그것들은 한결같이 스트레스로 인해 발생한 것이라는 공통점이 있다. 불투명한 앞날 때문에 우울증에 걸리고, 부도 위기에 따른 불안감은 가려움증을 유발하고, 신제품 개발에 쫓겨 불규칙한 식사 습관 탓에 만성 위염에 시달린다. 사회는 사람들을 경쟁으로 내몰고, 그 속에서 사람들은 병들어가고 있다. 몇몇은 자신이 건강하다 믿고 있지만 이미 그들 또한 경쟁으로 몰아가는 일상에 중독되어 감각이 마비되어 있을 뿐 어딘가 문제가 생기고 있다는 것이 홍영숙 소설이 우리 사회를 향한 내린 진단이자 경고다.

여자는 주위를 둘러본다. 어느 결에 집으로 가고 있는 지하철을 타고 있다. 사람들 사이에 꼭 끼여 앉아 있는데도 답답하지 않고 견딜 만하다. 마음도 허공에 뜬 듯 한없이 편안하다. 곁에서 경민의 음성이 들리는 것 같다.
−병의 치유에 집착하는 것도 중독입니다. 중독은 또 다른 중독에 의해 치유되지만 우리는 그것을 뛰어넘어야 명상과 만날 수 있습니다.
여자는 다시 복식호흡을 한다. 들숨과 날숨이 물 흐르듯 이어진다.(〈중독〉)

절대로 충족시킬 수 없는 것이 인간의 욕망이다. 결여된 것을 채우면 또다시 새로운 욕망이 생겨나서 언제나 결여의 공허에 시달릴 수밖에 없다는 것이 욕망의 본질이다. 중독을 또 다른 중독으로 치유한다는 것은 욕망을 새로운 욕망으로 대체하는 것과 같다. 요가 강사 경민은 여자에게 욕심을 버리라 충고한다. 병은 정지된 상태의 중독, 중독은 썩는 법, 변화해야 새로운 삶을 살 수 있다고 그는 강조한다. 욕심을 버리고, 중독을 뛰어넘는 것, 그가 말하는 것은 일시적인 치료 방법이 아니라 근본적인 극복 방법이다.

생각해 보면 〈오래된 집〉에서 작은 정원에 소담스럽게 핀 꽃을 보며 그 꽃의 이름을 어린 아들에게 알려주는 것이야말로 그토록 갈망하던 삼각형의 순간이 아니었던가. 〈마지막 비행〉에서 길가를 걷다가 우연히 발견하게 된 꽃을 보면서 젊은 시절의 추억을 떠올리며 가슴 벅차했던 것 또한 삼각형을 회복한 순간이 아니었던가. 욕심과 잡념을 버리고 '다시' 복식호흡을 계속하는 것, 이어진 실이 삐뚤삐뚤하게 어긋나기만 하지만 패턴 속의 새로운 길을 만나기 위해 '다시' 무명천 위에 바늘을 꽂는 것이야말로 삼각형을 회복하는 방법이라 소설은 말한다.

〈스토리마케팅〉의 결말은 삼각형 만들기를 포기하지 않는 사람들의 소박한 희망을 제시한다. 새장을 벗어나기 위해 아우성치는 앵무새 조 대리를 보며, 새장에 갇힌 운명에 순응하는 것만이 행복에 이르는 길이라 생각했던 주인공 '나'는 "언젠가 조 대리도 알게 될 것이다. 새장 밖으로 향한 꿈을 품고 살았던 때가 행복했음을."이라며 자기 생각을 번복한다. 신산한 삶을 살고 있기는 마찬가지인 김 실장도 "헛된 희망이라도 있어야 저 같은 놈도 이 험한 세상을 살지요"라며 화답한다. "나는 지금이야말로 진정한 스토리마케팅이 시작되는 때라고 생각하며 특별 매물 공책을 끌어당겼다."라는 소설의 마지막 문장에서 그들은 '다시' 삼각형의 회복을 꿈꾼다. 그들은 포기하지 않고 '다시' 꿈꾸어야 한다고 다짐한다. 소박한 그들의 희망과 다짐 속에서 삼각형 회복을 위한 하나의 가능성을 예감한다.

5. 우리를 향한 위로

홍영숙 소설에서 그려지는 일상은 화사함과는 거리가 멀다. 소설의 문장 곳곳에서 피로한 얼굴들이 떠오르고, 잃어버린 과거의 시절에 대한 아련함이 묻어난다. 회색이나 갈색의 느낌에 가깝다. 그렇다고 해서 소설이 절망과 분노, 울분으로 이어지는 것은 아니다. 소설 속 인물들은 신산한 삶을 살아가고 있지만 자신의 처지에 항변하지 않고 묵묵히 그것을 자기 삶으로 받아들이고 있다. 그들은 중단하거나 포기하지 않고 계속해서 '다시' 삼각형 만들기 작업에 몰두함으로써 희망의 가능성을 체현하고 있다.

앞서 이 글의 서두에서 소설 속 인물들은 무언가에 열심이고, 작가 또한 그러한 그들을 그려내기에 열심이라 밝힌 바 있다. 작가 홍영숙은 일상 속 사람들의 얼굴을 작품 속에 생생히 담아낸다. 새벽녘 바느질에 몰두하는 〈퀼트탑〉의 주인공에서 작가의 모습을 연상했던 것도 그런 이유에서다. 그 결과 불안하고, 외롭고, 애처로운 이들이 느끼는 삶의 감각이 소설의 문장 곳곳에 오롯이 담겨 있다. 동시에 작가는 그들의 힘겨워 보이는 발걸음에 하나하나에 함축되어 있는 은근한 생활력 혹은 생명력도 아우르고 있다.

영화에 관심을 가진 것은 재수생 때였다. 이과를 선택했으나 대학 시험에 떨어진 나는 목동에서 입시학원을 다니고 있었다. 다시 이과를 선택하려니 내 길이 아닐 것 같은 생각이 들었다. 울적한 마음도 가라앉힐 겸 극장을 갔다. 코미디 영화였는데 극장을 나설 때는 기분이 한결 가벼워져 있었다. 나도 사람에게 위로가 되는 영화를 만들고 싶었다.(〈오래된 집〉)

소설집 ≪퀼트탑≫은 재수생의 울적한 마음을 위로해준 한 편의 코미디 영화 같은 것이 아닐까 생각해 본다. 만약 당신이 가끔 일상에서 외로운 피로감을 느낀다면 이 소설집은 훌륭한 위로가 될 것이다. 당신이 한 번이라도 꽃향기를 맡으며 과거의 아련한 추억을 떠올린 적이 있다면 이 소설집은 공감의 장이 되어줄 것이다. 무너져버린 일상의 삼각형 속에서도 부단히 삶의 발걸음을 계속 이어가는 자들의 얼굴을 마주한다면 삶에 대한 경외감마저 느낄지도 모르겠다. 소설집 ≪퀼트탑≫은 우리 모두를 향한 담담하고 잔잔한 위로의 메시지다. 포기하지 않고 다시 일상의 삼각형을 회복하려는 사람들의 소박한 희망을 향한 응원의 메시지다. 작가 홍영숙은 일상의 섬세한 촉감과 결을 제대로 어루만질 줄 아는 작가다.

그녀의 시선이 향하는 곳

– 서용좌 ≪흐릿한 하늘의 해≫

1. 한금실의 시선

　서용좌의 ≪흐릿한 하늘의 해≫를 장편소설이라 불러야 할지, 소설집이라 불러야 할지 망설여진다. 책 표지에 떡하니 '장편소설'이라고 적혀 있으니 당연히 장편소설이 아닌가? 또 작가의 서문에도 나와 있듯 ≪표현형≫이라는 전작에 이어지는 하나의 이야기, 곧 한 편의 장편소설 아닌가? 그러나 막상 책을 읽어보면 〈슬픈 족속〉부터 〈안개〉까지 12편의 단편소설을 묶어놓은 소설집 같다는 느낌을 받는다. 각각의 작품은 서로 독립적으로 존재하고 있어, 굳이 책을 처음부터 읽지 않아도 큰 지장이 없다. 각각의 이야기는 나름대로 시작과 중간과 끝을 지니고 있어, 따로 떼어 발표하더라도 단편이라 부르기에 손색이 없다.

　그럼에도 불구하고, 장편소설이라 부를 수 있는 이유는 무엇일까? 그것은 아마도 서술자의 존재와 관련이 있을 듯하다. 12편의 이야기에는 모두 '한금실'이라는 인물이 서술자로 설정되어 있다. 한금실의 눈과 귀를 통해 소설의 모든 내용이 포착된다. 이야기 12편은 각기 다른 주제의 이야기들을 펼쳐내고 있지만, 한금실이라는 서술자가 그것을 묶어냄으로써 이야기들 사이에는 제법 견고한 연결 고리가 형성된다. 굳이 장편소설이 아닌 단편소설에 가깝다고 보더라도 뚜렷이 연작소설을 떠올리게 하게끔 만드는 소설적 장치가 바로 동일하게 유지되는 서술자 한금실의 존재이다.

실상 ≪흐릿한 하늘의 해≫는 한금실의 시선으로 읽어주기를 간곡히 요청한다. 작가 서문에 해당하는 〈글을 쓴다〉에서는 글의 말미에 '한금실, 가공의 서술자'가 썼다고 적혀 있다. 굳이 작가의 이름 대신 한금실이라는 이름을 들고나온 것, 그것도 '가공의 서술자'임을 또다시 강조한 것은 실제 작가의 존재를 소설 속 가공의 인물로 완벽히 대체하고 싶은 소설가의 원초적 욕망의 반영일 터이다. 물론 작가와 소설 속 인물의 분리 성공 여부는 전적으로 독자의 판단에 달려 있으며, 분리의 성공이 작품의 성공으로 직결되지는 않는다 하더라도 허구적 형상화의 성취 정도를 따지는 차원에서는 참고가 될지도 모르겠다.

그런데 ≪흐릿한 하늘의 해≫는 여기서 한 걸음 더 나아간다. 소설을 읽다 보면 한금실에 관한 신상정보들이 이곳저곳에서 불쑥불쑥, 그것도 반복적으로 튀쳐나온다. 1975년생, 여성, 미혼 혹은 비혼, 프랑스에서 불문학 박사학위를 받고 귀국, 현재는 광주에 있는 어느 대학에서 시간강사. 아버지는 누구고, 어머니는 어떤 성격이고, 동생은 몇 명인지 따위. 사정이 이러하다 보니 아무리 ≪흐릿한 하늘의 해≫를 독립된 12편의 단편들로 여기고 읽어나가더라도 어느새 한 손에는 한금실의 프로필이 슬그머니 쥐어진다. 어느 한 편이 아니라 12편 전체 곳곳에서 고개를 내밀고 있어, 소설은 연속성을 확보하고, 일단 확보된 연속성은 구체성의 획득으로 이어진다. 그리하여 12편 이야기의 모든 내용이 결국 그녀의 사상과 감정을 경유한 것임을 인정하게 되었을 때, 만약 이런 상황이라면 그녀가 취할 태도나 반응은 무엇일지 궁금하게 여기면서 따라가게 된다. 곧 한금실의 시선과 목소리를 따라 ≪흐릿한 하늘의 해≫를 읽어가는 일은 그녀와 나누는 대화가 된다. 또한 12편 이야기는 오롯이 그녀의 초상이 된다.

2. 관찰자의 시선

≪흐릿한 하늘의 해≫에 속한 12편의 이야기를 이끌어가는 서술자 한금실은 예민한 관찰력의 소유자이다. 그녀는 남들은 지나치기 쉬운 작고 사소한 일상적 소재들을 놓치지 않고 붙잡아 진득하게 들여다보는 재주가 있다. 이를테면 〈유예된 시간〉에서 발견한 '농게'가 그러하다. 남들 같았으면 대수롭지 않게 넘겨버렸을 양념게장 속 아직 살아 있는 게 한 마리, 한금실은 묻어 있는 게장 양념을 씻어내어 기어이 농게의 분홍색 집게발이 드러나도록 만든다. 물론 표면적으로 '게장 파동'은 친척 아이들의 호기심에서 비롯한 사건이지만, 그것은 허구적 형상화의 요건을 충족하기 위한 최소한의 장치에 불과하다. 정작 솟아오르는 호기심을 주체하지 못한 채 아이들의 행동을 관찰하고, 농게의

꿈틀거림을 관찰하고, 나아가 유예된 시간에 속박되어 있는 인간 존재에 대해 사색하는 인물이 바로 한금실이기 때문이다.

약간 과장해서 말하자면, 한금실 앞에 관찰의 대상들이 툭툭 던져진다. 그녀의 관찰이란 우연을 거치는 경우가 많다는 말이다. 〈다리 밑〉의 첫 문장은 우연이 소설의 시작임을 분명히 한다. "거기 다리 밑으로 내려가 본 것은 순전히 우연이었다." 농게(〈유예된 시간〉)와 윤동주 시집(〈슬픈 족속〉)은 여행 중 우연히 마주친 것들이었고, 집 마당에서 굴뚝새를 관찰하거나(〈굴뚝새〉), 판교에 가서 노부부를 만나게 된 것(〈화학 반응〉)은 본인의 의사와는 거리가 먼 것들이었다. 심지어 출판 관련 일 때문에 민 선생을 만나러 가던 도중 정신이 오락가락하는 노인을 '우연히' 만난 것(〈삼천리강산에 새봄이〉)을 보더라도 한금실의 관찰이 얼마나 우연에 의존하는지 쉽게 확인할 수 있다.

이와 같은 우연의 강조는 곧 개연성의 법칙을 따르는 플롯의 약화로 이어질 수밖에 없다. 아니, 어쩌면 《흐릿한 하늘의 해》에서는 플롯에는 처음부터 관심이 없었는지도 모른다. 이것은 인물의 운용 방식에서도 잘 드러나는데, 막상 주된 관찰 대상이 등장하고 나면 그 전에 나왔던 인물은 서사의 중심에 완전히 밀려나 버리는 현상이 심심찮게 발견된다. 농게를 집어 들고 즐거워했던 친척 아이들은 어느새 사라져 다시는 소설 속에 등장하지 않는다. 친척 아이들은 한금실에게 농게라는 관찰 대상을 던져주기 위해 동원된 인물에 불과하며, 일단 주어진 역할을 마쳤으니 무대에서 퇴장한 셈이다. 졸을 잘 움직여 나중에 장군을 부르겠다는 욕심은 없는 듯하다. 극적인 갈등의 고조라든가 숨통을 끊는 최후의 일격(coup de grâce)이 자아내는 짜릿함을 찾아볼 수 없다. 사건은 평탄하고 밋밋하다.

대신 ≪흐릿한 하늘의 해≫에서는 한금실의 내면에서 발생하는 변화의 궤적에 초점을 맞춘다. 관찰은 소설의 장면 묘사를 감당하는 풍경 스케치로 머무는 경우도 있지만, 한금실이라는 한 인물의 내면세계로 들어가는 입구를 열어젖히는 통로가 되기도 한다. "우연히 마주친 농게로 하여 나는 나의 유예된 시간을 보았다. (…) 대야 속의 농게와 원룸 속의 나. 나는 농게다. 농게는 나다."(〈유예된 시간〉) 간장게장 속 우연히 발견한 농게에 대한 관찰이 거듭되는 파편적인 단상을 거치고, 어느 순간 깊이 있는 사색과 회의, 반성을 거쳐 급기야 자기 자신이 농게랑 다를 바 없다는 비약적인 인식에 도달하게 되는 내면적 변화는 현기증이 날 정도로 아찔하다. 급기야 한술 더 떠서, 온 인류가 농게이자 진드기라고 규정하는 데까지 나아가면서 폭발적인 비약을 거듭한다.

그보다 우리 모두가 은접시 위 치즈 덩이 속에서 생성된 진드기들의 운명은 아닐까? 지구째로 우리를 삼켜버릴 거인은 원전 폭발일까? 억눌린 사람들의 자폭일까? 오늘날 잘나가는 신자유주의 자유시장경제 맹신자들도 포함될까? 우리에게 유예된 시간은 얼마일까? 유예된 시간이 있기나 할까? 나는 불혹이 되도록 살아보지도 못한 나의 삶에 대한 염려를 넘어서 인류를 걱정하는 오지랖으로 빠져든다. 비혼 여성 세입자, 대한민국 400만 넘는 1인 가구의 한 사람으로 최저 생계비 월 61만 7,281원을 벌어야 하는 코앞의 사실을 잊다니.(〈유예된 시간〉)

'오지랖 떨기'와 '옆길로 새기'야말로 한금실의 주특기이다. 그야말로 거침없는 광폭의 행보다. 구속적인 플롯의 짜임새는 여기에 어울리지 않는다. 사소한 일상적 소재를 놓치지 않고 관찰하여 거기에 상상력을 날개를 달아주는 것, 관찰이 자유로운 연상으로 이어지고 다시 연상에 연상을 거듭하여 전 지구적인 차원까지 도달하게 하는 것. 뚜렷한 목적지와 결론에 도달함 없이 끝없이 관찰과 상상과 사색을 거듭하는 것. 소설에서 펼쳐지는 내적 변화의 방향은 구심적인 것이 아니라 원심적인 것에 가깝다. 이처럼 예민하고 섬세한 관찰자 한금실은 동시에 한없이 자유로운 몽상가 한금실이다.

3. 번역가의 시선

미라보 다리—그래, 거대함에서는 남달랐던 미라보 다리, 그곳에서의 허탈함을 잊을 수 없어. 아폴리네르의 시 한 편으로 우리를 이끄는 그곳. 미라보 다리 아래 센 강은 흐르고 우리들 사랑도 흘러내린다. 내 마음속 깊이 기억하리, 기쁨은 언제나 고통 뒤에 오는 것임을. 밤이여 오라, 종아 울려라. 세월은 흐르고 나는 남는다. 손에 손을 맞잡고 얼굴을 마주 보자, 우리들 팔 아래 다리 밑으로, 영원의 눈길을 한 지친 물결이 흐르는 동안…. 인생은 얼마나 지루하고 희망은 얼마나 격렬한가….(《슬픈 족속》)

한금실의 시선에서는 강한 서구 지향성이 감지된다. 용정 용문교에서 '미라보 다리'를 떠올리는 그녀의 아련한 눈빛을 보라. 두만강 지류

답지 않게 물은 마르고 모습이 처량한 해란강과 거기 놓인 용문교의 초라한 모습을 마주하고 실망과 허탈함을 느끼면서, 한금실은 미라보 다리와 기욤 아폴리네르의 시를 떠올린다. 무등산을 오르면서 토마스 만의 ≪마의 산≫을 떠올리거나(〈산의 소리〉), 다리 밑에서 올려다본 하늘을 두고 "앙상한 나뭇가지들 틈새로 푸르스름한 하늘은 다니엘 오테이유의 차가운 눈빛 그대로였다."(〈다리 밑〉)라고 말하는 것도 같은 맥락이다. 이러한 모습은 그녀가 프랑스에서 박사학위를 받았다는 사실만으로 단순히 설명되는 것은 아니다. 그보다는 형언하기 어려운 복잡한 심사가 서구문화와 문학에 의지함으로써 비로소 제대로 포착될 수 있었다는 점에 주목을 요한다. 관찰의 내용은 일종의 '번역' 과정을 거쳐서 표현된다는 것이다.

≪흐릿한 하늘의 해≫에는 별도의 목록이 필요할 정도로 서구작가와 작품이 빈번하게 언급된다. 아폴리네르, 빌헬름 베클린, 잉에보르크 바흐만, 하인리히 뵐, 다니엘 오테이유, 지브란, 라 보에시, 쿠젠베르크, 토마스 만, 헤세 등. 대체로 프랑스와 독일에 집중되어 있는 목록은 서구문학에 문외한인 독자들에게는 두꺼운 장벽이 될 수 있다. 서술자도 그 점을 의식한 듯, 서구작가나 작품이 언급될 때는 주석에 가까운 학구적인 설명을 첨부하는데, 이는 서구문학의 배경 속에서 작품을 풍성하게 하는 효과도 있지만 역으로 지나치게 상세한 설명이 자칫 소설의 흥미를 감퇴시킬 위험성도 지닌다.

서구 지향성은 심리의 표현뿐만 아니라 사태의 해석이나 판단의 영역에서도 강력한 영향력을 발휘한다. 2014년 헌법재판소의 통합진보당 해산 결정을 소설 속에서 다루면서 서독 초기 공산당 해산의 역사를 언급하며 비판의 날을 세운 것은 대표적인 예시다.(〈날마다 비겁함〉) 자신의 동성애 성향을 밝히는 외사촌과의 대화에서도 동성애와 동성애 차별의 역사를 프랑스의 경우를 들어 보여주고 있다.(〈목소리〉) 사회적으로나 문화적으로 앞서 경험한 서구의 사례를 한국에 도입하여 적용해 보는 것, 이것이 그동안 한국의 학계가 수십 년 동안 수행해온 작업이다. 어떻게 보면 서구의 중심지에서 유학을 한 한금실은 서구의 문화와 문물을 철저히 내면화한 인물이며, 그러다보니 소설 속에 내면화의 영향이 자연스럽게 녹아든 것으로 이해할 수 있다.

그렇다고 한금실이 무턱대고 서구를 추종하는 얼치기라는 뜻은 아니다. 정반대로 그녀는 자신이 서구의 문화와 지식을 내면화하고 있음을 스스로 잘 인식하고 있다. 마치 강의하듯 라 보에시의 사상에 대해 한참 떠들다가도 "느닷없는 파리 시절에 대한 향수가 멋쩍게 느껴졌다."(〈날마다 비겁함〉)고 깨닫는 순간, 그녀는 과거 유학 시절 프랑스가 아닌 현재 한국에 있는 자신의 현실과 대면한다. 소설을 쓰게 된 동기를 "외국 문학 평원에서 하이에나가 된 느낌이었어요"(〈날마다 비겁함〉)라고 밝히는 대목에서도 그녀가 맹목적인 서구 지향성과는 뚜렷한 거리를 확보하고 있음이 드러난다. '흰 고무신… 흰 저고리 치마가 슬픈 몸집을 가리우고…'라는 윤동주의 시구를 읽으며 자신이 나이키를 신고 캘빈 클라인을 입고 있음을 의식하며 부끄러워한다거나(〈슬픈 족속〉), "내 옷을 지어 입을 줄도 모르면서 다른 나라의 취향에 심미안을 맞추었다."(〈청출어람〉)라면서 우리 자신의 역사와 전통에 관심을 기울이는 모습 또한 그녀가 서구와 한국을 '동시에' 관찰하고 있음을 방증한다.

원본의 언어와 번역본의 언어를 동시에 아우르는 것이 번역가의 기본 임무가 아니던가. 소설 속에서 반복적으로 호출되고 환기되는 서구 문화의 조각들은 한금실과 우리들이 살아가는 한국의 현실과 일상에 대한 통찰로 이어진다. 끊임없이 양쪽을 들여다보면서 비교·대조하면서 번역하는 작업은 결과적으로 현재 우리의 모습을 비추고, 우리를 반성으로 이끈다. 이것은 세심한 관찰만으로는 이룰 수 없는 성질의 것이다. 예민한 감각으로 대상을 관찰하기만 한다고 되는 것이 아니라, 그것의 의미와 의의를 추출하기 위한 판단의 잣대가 필요하다. 한금실은 본인이 가장 잘 알고 있는 잣대를 소설 속에 끌어들여 그러한 작업을 수행하고 있다. 우연한 관찰을 넘어 진지한 해석과 통렬한 반성으로 거침없이 도약하는 곳, 그곳이 바로 번역가의 시선이 향한 곳이다.

4. 여행자의 시선

≪흐릿한 하늘의 해≫는 다양한 종류의 여행을 서사의 실마리로 활용하고 있다. 맨 앞에 실려 있는 〈슬픈 족속〉은 백두산 관광 여행을 다루고 〈유예된 시간〉은 가족 여행 중 겪은 에피소드가 중심이며 〈산의 소리〉에서는 친목 도모를 위한 무등산 등반에 나선다. 규모의 차이는 있지만 사전적 의미에 가장 부합하는 여행으로, 여행지에서 관찰한 내

용에 여러 상념과 사색이 얹어지면서 소설의 내용이 펼쳐진다. 판교에 사는 친척 할머니를 방문한다든가(〈화학 반응〉) 옛 도자기 마을에 사는 민 선생을 방문하는 식의 짧은 여행(〈삼천리강산에 새봄이〉)도 있다. 한금실은 그곳에서 누군가의 사연을 듣고, 그것을 소설로 옮기는 형식을 취한다. 만약 그곳으로 여행을 가지 않았더라면 '관찰'은 없었을 것이고, 소설 또한 나올 수 없었을 것이다.

또 한금실은 방학이면 부모가 계신 평택에서 머물다가 다시 학기가 시작되면 광주의 원룸으로 돌아오는데, 평택과 광주 사이에서 오고 가는 것도 일종의 여행으로 볼 수 있다. 〈굴뚝새〉〈목소리〉 등이 평택을 배경으로 한 작품에 속하며, 특히 〈굴뚝새〉는 평택에서 사회적으로 큰 이슈화 되었던 쌍용차 고공 농성을 작품의 전면에 내걸고 있다. 〈다리 밑〉에서처럼 평범한 일상에서 길을 가다가 잠깐 천변으로 내려가 보는 것 같은 여행 같지도 않은 여행도 있다. 평택이든 천변이든 우연히 그곳 여행지에서 누군가와 대화를 나누고, 무언가를 관찰했다. 집을 벗어나 어디론가로 발걸음을 옮기는 여행은 곧 소설 쓰기의 시작이 된다. "나는 천변에 더 나가보기로 했다. 찬찬히 살펴보거나 가능하면 말을 걸어보고 싶었다. 그쪽이 훨씬 생생한 체험이고 글감일 터였다."(〈다리 밑〉) 만약 광주의 원룸 안에만 틀어박혀 있었더라면 소설은 나오지 않았을 것이다. 여행은 소설의 필요조건인 셈이다.

여행과는 별로 관련 없어 보이는 이야기에서도 간접적으로 여행을 다룬다. 〈청출어람〉은 텔레비전 다큐멘터리 시청으로 소설을 시작하고 있어 여행과는 거리가 멀어 보이지만, 외규장각 의궤의 머나먼 여정을 다룬 셈이라서 결국에는 여행에 한 발을 걸친 셈이다. 마지막 이야기인 〈안개〉에서 배승한은 유럽 여행 중이다. 그는 한금실에게 '안개 속입니다, 이곳도.'라는 내용으로 이메일을 보내 그녀의 마음을 흔들어놓는다. 그녀는 배승한이 머물고 있는 그곳을 의식하지 않을 수 없을 것이다. 무엇보다 여러 이야기에서 반복적으로 호출되는 프랑스 유학 시절의 기억은 적어도 내면의 차원에서 그녀가 여전히 여행을 계속하고 있다는 느낌이 들게 한다. ≪흐릿한 하늘의 해≫는 시종일관 여행 중인 한금실이 남긴 메모와 일기라고 해도 과언은 아니겠다.

여행은 항상 두 개의 장소를 비교하게 한다. 하나는 자신의 일상적인 생활 터전, 다른 하나는 일상을 벗어난 여행지. 두 개의 장소 사이에 존재하는 간극을 상정한 채 이루어지는 것이 여행이라 할 때, 그것은 두 개의 언어를 오고 가며 양쪽을 다 살펴보아야 하는 번역의 작업과도 닮아 있다. 소설 속 인물들이 반복적으로 여행을 하거나, 끊임없이 여행의 기억이나 여행자의 존재가 상기된다는 것은, 서구작가의 이름과 작품명이 소설의 곳곳에서 불쑥불쑥 튀어나오는 모습과 어떤 식으로든 관련이 있어 보인다. 이때 두 개의 장소, 두 개의 언어는 서로 얽히고 영향을 주면서 새로운 해석과 반성의 가능성으로 나아감은 당연한 일이다.

한편 〈삼천리강산에 새봄이〉에서는 공간의 축이 아닌 시간의 축을 따라 과거의 사건과 현재의 사건을 연결시키려는 노력이 돋보인다. YH 무역 농성 사건의 트라우마에 시달리다가 죽은 남순과 여동생의 트라우마에 전염된 동순 할머니의 사연은 수십 년의 세월을 건너뛰어 과거의 상처를 현재로 불러온다. "듣고 있는 나도 숨을 쉴 수가 없었다. 지난번 평택 집에 갔을 때, 그러니까 설 연휴에 굴뚝 농성 걱정하는 틈에 나왔던 똥물 이야기가 바로 여기에 있었다. 세월이 흘러도 엷어지지 않은 그 상흔을 눈앞에서 보게 되다니."(〈삼천리강산에 새봄이〉) 과거와 현재가 만나 대화를 나눔으로써 오랜 침묵 속에 망각되었던 과거의 상처는 뒤늦은 애도와 위로를 받을 수 있다. 또한 과거가 현재에 되살아남으로써 과거의 YH 무역 농성 사건은 현재의 평택 쌍용차 굴뚝 농성 사건을 이해하고, 해석하는 데 도움을 준다. 현재가 과거를 위로하고, 과거가 현재에 힘을 실어주는 연대의 방식이자 협력의 방식이다.

≪흐릿한 하늘의 해≫에 수록된 12편의 이야기들은 간혹 서로 간에 연결 고리를 마련하기도 하는데, 이 또한 여행이나 번역의 경우와 마찬가지로 양자 간의 간극을 줄이기 위한 시도의 일환으로 이해될 수 있다. 가령 홈리스 소재가 〈날마다 비겁함〉과 〈다리 밑〉을 이어주고, 쌍용차 고공 농성 소재가 〈날마다 비겁함〉과 〈굴뚝새〉를, 다시 똥물 소재가 〈굴뚝새〉와 〈삼천리강산에 새봄이〉를 연결한다. 소재의 차원에서가 아니라 〈날마다 비겁함〉에서는 배승한도 바흐만의 시를 알고 있다는 식으로 〈유예된 시간〉과 연결되기도 한다. 엄연한 간극을 지닌 채 따로 존재하는 이야기들이지만, 그래서 어쩌면 별개의 단편소설들을 묶어놓은 소설집처럼 보이지만, 작고 사소한 연결고리를 근거로 서로 엮인다는 발상이 12편의 이야기를 연작소설처럼 보이게 하고, 한 편의 장편소설이라 부를 수 있게 한다.

쌍둥이 형제의 아버지는 무한한 지식욕으로 아들들에게 대백과사전을 암기시키기로 계획을 세웠다. 페터에게는 알파벳 '에이'에서 시작하여 '엘'까지를, 파울에게는 '케이'에서 '제트'까지를 통달하게 하였다. 결과는 완벽했고, 쌍둥이 형제는 어떤 상황에서도 두 사람의 지식을 보충하여 완벽한 답을 내놓을 수 있었다. 문제는 이 쌍둥이들이 서로 소통해야 할 경우였다. 그들은 '케이'에서 '엘' 사이만을 공유하였기 때문이다. 비록 그 작은 영역이 그들의 천국이 될 수 있었을망정, 파울은 '에이'로 시작하는 사과도 몰랐고, 페터는 '피'로 시작하는 복숭아를 몰랐다고. 그들은 서로 아무 말도 할 수 없었다. 뭐 그런 내용이었다.(〈굴뚝새〉)

두 개의 공간을, 두 개의 언어를, 두 개의 작품을 오고 가기에 바쁜 여행자 한금실이 12편의 이야기로 이루어진 긴 여정의 끝에 도달한 지점에는 '소통을 향한 갈망'이 놓여있다. 골방에만 틀어박혀 있을 때 서사는 시작되지 않는다. 세상 밖으로 나와 어딘가로 여행을 시작할 때, 남들은 미처 눈여겨보지 않았던 무언가가 그녀의 눈앞에 펼쳐진다. 그제야 그녀는 관찰을 시작하고, 그 의미를 해석·번역할 수 있다. 끊임없이 맞은편을 향해, 혹은 누군가를 향해 손을 뻗으려는 노력이야말로 여행자의 시선에서 진정으로 요구되는 미덕이라고 ≪흐릿한 하늘의 해≫는 말하고 있다.

5. 교집합을 찾는 시선

≪흐릿한 하늘의 해≫를 읽으면 안개 자욱한 고흥 앞바다가 눈앞에 펼쳐진다. 이순규의 고향이 그곳 '섬마을'이라고 했기에 그런가? 아직 유럽을 떠돌고 있는 배승한이 여전히 '안개 속'이라고 했기에 그런가? 바다 위 섬들은 안개 속에 몸을 숨긴 채 저마다 외따로 자신을 지키려 안간힘을 쓰기에 그저 애처롭기만 하다. 서로에게는 눈을 감을 채, 자신만의 백과사전 조각을 암기하기에만 급급하기에 무척이나 위태롭다. 소설의 마지막 문장은 이러한 상황을 적절하게 압축한다. "밤이다. 안개보다 짙은 회색의 밤이다."(〈안개〉)

그런데 자세히 들여다보면 섬과 섬을 횡단하려는 무모한 시도를 감행하는 한금실의 모습이 어렴풋이 보이기 시작한다. 그녀는 무척 호기심 어린 관찰자의 시선으로 자신이 발견한 조각들을 열심히 들여다보면서 돌아다닌다. 그리고 나서는 번역자의 시선으로 자신에게 주어진 관찰 조각들을 이해하고 해석하기에 바쁘다. 교집합을 찾으려는 노력, 장소와 장소 사이의 교집합, 언어와 언어 사이의 교집합, 과거와 현재 사이의 교집합, 무엇보다 인간과 인간 사이의 교집합을 찾으려고 그녀는 부단히도 애를 쓴다.

과연 그녀는 그토록 갈망하는 교집합을 찾아 외로운 섬들을 횡단할 수 있을 것인가? 톱니바퀴 인생을 살아가는 1975년생 '지방시'에게 자신을 가둔 굴레를 파괴하고 횃불을 들어 밤을 밝히기를 강요하거나 기대할 수는 없다. 그러기에 그녀는 너무도 연약하고 가냘프다. 적어도 소설 속에서는 화해나 통합의 가능성은 털끝만큼도 주어지지 않는다.

그러한 결말은 달콤할 수 있겠지만 기만적인 위안에 불과하므로. 대신 한금실의 시선과 목소리를 경유한 우리 독자들에게 '그녀의 여행은 아직 끝나지 않았다'는 사실만은 분명히 전달된다. 아니, 교집합을 찾으려는 여행은 소설이 끝나서야 비로소 시작되고 또 시작해야만 한다는 가냘픈 외침이 잿빛의 흐릿한 하늘 너머에서 들리고 있다.

어느 관찰자의 우아한 시선

－김영민 ≪카모테스≫

　반복되는 지루한 일상을 벗어나 잠시 휴식을 취할 수 있는 3개월의 시간이 주어진다면 당신은 무엇을 할 것인가? 평소 시간을 내지 못해 소홀했던 취미생활을 마음껏 하겠다, 자격증 취득이나 어학 공부 같은 자기 발전을 도모하겠다, 어디론가 훌쩍 여행을 떠나서 한참 여유를 부려보겠다. 다만 선뜻 실행에 옮기기 힘들 뿐 기다렸다는 듯이 튀어나오게 되는 꿈에 부푼 대답들이다. 일하던 식당이 보수 공사 때문에 3개월간 문을 닫게 되자 해외 어학원 코스에 등록하여 필리핀으로 날아간 〈카모테스〉의 주인공이 우리의 꿈을 대신 실행해 준다. 영어 공부와 여행을 병행할 수 있는 이런 참신한 방법이 있었다니, 무척 흥미롭게 소설 속으로 빨려 들어간다.

　〈카모테스〉는 일인칭 서술자 '나'의 동선을 따라 필리핀 어학원 생활을 대리 경험한다. 비행기에 내려 S어학원 팻말을 든 남자와 만나는 일부터 해서 승합차를 타고 이동, 어학원에 도착해서 방 배정, 룸메이

트와 대면, 레벨테스트를 거친 영어 수업과 어학원 식당에서 먹는 맛없는 식사 등등. 소설을 읽다 보면 어느새 필리핀 어학원 생활에 동참하게 된다. 이 중에서도 제일 공감하는 소재는 학원식 영어 수업에서 빠지면 섭섭한 영어 이름 짓기. 나스타샤, 릴리, 리즈, 올리비아. 나열되는 영어 이름을 하나씩 주워들으면서 독자는 필리핀 어학원 영어 수업에 슬그머니 자리를 차지하고 앉게 된다. 릴리와 리즈가 어떤 특징이 있는 인물인지 하나씩 새기면서 소설 내용에 점점 빨려 들어간다. 조금의 어색함도 느껴지지 않는 매우 매끄러운 소설 도입부이자 인물 소개 방법이다.

　독자를 잘 끌어들이는 이 작품이 제법 날카로운 '함정'을 파놓고 있었다는 사실은 작품을 한참을 읽고서야 밝혀진다. 주인공이 그곳 어학원에서 만나서 호감을 느끼게 된 일본 남자 다케다가 피살되는 사건이 발생하고 그 일로 인해 심리적 타격을 입게 되는 것이 이 작품이 숨겨두었던 함정이다. 어학원 생활에 흥미를 가지고 주인공을 따라다녔던 성실한 독자라면 갑작스러운 국면의 전환으로 인해 당혹스럽고 큰 충격을 받을 수밖에 없다. 감탄, 놀라움, 동정이 뒤섞인 강한 감정 이입을 끌어내는 데 성공했다는 점을 볼 때 작가의 스토리텔링 솜씨에 후한 점수를 주고 싶다.

　　나도 모르게 걸음이 빨라졌다. 아니 어느새 뛰고 있었다. 가슴속에서 쿵쾅거리는 소리가 들리는 것 같아 머리가 어지러웠다. 마주 오던 리트리버종의 연한 갈색 개가 내 쪽으로 다가오는 걸 보고서야 발걸음이 멈췄다. 개 주인이 목줄을 슬쩍 당기자 개는 내게서 시선을 돌렸다.

그제야 휴대폰이 울리는 걸 알아챘다. 보나 마나 지석일 것이다. 나는 휴대폰을 꺼버렸다. 머릿속을 정리해봐야 했다. 그동안 잠재워놨던 필리핀에서의 끔찍한 기억이 깨어나고 있다.(〈카모테스〉)

소설을 다시 읽어보면 이러한 함정은 작품 시작부터 전면에 노출되어 있었다는 사실이 더 흥미롭다. 바로 '회상'을 전제로 하고 있기 때문이다. 뭔가 불길한 일이 일어나고 말 것이라는 예고가 소설 시작 부분에 내려져 있다. 서술자가 처음부터 알려주었던 사실이지만 주인공 '나'의 동선에 따라 이리저리 다니면서 필리핀 어학원 생활에 같이 적응하느라 잠시 잊고 있었을 따름이다. 그래서 함정에는 뭔가 묵직한 한방을 얻어맞은 듯한 느낌이 더해진다. 아차 싶은 감탄도 덩달아서 터져 나온다. 함정의 충격도 충격이지만 그것을 배가시키는 것이 회상을 전제로 한 서술 기법이 되는 셈이다.

〈카모테스〉만이 아니라 이번 소설집에 수록된 여러 편의 작품이 회상을 활용한다. 예를 들어 〈성형충〉은 최 영감을 내쫓은 이후에서 시작해서 과거로 거슬러 가서 내용을 전개하므로 일종의 회상이다. 또 〈블랙 타운〉의 도입부에서 들리는 '꽹과리 소리'는 열 살 때의 기억을 되살려낸다. 〈어디 있을까〉 역시 춘천에서 열린다는 인형극 축제를 촉매로 하여 주인공의 고향인 '춘천'과 관련된 옛 기억이 떠올라 그것이 소설의 내용을 이룬다.

이처럼 여러 작품의 서두에서 반복적으로 나타나는 것이 시간의 역행인데, 이는 모든 일이 다 발생하고 난 뒤 과거를 되돌아보는 시선이다. 앞으로 무엇이 벌어질지 모르는 상황에서는 '불안'이나 '두려움'의 감정 형식으로 나타나겠지만, 부정적인 일이 과거에 발생했고 그것을 되돌아보는 시점에서는 '후회', '미련', '아련함', '애달픔' 등의 감정으로 나타난다. 시간을 되돌릴 수는 없는 노릇이니 회상에는 일정한 '체념'이 스며들어 있고, 흘러간 시간만큼의 간극이 엄연히 펼쳐져서 어쩔 수 없이 '관조'하는 방식으로 사태를 목격해야 할 수밖에 없다. 이러한 복잡다기한 조건들이 엮어지면서 과거의 상처를 일정한 거리를 두고 바라볼 때 생기는 독특한 미학적 효과가 산출된다. 어느 관찰자가 무심한 듯 우아하게 시선을 주고 있는 모습이 떠오른다. 그러한 관조의 시선에는 체념이 깊게 배어 있기에 넓게 퍼지는 여운 속에서 슬픔, 쓸쓸함, 고독감이 너울거린다.

  짐을 정리하다가 일층 세탁실로 내려갔다. 세탁물을 찾는데 다케다의 방 번호 선반 위에 카모테스의 야자수 티셔츠가 개어져 있었다. 눈물이 핑 돌았다. 그 티셔츠를 내가 찾아야 되나 망설이는 걸 세탁실 아주머니가 알아챘나 보다. 딱딱한 영어로 네가 가져갈래, 라며 내 코 앞에 들이댔다.
  글을 깨우치지 못한 필리핀 아주머니는 작대기 형태의 상형문자 같은 표시로 몇십 명의 세탁물을 전혀 헷갈리지 않고 오차 없이 분류해 둔다. 그런 총기가 나와 다케다의 관계도 빨래집게로 집어 두었었나 보다. 내 손아귀에서 바닷물이 빠져나가듯 다케다의 모든 흔적은 사라지고 오직 카모테스의 야자수 티셔츠 하나만 덜렁 남았다.(《카모테스》)

  위의 인용은 다케다의 부재를 감각적으로 표현한 대목이다. 빨래집게로 '집어서' 과거 두 사람의 관계를 표현하다니. 또 죽은 자의 흔적이 사라지고 결국에는 영결을 할 수밖에 없다는 사실을 손아귀에서 바닷물이 빠져나간다고 비유하다니. 바닷가에서 이인삼각 경기를 할 때 다케다와 '나'의 다리 하나씩을 묶었던 티셔츠가 이제는 덩그러니 남아 오랫동안 상처를 상기시킬 것이다. 그것이 남은 자가 묵묵히 견뎌야 하는 '회상'의 방식이다. 여기에 이를 때 소설은 영화의 한 장면으로 변한다. 감각적인 오브제와 그것을 통한 이미지의 병치를 통해 복잡한 감정 상태를 그야말로 '표현'한다. 섬세한 감정의 처리 방식이고 읽는 이의 마음을 계속 편치 못하게 한다는 점에서 성공적이다.

한편 〈카모테스〉에서는 막 교제를 시작하던 다케다의 사망만이 상처가 되는 것은 아니다. 작품에서 상처는 곳곳에 흔적을 남기고 있다. 지석과의 예상되는 결별도 또 하나의 상처다. 구체적으로 나오지는 않았지만 필리핀 어학원의 리즈가 지석의 어머니라는 사실과 연결되면서 지석과의 결혼을 포기하게 되리라는 예상이 가능하다. 돌아가신 '나'의 엄마는 어떠한가? '나'가 영어 이름을 '나스타샤'로 정한 것은 엄마가 죽음을 맞이하기 얼마 전 자신과 동갑인 나스타샤 킨스키는 어떻게 사는지 궁금하다는 질문 때문이었다. 엄마가 돌아가신 뒤 13평 아파트에서 혼자 쓸쓸하게 생활하는 모습을 볼 때 아직 엄마의 죽음이 현재진행형인 상처 목록에 올라가 있음이 분명하다. 이처럼 관조의 시선 속에는 소설의 본격적인 스토리로 다루지 않은 추가적인 상처의 흔적이 슬그머니 엿보이고 있으며, 이러한 상처의 중첩과 반복이 작품을 더 깊은 감정의 웅덩이로 이끈다. 〈성형충〉의 결말부에서 "이제 계피

향의 냄새는 나지 않는다. 퀴퀴한 냄새도 없어졌다. 그런데도 마음은 영 불편하다. 뭔가 가슴속에 응어리가 걸려 있는 것 같다."라는 박 여사의 생각은 이를 잘 표현한다. 슬픔의 상처에 관한 스토리는 끝났지만, 여전히 감정의 응어리는 해소되지 않은 채 독자의 뇌리에 오랫동안 머문다는 것이다.

한편 필리핀 어학원에서 사귄 남자를 일본인으로 설정한 것도 눈길을 끈다. 한국인과 일본인의 사랑은 〈배추흰나비〉와 〈우리 집에 왜 왔니, 왜 왔니〉에서도 동일하게 반복된다. 〈배추흰나비〉에서는 태인과 시카, 현덕과 후지오의 결합을 〈우리 집에 왜 왔니, 왜 왔니〉에서는 미려 왕자와 미야코의 결합이 나온다. 두 작품은 공통적으로 배경이 독특하다. 역사적인 사건이나 인물, 소재를 채택한 것이 아니라 역사소설에 포함시킬 수는 없을 듯한데, 시간적 배경은 천 년 이상 거슬러 올라가는 고대가 아닐까 싶다. 두 작품 모두 왕자가 볼모로 다른 나라에 머물게 되는 내용을 다루는데, 볼모로 간 그 나라에 관계된 지명이나 풍습 등으로 미루어 볼 때 고대 일본을 배경으로 하는 듯하다. 또 왕자를 포함하여 왕자의 나라에서 건너간 사람들은 한국식 성명을 가진 사람이라, 사실상 한국과 일본의 왕래를 큰 배경으로 삼는다.

왜 한국인과 일본인의 사랑이냐는 질문에 대한 답은 나중에 작가에게 들어보아야 하겠지만, 적어도 소설 창작 과정에서 일본인과 일본을 향한 작가의 관심이 반영된 결과라는 점은 분명해 보인다. 특히 오사카 코리아타운을 배경으로 한 〈츠루하시〉를 보면 단순한 소재적인 호기심이나 취향이 아니라 깊이 있는 이해와 지속적인 관찰이 바탕에 깔려 있다고 유추할 수 있다. 적어도 대여섯 번 이상 그곳을 방문해야만 가능할 듯한 세밀한 묘사도 무척 인상적이다. 이러한 일본의 역사, 풍습, 미적 감각에 관한 관심은 작가가 지닌 독특한 특징으로 지적될 수 있다. 단적으로 〈배추흰나비〉의 된장 냄새라는 후각적 이미지는 실패로 종결된 사랑에 관한 미련과 후회와 체념 그리고 후련함이 뒤섞인 감정, 일본식 풍습과 건축 양식, 지방 특산물에 관한 정보, 한국과 일본 간 교류의 역사 등 다양한 의미와 의의를 집약적으로 표현하는 효과적인 기법적 장치로 기능한다.

현덕은 이제 영영 태인을 가슴에 묻는다. 무겁게 짓누르던 바윗돌이 비로소 홀가분하게 사라졌다. 현덕은 어두운 마루를 버선발로 미끄러지듯 걸어간다. 후지오의 부드러운 목소리가 금세 그립다. 복도를 꺾어 돈다. 진한 된장 냄새가 슬쩍 스쳐간다. 갑자기 눈앞이 캄캄하다. 숨이 막힌다. 누군가 현덕에게 보자기를 씌우고 목을 조르고 있다. 현덕은 마룻바닥에 널브러져 손과 발을 버둥거린다. 하얀 버선을 신은 발이 나비의 날갯짓 같다. 후지오의 이름을 부르지만 소리가 되어 나오지 않는다. 현덕은 난파된 배 밑으로 끝없이 내려가는 것 같다. 머리 위에서 밝았던 빛이 점점 멀어진다. 머리위로 휘젓던 현덕의 두 손이 어느새 아랫배를 감싸고 있다. 잠시 후 현덕이 누워있는 조용한 복도에 흰 나비 한 마리가 잘못 들어와 헤매다 겨우 뜰로 나간다. 복도에 옅은 된장냄새가 남아있다.(〈배추흰나비〉)

여기서 된장 냄새는 일본식 된장의 냄새이리라. 같은 듯하면서도 미묘하게 다른 이국적인 느낌을 자아낸다. 바로 이러한 미묘한 차이에 관한 섬세한 포착이 작가의 개성적인 면모로 이어진다. 일본을 배경으로 한 〈배추흰나비〉〈우리 집에 왜 왔니, 왜 왔니〉〈츠루하시〉에는 벚꽃이 강렬한 이미지를 연출한다. 하지만 벚꽃으로 일본적 분위기를 표현하는 것은 너무 식상하다. 벚꽃을 주된 배경으로 하고 있지만 벚꽃보다는 미묘하게 슬쩍 스쳐가는 일본식 된장 냄새가 일본에 관한 평균적인 상식을 뛰어넘어 차별적인 분위기의 연출로 이어진다. 〈츠루하시〉에 나오는 간장 냄새도 미묘하게 분위기를 자아내는 소설적 효과를 발휘하기는 마찬가지다. 이렇듯 사소하지만 결코 가볍게 넘길 수 없는 작은 디테일이 하나씩 모여 아스라이 반짝이는 찬란한 슬픔의 냄새로 응집된다. 상당히 강렬한 슬픔의 냄새다.

넓게 보면 필리핀 어학원에서 일본인과 교제하다가 서울로 돌아온 것이나 볼모로 일본에 갔다가 돌아오는 것은 크게 다르지 않다. 고향으로의 돌아오는 존재들, 그러나 고향으로 돌아왔으면서도 계속해서 고향을 그리워할 수밖에 없는 존재들에 관한 이야기가 이번 소설집에 수록된 여러 작품에서 반복된다. 고향으로 돌아가는 발걸음은 회상의 작업을 동반한다. 고향과 어린 시절의 회상 자체를 다룬 〈어디 있을까〉와 같은 작품도 같은 연장선에서 읽을 수 있다.

〈어디 있을까〉는 춘천에서 서울로, 다시 H시로 갔다가 서울로 되돌아오는, 한 가족의 신산한 이동 경로를 따라 펼쳐진다. 서울과 H시에서 벌어지는 험난한 여정에 앞서 어린 시절 춘천에서 있었던 일을 다룬 내용은 1970년대 생활양식과 대중문화, 서울이 아닌 춘천이라는 지방의 특색 등이 어울려 독자를 깊이 끌어들인다. 창작에 작가의 자전적 경험이 어느 정도 작용했겠다고 짐작되는데, 1970, 80년대에 유년기나 청소년기를 거쳤던 독자들이라면 특히 공감하면서 읽을 수 있는 소재이다. 아마도 생생한 묘사가 공감을 끌어낸 원동력이 아닐까 싶은데, 작품 초반부 작은방 책장에서 꺼낸 앨범 맨 첫 장에 있는 "베트남 난민수용소에서 찍어 온 듯한 흑백사진 한 장"에 관한 소개로 시작하는 것처럼 이 작품은 아련한 추억을 생생하게 떠올리게 하는 낡은 스냅사진 같은 느낌을 준다. 아프다고, 슬프다고 할 수 있을 과거의 기억을 거리를 두고 회상하는 방식은 소설집에 수록된 여러 작품에 두루 걸친 구도이다.

회상은 가족에 대한 그리움으로 이어진다. 과거의 회상이 아닌 현재의 좌절과 실패를 다룬 〈오! 해피데이〉와 〈허니 제과점〉은 결여된 가족애를 근본 주제로 설정한다. 가족이 없거나, 가족과 이별하는 인물이 등장하여, 부재하는 가족에 대한 갈망을 드러낸다. 가족을 그리워하는 것은 고향을 그리워하는 것과 여러모로 닮아 있다. 가족의 부재, 가족에 대한 그리움을 담아낸 작품 계열은 이 점에서 고향을 회상하거나 고향으로 돌아가는 계열의 작품과 연결된다.

〈오! 해피데이〉에는 두 명의 일인칭 서술자가 번갈아 가면서 나온다. 하나는 보육원 출신인 강아지 산책 도우미, 다른 하나는 강아지의 주인이자 카페 '오! 해피데이'의 주인인 윤 여사다. 이들의 공통점이 바로 가족애의 결핍이다. "나같이 부모 없는 고아"라고 스스로를 규정하는 산책도우미는 작품의 시작부터 끝까지 가족의 부재를 강조한다. 강아지 산책 도우미라는 호구지책 역시 보육원에서 터득한 생존법의 하나이며 고아 출신으로 사회적 냉대를 극복하며 고군분투하며 살아간다. 그의 꿈이자 목표가 옥탑방을 마련하여 보육원 후배들을 불러 모아 '가족'을 일구는 것으로 설정된 것에서도 가족에 대한 집착과 갈망을 확인할 수 있다. 윤 여사는 남편과 이혼함으로써 가족이 깨어진 상태, 자식을 갖지 못하던 터라 강아지를 애지중지 키웠는데 그것도 사업 실패로 인해 더이상 바라지 못하는 상태; 사람 가족과 반려견 가족 모두를 잃은 상태다.

〈허니 제과점〉도 크게 다르지 않다. 혼자 쓸쓸하게 살아가는 주인공이 등장하여, H와 결합하여 가족을 이루어보려는 꿈도 갖지만 결국 실패하는 이야기다. 다시 돌아온 연인 H의 수완으로 인해 제과점 장사가 잘될 때도 주인공은 늘 불안해한다. H가 한 번 떠났던 적이 있어서 그런지 H가 자신을 버리고 떠날 것에 대한 두려움이 강하게 자리한다. 잠깐의 희망과 꿈은 걱정하던 대로 H의 배신으로 인해 산산이 조각난다.

겨우 정착하려나, 했더니 결국 아웃되었다. 지난 24개월이 내게는 마치 십여 년의 시간이 흐른 것만 같다. 지난번에는 H가 찾아와서 재기했지만 지금은 H가 나를 이곳에 구겨놓고 떠났다. 한 번도 아닌 두 번의 남겨짐이 오히려 편한 것이 이상했다. 감정적인 경험도 쇠처럼 단련이 되는 걸까.

이제 '허니 제과점'의 간판은 사라질 테고 나에 대한 소문은 한동안 떠돌다 잊혀질 것이다. 내가 이 세상을 등질 때 나를 아쉬워 할 사람은 과연 누굴까라는 생각에 잠시 멍해진다. 어쩌면 H가, 아니 허니라면 나를 기억해주겠지만 그게 무슨 의미가 있단 말인가. 새로운 시작은

내가 없음에 아쉬워 해줄 누군가를 만들기 위해서가 아닐까.(〈허니 제과점〉)

문제는 H의 배신 후 주인공이 보인 반응이다. 그는 H를 욕하지 않는다. 홀로 남겨짐을 오히려 편하게 여긴다. 이 점은 스스로도 이상하다고 느낄 정도다. 누군가와 가족을 이루고 사랑하며 살고자 하는 욕망이 주인공에게 없을리야 없다. 당연히 슬퍼해야 하는 상황에서 슬퍼하지 않는 상태, 어떻게 보면 사태를 우아한 시선으로 내려다보는 작가적 시선의 발현이라고 볼 수도 있을 이 상태는 역설적으로 읽는 이의 마음속에 동요를 일으키기에 충분하다. 너무도 압도적인 슬픔은 슬퍼할 여유조차 허락하지 않는 것일까. H를 원망하거나 스스로 자책하지 않고 무덤덤하게 외로움을 받아들이는 주인공의 모습이 한없이 답답하고 안타깝다.

우아한 시선의 관찰자는 철저한 리얼리스트이면서 냉소주의자다. 하지만 비관론자를 뜻하는 것은 아니다. 소설집에 수록된 여러 작품에서 사태를 견디려는 의지가 엿보이기도 한다. "물 흐르듯 살아가는 와중에 부딪혀오는 나뭇가지나 쓰레기 조각을 만나면 그저 흘러보내면 될 일이다." K와 만나려던 〈오! 해피데이〉의 주인공이 K가 나타나지 않았어도 포기하지 않듯 말이다. 물론 억지스러운 해피엔딩 같은 순진하고 허술한 해결 방식은 관찰자의 우아한 시선이 용납하지 않는다. 슬프고 상처투성이인 풍경을 냉정하게 관찰하면서도 희미하게 솟아나는 가능성을 놓치지 않고 있다고 말하는 게 더 낫겠다.

〈블랙 타운〉은 앞서 언급한 이번 소설집에 수록된 작품들이 보인 여러 가지 특성을 한꺼번에 가진 작품이다. 작품은 꽹과리 소리가 환기한 어린 시절 기억의 회상으로 시작한다. 그 기억이란 "우리집 문간방에 세 들어 살던 모녀가 굶어 죽자 어머니가 무당을 불러 살풀이"를 한 일이다. 죽은 모녀를 향한 어머니의 매몰찬 태도가 주인공에게 깊은 트라우마로 남았다는 것이 소설이 전개되면서 서서히 드러난다. 〈성형충〉에서 계속 남아 있는 듯한 가슴속 응어리 같은 것이라고 할까, 죄책감과 부끄러움, 혐오 등의 감정이 잠재되어 상처가 되었다.

소설의 주인공이 외로움에 익숙하다는 점도 다른 작품들과의 공통점으로 꼽을 수 있다. 고아, 이혼, 사별, 실연 등 저마다 이유는 다르지만 이번 소설집에 수록된 작품에 나온 주인공들은 대체로 혼자서 외롭게 생활한다. 〈블랙 타운〉의 주인공은 "혼자 있는 시간에 익숙한 나는 음악도 틀지 않고 아무 소리 없음을 즐긴다."라고 밝힌다. 우리는 앞에서 보았다. 자신은 외롭지 않다고 아무렇지도 않은 듯 무심하게 말하는 바로 그 모습이 실제로는 더 애처롭고 안쓰럽다는 것을. 다른 작품에서 나온 것처럼 가족애를 향한 갈망을 의식적으로나 무의식적으로 숨기고 있는 것이 아닐까 싶다.

또 한 가지 다른 작품과의 공통점은 '개'라는 소재가 나온다는 점이다. 대충 꼽아보자면 〈카모테스〉의 골든 리트리버, 카모테스의 개들 〈성형충〉의 진돗개 진이 〈오! 해피데이〉의 오이와 가지 〈허니 제과점〉의 허니 〈어디 있을까〉의 쫑 등이 있다. 다만 다른 작품에는 대부분 애완견, 혼자 사는 주인공의 고독감을 완화해 주는 반려견이 나오지만 〈블랙 타운〉에서는 재개발 지구의 우울하고 부정적인 면모를 부각하기 위해 '버려진 개'가 나온다. "역삼각형의 얼굴이 언뜻 보기에 회색 여우같이 생겼지만 개임에 틀림없다." "자세히 보니 배에 불룩한 혹이 덜렁거리고 군데군데에 털이 뭉텅뭉텅 빠져 있다." 도심에서 간혹 발견할 수 있는 유기견이지만 주인공은 무심코 지나칠 수 없다. 몇 년 전 버려진 집 대문에 묶여 있던 개를 내버려두었다는 죄책감, 더 거슬러 올라가 굶어 죽은 모녀에 대한 죄책감과 몰인정했던 어머니를 향한 원망이 되살아나기 때문이다.

〈블랙타운〉의 주인공이 다른 작품에 나온 인물들과 뚜렷한 차이를 보이는 것은 그가 사태를 극복하기 위한 행동을 시작한다는 점이다. 그는 처음에는 되살아난 묵은 감정을 외면하고자 한다. "그때그때 느끼는 감정을 털어내지 못하고 가슴에 차곡차곡 쌓아가면서도 누군가와 같이 어우러져 나의 감정을, 혹은 생활을, 영역을 함께하고 싶지는 않다." 솔직한 고백이다. 외롭고 고통스럽지만, 상처를 극복하려 시도하면서 받게 될 또 다른 상처가 너무 두렵기 때문일까? 요즘 같은 세상에서 타인의 고통에 선뜻 나서지 못하는 사람을 향해 비겁하다고 돌을 던질 사람이 과연 누구일까? 오늘날을 살아가는 우리 자신들을 되돌아보게 하는 솔직한 고백이다.

다시 그곳으로 돌아갔다. 그곳에는 또 어디선가 꽹과리 소리가 들리는 듯하다. 꽹과리의 이명 속에서 죽은 모녀와 외면하던 어머니를 머릿속에 떠올릴 시점에 어미 개가 죽어 쓰러져 있고 그 옆으로 새끼 한 마리가 누워있는 모습이 포착된다. "지난 몇 년간 내 가슴의 돌덩이가 이것이었을까." 쏟아지는 빗속에서 주인공은 새끼를 감싸안았다.

새끼를 자기 집으로 데려가는 것이다. 지금까지는 사람 사는 온기를 느낄 수 없었던 모델하우스 같았던 집이지만, 데려가는 강아지 한 마리로 인해 이제는 집안 온도를 높이고, 죽을 끓이고, 목욕을 시키는 번잡스러운 생활이 펼쳐질지도 모른다.

 왼쪽에 안긴 새끼의 숨이 느껴졌다. 갑자기 신명이 나기 시작한다. 귓가에 꽹과리 소리가 울리는 것 같다. 집안에 보일러를 틀어놓은 것처럼 내 몸속의 피가 빠르게 도는 것 같다. 어깨가 절로 들썩여 진다. 내가 원래 흥이 있는 사람이었던가. 내 몸속의 기질을 오랫동안 잊고 살았었나. 꽹과리 소리뿐이 아니다. 북과 날라리, 장구까지 곁들여진다. 머릿속에서 상모 꾼이 공중회전을 한다. 그러고 보니 나는 너무 오랫동안 혼자 살아왔다.(〈블랙 타운〉)

 죄책감과 원망을 상기시키며 고통으로 날아오던 꽹과리 소리가 이처럼 극적인 변화를 겪는 장면이 놀랍다. 품에 안은 새끼의 심장이 뛰면서 내는 소리 같기도 하고, 얼어붙어 있던 주인공 '나'의 심장이 따뜻하게 되살아나면서 내는 소리일 수도 있다. 무엇이든 상관없다. 잊고 있던 몸속의 흥을 일깨우는 소리라는 것, 역동적인 힘을 가진 소리라는 것, 거대한 '블랙'에 맞설 용기를 북돋우는 소리라는 것이 중요하다. 그토록 갈망하던 하나의 가족이 탄생하는 순간에 들리는 신명 나는 소리다. 우아하게 지켜보기를 계속하던 관찰자는 리얼리스트이자 냉소주의자이면서 동시에 이상주의자였는지도 모르겠다. 소설적 공감이란 이 같은 꽹과리 소리에서 나올 수 있지 않을까. 결국 어느 관찰자의 우아한 시선은 진정성을 향하고 있었음을 알게 된다.

분위기의 기호학

–심강우 ≪전망대 혹은 세상의 끝≫

1. 분위기, 또 분위기

　심강우의 소설집에 등장하는 여러 인물은 한결같이 낯설고 거리감이 느껴진다. 그렇다고 해서 그들이 지극히 납득하기 어려운 행동을 한다거나 받아들이기 힘든 취향의 소유자인가 하면 꼭 그렇지는 않다. 오히려 소설을 읽다 보면 처음 느꼈던 낯섦이 차츰 옅어지고 나중에는 그들의 행동 하나하나에 깊이 빠져들게 된다. 아마도 처음의 낯선 인상은 그들이 보여주는 삶이 평범하고 순탄한 삶과는 거리가 멀기 때문일 터, 어떤 때는 거북하고, 어떤 때는 기가 막힐 수도 있는 그들이 처한 삶의 상황이 그러한 거리감을 생성했으리라고 짐작한다.
　단편 〈흔적〉은 이번 소설집에 수록된 여러 작품 중에서 그러한 낯섦 내지 거리감을 가장 두드러지게 보여주는 작품이 아닐까 싶다. 작품의 시작은 상당히 불친절하다. 〈흔적〉은 작업장의 풍경에 관한 서술로 시작한다. 그러나 소설의 배경이 되는 공간은 어디인지 모호하게 처리되어 있고, 인물들의 행동 또한 지엽적인 묘사들로 가득 채워져서 그들이 누구인지, 그들이 지금 무엇을 하고 있는지를 언뜻 알아내기 어렵다. 더구나 '하산', '카림'이라니. 낯선 이방인들로 둘러싸인 공간적 배경, '코란의 복수', '벵골어' 같은 낯선 문화적 소재들 때문에 소설의 초반부는 지극히 낯설기만 하다. 더구나 산소용접기로 철판을 잘라내는 작업 도중 역화된 불꽃 때문에 목숨을 잃을 뻔했다는 내용, 숯덩이가 되어버린 작업자들의 시체에 관한 묘사를 접하면 도대체 무슨 일이 벌어지고 있는지 혼란스럽고 어지럽기만 하다.

서술자는 소설의 배경이 방글라데시 치타공 해안에 있는 선박해체소라는 사실을 소설이 시작하고도 한참 지나서야 알려준다. 그것도 선박해체소에 관한 친절한 설명이나 내력 소개 같은 방식과는 거리가 멀다. 소설 속에서 주어지는 정보를 제법 모아도 그저 한국에서 '아주 먼 곳' 정도로 막연하고 모호하게만 파악될 뿐이다. 동남아시아 지리나 사정에 밝은 일부 예외적인 사람을 제외하고는 인터넷 검색 엔진에서 '치타공', '선박해체소'를 찾아보아야 그나마 어슴푸레한 윤곽을 머릿속에 그릴 법하다.

그 대신 분위기가 압도적이다. 여기서 분위기가 압도적이라 함은 그것이 소설적 차원을 넘어 시적인 차원에 육박할 만큼 강렬한 인상을 주고 있다는 말이다. 설명이나 소개, 정보 제공 따위를 벗어난 지점에 치타공 선박해체소라는 낯설고 이질적인 무언가가 우리의 눈앞에 떡하니 버티고 서 있다. 공허와 허무, 깊이를 알 수 없는 상처와 계속되는 고통 등을 분위기라는 소설적 도구가 고스란히 감당해내고 있다.

거대한 선박이 해체되는 것처럼 세상의 온갖 삼라만상의 실체들이 서서히 소멸하는 음산한 느낌으로 가득 찬 분위기이다. "영원은 인간들의 세월을 양식으로 삼는다."라고 소설은 말하는데, 이 같은 아포리즘에 가까운 멋있는 문장들이 시적 분위기를 더욱 강화한다.

그곳은 영원한 유형의 공간처럼 그려진다. 그곳의 수인은 결코 세상으로 되돌아갈 수 없는 무기수들이다. 두들겨 부수고 해체함으로써 아직은 자신이 살아 있음을 확인할 뿐, 그 외의 일체, 가령 삶의 목표나 의욕 따위는 흔적조차 남아 있지 않은 건조함과 무기력함이 소설을 가득 채운다. 소설의 시작부터 철저히 모호하게 제시되었던 그곳은 어느새 인간의 영혼을 시험하는 극한의 장소라는 의미를 부여받기에 성공한 것이다.

〈흔적〉만 그러한 것이 아니다. 이번 소설집에 수록된 모든 작품에서는 저마다의 독특한 분위기가 감지된다. 처음 보았을 때는 쉽게 친숙해지기 어려운 분위기다. 공간적 배경이 낯설고, 그들의 하는 일이 낯설다. 싸구려 모텔에서 허드렛일을 하면서 몰래카메라를 설치한다거나(〈늪〉), 성인 전화방에서 음침한 전화통화를 한다거나(〈메두사의 뗏목〉), 고독사한 노인의 유품을 정리하거나 (〈구멍의 기원〉), 서로 속고 속이는 결혼정보업체 커플매니저로 활동하거나(〈가면의 시간〉). 이렇게 놓고 보면 신기하고 낯선 직업의 세계를 보여주는 방송 프로그램의 시놉시스 같다.

시간적 배경의 이질성도 만만치 않은데, 수백 년 전 과거로 가거나(〈화우〉) 반대로 미래로 가서(〈2172 리바이어던〉) 시간 여행을 한다.

아예 언제쯤인지도 알 수 없는 때, 해수면이 빌딩 수십 층 높이로 상승하여 온 세상이 물속에 잠겨버린 설정도 있다(〈전망대 혹은 세상의 끝〉). 독특한 상황, 독특한 설정, 낯선 시공간에서 평소 맞볼 수 없었던 아니, 상상하지도 못했던 분위기를 펼쳐내어 독자를 어리둥절하게 만드는 방식, 여러 작품을 묶어놓고 보니 작가가 참신하고, 독특한 분위기 창출을 위해 얼마나 많은 공을 들였는지 보인다.

2. 상처의 깊이

〈흔적〉과 〈구멍의 기원〉은 분위기를 통해 '상처'의 깊이를 말한다. 상처를 설명하고 논증하고 관찰하는 것이 아니라, 모호하고 막연하며 독특한 분위기를 통해서 남겨진 사람들의 상처를 말한다. 또 그 상처가 얼마나 깊은 것인지를 말하는 것 또한 분위기의 역할이다.

〈흔적〉에서 '그'는 아내와 딸아이의 교통사고라는 충격에서 헤어나기 위해 '아주 먼 곳'으로 흘러들어왔다. 그곳에는 거대한 폐선이 벌레처럼 기어가는 인간들을 굽어보고 있을 뿐, 위안이나 회복의 가능성은 찾기 어렵다. 선박을 조금씩 분해하는 인간들은 시체에 달라붙은 구더기에 지나지 않으며, 그러한 해체의 과정은 거대한 선박의 외형에 비해 지극히 보잘것없는 것이라 자연의 풍화작용을 연상케 할 만큼 더디게 이루어진다. '그'가 심적인 충격에서 도피하던 끝에 가까스로 그곳에 흘러들어온 것도 벌레나 다름없는 자신의 무기력한 처지를 그곳에서 일하는 인부들에게서 목격했기 때문이 아닐까. 삶의 의욕을 잃은 채 자신에게 무기징역을 선고한 것이나 다름없는 '그'는 슬픔이나 기쁨과 같은 표층적인 인생의 순간 이면에 숨겨진 근본적인 무거움에 도달해보고자 하는 구도자의 형상에 가깝다. 그렇다면 치타공의 선박해체소는 삶과 죽음, 욕망과 허무의 경계에 있는 일종의 임계점을 표상하는 것이 된다. 단순히 이국적인, 낯설고 신기한 소재와 분위기에 관한 관심을 넘어 존재의 본질에 다가서려는 시도가 이 작품의 주제인 셈이다.

독특한 분위기 외에 소설 속에서 펼쳐지는 인물의 행동이나 생각 등은 그야말로 사족에 불과하다. 이미 상처의 깊이는 치타공 선박해체소의 분위기를 통해 바닥을 알 수 없는 절대적인 허무와 절망으로 결착이 났다. 이어지는 내용, 곧 가족의 복수가 성공할 것인지 아닌지는 진정한 관심의 대상이 아니다. 로켓발사기에서 포탄이 발사되고 평온하던 마을이 아수라장이 되어버리지만, 이내 비약을 하여 '그'의 내면으로 서술의 초점이 옮겨가는 것이 이를 증명하기 때문이다. 하산의 복수 실행보다 하산이 품었던 고통의 흔적 곧 상처를 떠올려보는 것, 그리고 그 같은 상처가 자신의 마음속에서도 발견되어 있음을 다시 한번 상기하는 것으로의 작품이 마무리되는 것을 보더라도 확인된다.

고통의 흔적은 아무리 시간이 지나도 지워지지 않는다는 사실, 그리고 그러한 흔적은 육체에 각인되어 남은 생을 따라다닐 것이라는 사실. 거대한 폐선을 분해하러 달라붙은 구더기나 다름없는 보잘것없는 한 인간이 할 수 있는 것은 아무것도 없다. 이제는 과거의 고통에서 비롯한 눈물마저 모래처럼 메말라버렸을 때, "시간을 포함한 모든 게 녹

슬어 가고 있었다. 아니, 모든 게 지워지고 있었다."라면서 영혼의 유형지인 선박해체소에서 시시포스의 바위를 굴리는 일밖에 남은 것이 없다. 무기징역, 거대한 늪, 바닥을 알 수 없는 심연의 분위기 속에서 상처는 계속된다.

〈구멍의 기원〉은 또 어떠한가? 여기서도 분위기가 모든 것을 압도한다. 깊은 구멍으로, 혹은 블랙홀로 무한히 빨려 들어가는 느낌. "블랙홀, 간단히 말해 그것은 구멍이다. 오감으로는 확인할 수 없는 불가사의한 구멍." 주인공 현우는 거기에서 빠져나오려고 굳이 애를 쓰지도 않는다. 어쩌면 그동안 그는 필사의 노력을 펼쳤을지도 모른다. 직접적으로는 엄마의 죽음으로 촉발된 허무와 공허의 구멍에서 벗어나기 위해 여러 가지 방법을 동원했으리라. 그러나 모든 것은 실패로 돌아갔고, 그러한 실패가 계속 반복되었음이 분명하다. 힘들게 애쓰지 않고 태연히 가만히 있는 것, 어쩌면 반복된 실패를 통해 그러한 상처의 깊은 구멍에서 결코 빠져나올 수 없음을 이미 깨달았기 때문인지도 모른다. 이렇듯 현우의 무기력함 그 자체가 상처의 깊이를 잘 알려준다.

상처의 극복이 거듭 실패하는 것은 왜일까? 그것은 아마 상처의 실체가 너무나 모호하기 때문일 듯하다. 눈에 보이지 않는 적과 싸울 수는 없는 법, 아무리 처절하게 주먹을 날려도 실체가 없는 대상을 상대로 승리를 거둘 수는 없다. 무엇이 그러한가? 답은 간단하다. 죽음이 그러하다. 주인공이 유품정리업체의 직원으로 설정된 것은 매우 적당한 선택이다. 가족과 친지의 애도 속에서 죽음은 애도 되고 그래서 애도의 힘으로 상처는 잊히고, 나중에는 어쩌면 극복될 수도 있다. 하지만 유품정리업체에 맡겨진 죽음은 애도를 해줄 가족과 친지가 없다. 방치된 죽음, 애도를 거치지 않은 죽음은 아직 종결되지 않은 죽음이다. 끝이 없는 모호함의 대상으로서의 죽음이란 치타공 선박해체소에서 마멸되어가는 폐선의 이미지와 겹친다.

모호함의 대상인 죽음은 눈에 보이지 않는다. 그저 느껴지는 것이다. 이 소설에서는 눈에 보이지 않는 공기를 통해 죽음을 포착하려 시도한다. 상상해 보라. 시체가 썩어가는 방 안을. 다시 상상해 보라. 그 방 안의 '냄새'와 공기의 '맛'을.

"아저씨, 잠깐만요."
뭔데 그래. 황 씨가 비스듬히 기운 장롱을 잡은 채 바라본다. 현우는 주머니에서 칼을 꺼낸다. 장롱 바닥에 찢어진 장판이 들러붙어 있다. 면적이 제법 넓다. 시신에서 흘러나온 피와 추깃물이 한데 엉겨 접착제 역할을 한 모양이다. 욕지기가 치미는 바람에 칼끝이 자꾸만 빗나간다. 현우가 하는 양을 물끄러미 보던 황 씨가 이리 줘 봐, 하더니 현우의 손에서 칼을 채 간다. 관록은 그저 생기는 게 아니다. 황 씨는 별로 힘들이지 않고 장판을 떼어 낸다. 두 사람은 장롱을 문밖으로 들어낸다. 마당 한쪽에 서서 방 안을 엿보던 옆집 여자가 코를 싸쥐더니 줄행랑친다. 현우는 마스크를 벗고 심호흡을 한다. 청량한 맛이 나는 공기다. 현우는 이 일을 하고부터 공기에도 맛이 있다는 걸 알았다. 방 안의 저 공기는 어떤 맛이라고 해야 하나. 현우는 잠깐 뒤를 돌아본다. 쓴맛과 신맛을 섞어 놓은 것이라고 할까. 아니, 떫은맛과 짠맛도 포함시켜야겠다. 한 대 줄까? 황 씨가 담뱃갑을 들어 보인다. 현우는 고개를 젓는다. 폐부에 쌓인 악취를 몰아내려는 듯 황 씨는 연기를 깊숙이

들이마셨다 내뿜는다. 담배연기라면 질색을 하던 현우는 이제 연기를 피하지 않는다. 방 안의 그것에 비하면 차라리 향기에 가까우니까.

선생님은 교통사고로 딸을 잃었다. 현우는 사고로 엄마를 잃었다. 아버지는 의식이 캄캄한 구멍으로 진입하였고, 형은 집을 나갔다. 사망이든, 정신질환이든, 가출이든, 가족 구성원들이 뿔뿔이 흩어지고, 헤어진다. 모든 것을 빨아들이는 구멍은 정희도 빼앗아 갔다. "블랙홀, 그것을 다른 말로 하면 구멍이다. 간신히 벗어난다 해도 애초의 궤도를 기대할 순 없겠지. 그 옛날 국어 선생님이 들려준 말이 귓전에서 울린다. 혹시 선생님은 불가해한 운명에 관해 얘기하고 싶었던 것이 아닐까." 이처럼 죽음은 모든 것을 집어삼키는 난폭함 그 자체다. 인간의 운명은 죽음 앞에서 애초부터 보잘것없이 두려움에 떨고 있었다. 결코 극복할 수 없는 죽음과의 대결에서 기진맥진하여 깊은 절망으로 빨려 들어가고 마는 대목에서 독자들은 이제 유한한 존재인 자신을 되돌아보며 '공포와 연민'을 느낄 수밖에 없을 것이 분명하다. 낯설고 거리감 있는 분위기에서 시작하여 누구도 거부할 수 없는 깊은 공감의 구멍으로 독자를 이끌어가는 것이 이 소설의 중력이 작용하는 방식이다.

3. 절망 속에서

〈늪〉과 〈메두사의 뗏목〉은 또 다른 방식으로 독특한 분위기를 창출한다. 〈흔적〉이나 〈구멍의 기원〉이 죽음, 공허, 운명 등 형이상학적인 소재에 치중했다면 〈늪〉이나 〈메두사의 뗏목〉은 그와는 정반대로 지극히 일상적 삶의 문제를 끌어안는다. 죽음이나 공허, 나아가 피할 수 없는 숙명 같은 소재들이란 비장하고, 거창하고, 때로는 숭고함마저 자아내는 것이지만 〈늪〉이나 〈메두사의 뗏목〉에서 다루는 소재들은 치졸하고, 비열하고, 너저분한 성질을 지닌다. 싸구려 모텔, 몰래카메라, 성인전화방, 음담폐설과 매춘 등이 바로 눈살 찌푸러지는 그런 일들의 목록이다.

〈늪〉은 소재와 설정의 파격성이 돋보인 작품이다. 싸구려 모텔 잡역부로 일하는 탈북자를 주인공으로 내세워서, 그의 시선으로 주변을 '관찰'하는 방식을 취한다. 그는 객실에 몰래카메라를 설치하여 투숙객의 정사 장면을 찍어 부수입을 챙긴다. 밑바닥 인생의 관찰 카메라 역할을 하는 것이 주인공의 역할일 텐데 그런 그가 '몰래카메라'로 타인의 사생활을 엿보는 일을 한다는 설정이니 이중으로 관찰의 역할을 부여받은 셈이다. 그의 소망은 할리데이비슨을 한 대 구입하는 것. 굉음을 내면서 질주하는 아련한 상상에 비해 그가 처해 있는 현실은 너무나 초라하고, 절망적이다. 어차피 노력해봤자 계속 '진창길'이 계속될 것이기에, 개선될 가능성이 조금도 없어 보이기에 위악적으로 살아가는 것은 아닐까 싶다.

추레한 몰골을 한 선인장이 눈에 들어온다. 귀면각이라고 했던가. 얼마 전 쓰레기통 앞에 버려져 있는 걸 들고 와 구석에 놓아두었다. 선인장은 주둥이 부위가 형편없이 떨어져 나간 토분에 심겨 있는데 여기저기 거무스름하게 파인 자국이 있다. 선인장은 그러나 발아점만 있으면 토막 난 상태에서도 살아난다고 했다. 영혼도 그럴 수 있으면 좋겠다고 그는 생각한다. 그러나, 그는 이내 고개를 흔든다. 때로 더디게 회복되는 아니, 끝내 새살이 돋지 못하는 상처도 있는 법이다.

결국에는 여기서도 상처가 문제다. 여기서도 가족과의 이별이 또다시 문제다. 탈북할 때 담장을 넘다가 중국 공안에게 붙잡혀 강제 송환된 엄마가 그의 정신적 구멍 깊숙한 곳에 자리한다. 어린 소년은 울음을 터트리고, 섬광처럼 터지던 엄마의 마지막 눈빛은 소년의 마음에 깊은 상처로 남았다. 목을 매 자살한 아버지를 보았던 기억 또한 깊은 구멍을 이루었을 터. 추레한 몰골의 선인장이 그의 처지를 대변하고 있지만, 선인장과 그는 상처를 극복할 수 있느냐 없느냐를 두고 하늘과 땅 사이만큼 떨어져 있다. 작품의 표제에서도 강조되어 있듯, 그는 '늪'에 빠졌다. 아무리 발버둥 쳐도 빠져나갈 수 없는 늪. 블랙홀이든 늪이든, 결국 절망과 공허로 귀결되면서 한없는 무기력과 좌절감을 안겨주는 것은 마찬가지다.

그가 그토록 소망하던 할리데이비슨이 무척 인상적이다. 처음에 그것은 위악의 상징이었다. 도덕이나 법이 무엇이라고 지껄이거나 말거나 몰카로 돈을 벌어 할리데이비슨 한 대 사겠다. 밑바닥 인생에서 유일하게 남은 꿈과 희망, 결코 쉽게 긍정하고 동의할 수 없는 불손한 생활의 태도. 하지만 소설의 결말에 이르러 칼을 맞고 의식을 잃어가는 그의 앞에 떠오른 할리데이비슨의 질주 장면이 자아내는 분위기는 사뭇 다르다. "달라질 게 없어도, 그의 입가에 희미한 미소가 번진다. 그래도 가슴이 뻥 뚫리도록 달려 보는 거야. 잃을 게 더 뭐 있겠어." 상처는 조금도 위로받지 못했고 이제 죽음이 거대한 허무의 아가리를 벌리고 있는 판국에 그는 미소를 짓는다. 아이러니한 디테일의 포착을 통해 매우 동정적이고, 슬프고, 처량하고, 그래서 지극히 안타까운 감정을 불러일으키는 데 성공한다. 낯설고 불쾌하고 애써 거리를 두고 싶던 그에게 우리는 어느덧 공감하고 있던 것이다.

〈메두사의 뗏목〉은 동정적이고 처량한 분위기가 〈늪〉에 비해 좀 더 강조된다. 손가락질을 받을 만한 수준이라고 해야 할지, 도덕적이고 법적인 잣대로 판단할 때 〈메두사의 뗏목〉에 등장하는 인물에게 내려지는 경멸이나 비난의 수위는 〈늪〉에 못지않다. 그러나 〈메두사의 뗏목〉에서는 여성 인물들을 전면에 내세웠고, 특히 누군가의 어머니라는 사실을 강조함으로써 도덕적 · 법적 거부감을 많이 없앨 수 있었다고 보인다.

성인전화방이라는 소재가 흥미롭다. 남자들의 성적 판타지를 자극함으로써 계속 통화하게 해서 비싼 통화료를 뜯어내는 수법이 그곳의 생존법이다. 거짓을 그럴싸하게 포장할 줄 알아야 하는 그곳에는 미스 윤 같은 인물이 적격이다. 미스 윤이 들고 다니는 페라가모 가방이 그런 허위와 거짓을 단적으로 드러내는 장치이다. 그러나 이탈리아 제품이 끌렸다면서 미국 국적 배우인 그레고리펙을 끌어다 붙이는 모습을 보면 밉상이고 싫지만, 한편으로는 순진한 백치미에 헛웃음이 유발되기도 한다.

미스 윤과는 달리 주인공 주옥은 그러한 거짓의 세계에 잘 어울리지 않는 순수한 성격의 인물이다. 몸을 굴신도 못 하는 시어머니와 지하의 습기·냉기 때문에 몸에서 진물과 딱지가 없어질 날이 없는 딸아이를 먹여 살리기 위해 어쩔 수 없이 성인전화방에 발을 들여놓았으나 원체 거짓말과 속임수와는 거리가 먼 타입이라 잘 될 리가 없다. 악착스러움이라도 있어야 겨우 버틸 수 있을 텐데, 그러한 악착스러움과는 거리가 먼 그녀는 최악이자 최저의 생계 수단으로 주어진 그곳 성인전화방에서도 머지않아 쫓겨날지 모른다. 절망의 밑바닥까지 떨어졌으면서도 계속해서 한없이 가라앉기만 하는 것이 늪과 블랙홀의 기본 속성이니 어쩔 도리가 없다.

그러한 절망의 절정 속에서 주옥과 11번 여자는 제리코의 그림을 보고 있었다. 난파된 전함 '메두사호'에서 일어난 실제 사건을 그림으로 옮긴 낭만주의 대표작. 메두사호가 난파되었을 때 선장과 장교들은 선원과 승객을 버리고 탈출해버렸고, 살아남은 15명은 뗏목 위에서 구조를 기다린다. 뗏목에 있던 사람들은 처절한 절망 속에서 계속 버텼고, 동료의 시신을 먹기까지 하면서 버티다가 결국 구조되었다. 성인전화방이 곧 뗏목이고, 주옥과 미스 윤과 11번 여자가 식인 행위를 하면서까지 절망의 절정에서 버티는 선원들로 등치가 된다. 우리는 선원들을 비난해야 하는가 동정해야 하는가, 아니 과연 우리가 그들을 판단하고 평가할 자격을 지니고 있겠느냐고 되묻게 된다.

제리코의 그림에서는 멀리 구조선이 보이는 듯하다. 뗏목의 한쪽에는 시체가 널브러져 있지만, 몇몇 사람들은 구조선을 향해 손을 흔들면서 희망을 품는다. 소설의 마지막 장면에서 주옥이 말라 죽어가는 느티나무 분재에 칭칭 감긴 철사를 벗길 도구를 찾는 것으로 끝나는 데서 우리는 아주 사소하고 작은 희망의 불씨를 하나 발견한다. "주옥은 다리에 힘을 주고 허리를 편다. 그래도 버텨야 해. 주옥은 중얼거리며 주위를 살핀다. 철사를 벗길 도구를 찾는다." 절망의 절정에서 희망을 버리지 않는 그녀를 보면서 삶과 생활의 윤리에 대해, 나아가 인간의 운명에 대해 잠시 생각하게 된다.

4. 진실과 거짓 사이

이번 소설집에 수록된 작품이 모두 인간 운명의 절망, 최저 생활자의 절망과 같은 회색빛으로 점철된 것은 아니다. 〈가면의 시간〉〈빛과 빛〉〈연기의 고수〉는 진실과 거짓 사이의 줄타기를 통해 색다른 분위기를 연출한다. 세 편 모두 인생의 한 국면을 간파하는 단편의 기본 원칙에 충실한 작품으로 짜임새 있는 전개를 특징으로 한다. 각기 인물의 성격이 뚜렷하게 드러나고, 그러한 인물들이 서로 엮이면서 벌이는 갈등과 사건이 선명하게 배치되어 있다. 심각하고, 둔중한 분위기와는 사뭇 다른 발랄함과 짜릿함이 느껴지는 공통점이 있다.

특히 인물의 직업이 진짜와 가짜의 경계를 넘나든다는 사실을 잠시 짚어볼 필요가 있다. 〈가면의 시간〉의 주인공 선우는 결혼정보업체에서 일하는 커플매니저다. 선남선녀를 연결해 주는 일이지만, 커플 연결의 성사를 위해서는 장점은 부각하고, 단점은 슬그머니 감추는 작업이 필요하다. 가령 술을 많이 먹는다는 단점은 주량을 줄여 소개, 성형수술 이력은 노코멘트. 소설 속 표현을 따르자면 '가면 쓰기'에 해당한다. 일종의 홍보 작업에 가까울 텐데, 홍보는 자본주의에서는 지극히 기본적인 판매 전략이고, SNS 사용이 활성화된 요즘에는 개인들 역시 같은 방식으로 자신을 포장하기에 여념이 없다. 얼핏 낯설어 보이는 커플매니저는 결국 오늘날 우리들의 자화상이다.

선우는 한때 자신의 앞에서 빛을 뿜었던 것들을 그려 본다. 그리고 쓸쓸하게 웃는다. 휘 둘러보던 선우의 눈길이 가장 빛나는 공간에 머문다. 카운터 옆에 있는 벽걸이 수족관이다. 가짜야 저거. 주옥 씨가 술잔을 든 채 턱짓을 한다. 정교하게 만든 인공 물고기들이야. 의아한 표정을 짓는 선우에게 주옥 씨가 오금을 박듯 말한다. 아닌 게 아니라 수초 사이를 선회하는 물고기들의 움직임이 기계적인 패턴을 보인다. 주옥 씨는 선우의 눈빛이 흔들리는 걸 눈치채지 못한다. 게다가 야광이야. 진짜보다 더 그럴듯하지? 주옥 씨가 선우의 술잔에 술을 따르며 묻는다.

커플매니저 선우의 모습이 우리들의 자화상을 보여준다고 할 때, 그녀가 관찰하는 거짓으로 만든 수족관은 화려한 거짓 욕망으로 쌓아 올린 우리들의 세상이다. 그곳은 가장 빛이 나고 돋보이기에 모든 사람이 선망한다. 그런데 욕망이란 절대 충족될 수 없다는 진리를 떠올린다면, 지금 화려하게 빛나는 욕망은 모두 가짜다. 자세히 들여다보면 가짜임을 알아차릴 수도 있다. 하지만 문제는 그다음이다. "진짜보다 더 그럴듯하지?" 이 소설이 관찰한 바는 진짜보다 가짜가 더 그럴듯할 수도 있다는 것, 그것이 오늘날 우리들의 맨얼굴이라는 것이다.

〈빛과 빛〉의 주인공 윤수 역시 대행업체에서 진짜와 가짜를 오가는 일을 하는 인물이다. 신랑이나 신부의 친구 역할을 해주면서 빈자리를 채워주는 일. 가짜면서 진짜 친구 행세를 하는 그런 일. 좋게 보면 연극 배우 비슷한 것이지만, 나쁘게 보면 사기 결혼 행각의 공범이 될 수도 있는 일이다. 〈연기의 고수〉는 아예 연극 배우가 등장한다. 경찰 연기를 한다고 생각하는 연극 배우 M, 그런 M을 이용하여 범행에 이용하는 K. "아무튼 자네 말대로라면 K라는 그 친구, 연기자 지망생인 자네를 교묘히 이용한 거야." M은 진짜로 연기를 한 것인가, 가짜로 경찰 행세를 한 것인가, 오 형사의 심문을 거치면서 가짜와 진짜 사이에 펼쳐졌던 줄다리기 한판의 전말이 공개된다.

  이들 작품에서는 진짜와 가짜를 놓고 벌이는 진실 게임이 벌어진다. 아주 진지하거나 심각한 것은 아니고, 플롯을 정교하고 세심하게 꼬아서 흥미로운 이야기 전개를 구성한다. 〈빚과 빛〉에서는 과거 어린 시절에 시작된 인연의 끈을 확인하는 진실 찾기의 이야기를 펼치고 〈연기의 고수〉에서는 준비된 반전의 결말을 향해 차근차근 나아가는 스릴러 혹은 추리소설적인 전개를 펼친다. 특히 텔레비전 일일드라마 같은 느낌마저 주는 〈빚과 빛〉은 두 남녀가 잘 맺어지기를 바라는 달콤한 전개와 애잔하게 허물어지는 마지막 결말 장면이 독자의 마음을 훔치기에 충분하다. 또 두 작품 모두 허를 찌르는 반전이 상당히 짜릿하게 느껴진다. 작품의 주제나 내용을 떠나서 잘 짜인 플롯이 만들어 내는 청량감을 수반한 짧은 탄식 같은 것이 터져 나온다. 언제나 침울하고 심각하기만 할 수는 없는 법 아닌가. 허무와 절망, 운명을 다루어 어둡고 무겁기만 했던 다른 작품의 분위기에 비교할 때, 가볍게 쉬어

가는 휴식 같은 느낌도 그리 나쁘지 않을 듯하다.

　물론 진실과 거짓이 중심 테마라 하더라도 거기에는 깊고 오래된 상처가 새겨져 있다는 점은 간과할 수 없다. 〈가면의 시간〉에서 아버지의 죽음이 유품인 낡은 롤렉스시계로 인해 반복적으로 상기되고 있어 작품 전편에 걸쳐 긴 그림자를 드리운다. 〈빛과 빛〉에서 할머니의 죽음, 성애와의 헤어짐처럼 반복되는 이별과 상처는 이 소설집에 수록된 다른 작품과 연결된다. 상처, 죽음, 그리고 쓸쓸함이 빚어내는 독특한 분위기는 이들 작품에서도 유지되는 셈이다. 행복을 쉽사리 손에 넣을 수 없는 결말을 보더라도 그림자의 흔적은 분명히 감지된다.

5. 시간의 분위기

　낯선 분위기는 이질적인 시간적 배경에서 비롯하는 경우도 있다. 그동안 보아왔던 낯설 소설적 분위기는 치타공 선박해체소라는 이국적 공간, 성인전화방 도시 뒷골목의 낯선 세계, 유품정리사라는 이색적인 직업 등 평범한 일상적 삶과는 거리가 멀어 보이는 여러 장치와 도구를 활용한 결과였다. 이제 남은 것은 익숙하지 않은 '시간'을 활용하는 방법. 먼 미래에 있을 법한, 혹은 오래전 과거의 있었을 법한 이야기를 다룰 때 소설은 또 다른 방면으로 낯선 분위기를 연출한다. 〈2172 리바이어던〉과 〈화우〉는 정반대의 시간대로 내달리는 작품이다. 전자는 먼 미래의 일을 다루고, 후자는 먼 과거의 일을 다룬다. 우리가 살아가는 현재에서 '멀리' 떨어져 있다는 점에서는 일치를 보인다.

〈2172 리바이어던〉은 읽기가 무척 어려운 작품이다. SF 장르가 익숙지 않아서 그럴 수도 있겠는데, 무엇보다 미래 세계의 독특한 분위기에 적응하는 데 어려움을 겪기 때문이지 않을까 싶다. 2172년이라니! 핵전쟁이 벌어졌다니! 지상의 세계는 전쟁의 여파로 몰락했고, 고도로 발달한 과학 문명의 힘으로 인류는 지하 세계를 건설했다. 인류는 닉스족, 크로우족으로 나뉘어 대립하고, 근대로 넘어오면서 사라졌던 신분 계급이 부활했다. 여기에다 온갖 과학적 상상력이 결합한다.

한참을 낯선 분위기에 휩싸여 읽다 보면 현기증이 날 법도 한데, 가까스로 정신을 차리면 한 가지 특이한 점이 발견된다. 소설 속에서 소개되는 상상적인 과학기술이 대개 인간의 생명 연장과 관련되어 있다는 점이다. 냉동 캡슐로 동면을 취하는 인간, 텔로미어를 직접 조작하는 혁신적인 노화 방지 기술의 개발, 심지어 젊음을 회복하는 기술도 머지않아 개발될 것으로 예상한다. 죽음 앞에서 나약해질 수밖에 없는 인간의 유한성을 어떻게 극복할 것인가에 집중되어 있다. 간단히 말하면 죽음을 극복하는 기술, 불로장생의 기술이다.

이렇게 보면 미래 세계를 배경으로 한 SF는 불로장생의 비법을 찾아 헤맸던 진시황 시절의 꿈에서 조금도 벗어나지 않은 셈이다. 천하를 다 가진 진시황이 단 하나 못 가졌던 불로장생의 비법이 모든 인간 욕망의 궁극적이고 원형적인 상징이라고 간주한다면, 불로장생이 성취된 세계는 평화로운 무(無)갈등의 세계여야 마땅하다. 도교의 신선들이 그런 경지에 오른 인간들(?) 아니었던가. 욕망을 초월했으니 욕망에 휘둘리지 않는 신선의 경지. 하지만 소설 속 세계는 전혀 그렇지 않다. 정반대의 디스토피아적인 전망을 펼친다. 유발 하라리의 ≪호모 데우스≫가 연상되는 지점이다. 과학기술의 힘으로 신이 된 인간(또는 신선이 된 인간)들이 과학기술의 열매를 독점하고, 나머지 인간들은 그들에게 굴복하는 암울한 세계, 영구집권을 기도하는 지하 세계의 최고 권력자 천무와 닉스족 통치 계급들이 호모데우스다.

결국에는 사랑이다. 궁극적인 욕망이 충족되었지만, 행복하지 못한 것은 사랑이 결여되었기 때문이다. 윤의 인간미에 이끌려 그를 사랑하게 되는 진은 미래 세계에서 사랑의 의미를 상징적으로 보여준다. 물론 이러한 사랑이 희망의 차원으로 발전되는 것은 아니다. 아마 그런 식으로 소설을 전개하면 나중에는 영화 〈아바타〉 같은 식으로 나아가야 하지 않을까 싶다. 어쩌면 닉스족과 크로우족의 대립, 대결을 그린 소설을 작가가 상상했을 수도 있지 않을까.

정반대로 수백 년 전 과거로 거슬러 올라간 〈화우〉에서 말하는 것이 바로 '사랑'이다. 임진왜란 때 일본군과 싸우다 순절한 윤흥신 공과 그를 흠모하던 기생 화우에 관한 이야기다. 김 교수가 의뢰받은 고문 해독 내용은 액자 속 이야기로 처리되는데, 처음에는 먼 과거의 이야기라 제법 낯설지만, 차차 한결같이 한곳을 바라보는 기생의 사랑이 두드러지면서 시간의 간극을 넘어서게 된다. 이혼소송 중인 아내와의 불화를 다룬 액자 밖 이야기와 연결되면서 화우의 변하지 않는 사랑은 더욱 돋보인다. 먼 미래에서 그토록 찾아다녔던 것이, 먼 과거에서 전해오는 '때깔 고운 나전함 하나'에 담겨 있다는 생각이 이르면, 현재의 일상적 시간을 벗어나 미래와 과거를 오고 간 것이 결국 사랑을 말하기 위함이었음을 알게 된다.

6. 절망의 기호학

구름은 걷히지 않고 구조대는 보이지 않는다. 구조. 그것은 이제 자위(自慰)란 단어로 대체해야 할지도 모르겠다. 푸수수 먼지덩이가 떨어지는 것 같다. 200미터 정도 떨어진 곳에 있는 Y은행 본점 건물이다. 40층 규모의 그 건물은 13개 층을 빼곤 죄다 물에 잠겼다. 남은 13개 층 중 두어 개 층도 잠겼다 말았다 하는 형국이다. 어쨌거나 저건 엄연히 사람들이다. 떨어지는 모습만으로는 생사를 알 수 없다. 살아 있는 사람일 경우 저것은 죽고자 하는 행위일 수도, 용기 있는 탈출 행위일 수도 있다. 그런데 내 앞에 있는 여자는 진즉에 전자로 단정한 눈치다. 기의와 기표는 자의적 관계라는 구조주의 언어학의 명제가 빛을 발하는 순간이다.

30층 빌딩 높이만큼 물이 차올랐다니 〈전망대 혹은 세상의 끝〉은 시작부터 독자를 혼란스럽게 한다. 거기다 한술 더 떠서, 빌딩에서 사람이 떨어지고 있단다. 이제 소설 속에 벌어지는 상황이 심각한 재난 상황임을 알아차리겠다. 간혹 재난을 소재로 한 블록버스터 영화에서 보았던 장면이 머릿속으로 그려지면서 말이다. 그다음은 또다시 혼란스럽게 한다. 기표와 기의가 자의적 관계, 구조주의 언어학의 명제 운운하는 대목 때문이다. 쓰나미가 몰아닥쳤는지, 빙하가 녹아 해수면이 높아졌는지, 아무튼 영화 속에서나 벌어질 듯한 상황이 펼쳐졌는데,

어이없게도 언어학 타령이다. 도무지 갈피를 잡을 수 없는, 그래서 낯설고 거리감이 느껴지는 분위기를 만들어내는 데 또 한 번 성공했다.

소설의 줄거리는 간단하다. 대학에서 언어학을 가르치는 '나'가 심포지엄에 참석하기 위해 스카이빌딩에 방문했다가 이와 같은 일이 벌어졌다. 엘리베이터에 같이 탑승했던 사람들과 함께 기약 없는 구조를 기다린다. 참사가 벌어진 빌딩 곳곳을 돌아다니는 '나'의 시선에는 절망의 흔적만이 목격될 뿐, 서사 전개 과정에서 발생하는 사건은 그리 특별한 것이 없다. 오로지 인물들이 놓인 '상황'과 그들의 행동이나 사고를 제한하는 '조건'만 강조될 뿐이다. 이 때문에 소설은 하나의 알레고리처럼 읽힌다. 문명사회의 묵시론적 종말을 예견하는 것인지, 아니면 상처로 가득하며, 늪과 같은 절망으로 계속되는 일상에 관한 것인지 단언할 수는 없지만, 소설 속 인물들의 행동이나 그들이 목격한 것의 이면에서 무수한 의미들을 끓어오르고 반복적으로 새로운 의미로 확장되고 있음은 틀림없다.

계속해서 '의미'가 생성되고 확장된다고 하니, 이 소설에서 언어학이라는 '미끼'를 던져둔 이유를 어렴풋이 짐작하게 된다. 근대 언어학이란 언어의 구조를 따지는 학문, 기호란 기표와 기의로 구성, 기표와 기의의 결합은 필연적인 것이 아니다. 어찌 보면 지극히 자의적인 결합, 하지만 그러한 결합의 방식, 곧 구조로 이루어짐으로써 기호는 구성되고, 언어가 구성되고, 우리의 의식이 구성되고, 나아가 우리의 세계가 구성된다. 어쨌든 '자의적'에만 주목하면, 하나의 기표를 두고 그야말로 자의적으로 기의를 붙여 놓을 수 있다는 것, 사람이 떨어지고 있는 모습을 기표로 하고, 이에 대해서 죽으려는 절망의 의미로 해석하거나 반대로 살아보기 위해 용기 있게 탈출하는 의미로 해석할 수 있다는 것이다.

  그렇다면 이 소설은 과연 어떻게 해석해야 하나? 절망으로 해석해야 할지, 아니면 절망 속에서도 끝없이 희망을 붙잡으려는 시도로 해석해야 할지 망설여진다. 어떻게 기표와 기의를 연결할 수 있을 것인지 의문이다. 그것은 어디까지나 '자의적'이기 마련이고, 각자가 알아서 판단해야 할 문제다. 다만 여기에 이르면 이 소설이 소설집에 수록된 여러 작품의 주제를 한군데 모으고 있음을 알게 된다. 〈흔적〉에서 나온 치타공 선박해체소와 이곳 스카이빌딩은 근본적으로 동일하다. 곳곳에 썩어가는 시체가 있고, 상처들로 가득하다. 이렇게 보면 〈늪〉의 싸구려 모텔과도 닮았다. 절망이라는 것, 희망이 보이지 않는다는 것, 그저 죽음과도 같은 절망의 절정에서 상상으로만 할리데이비슨을 타고 질주하는 것이 유일하게 허락된 일이다. 〈메두사의 뗏목〉에 나온 성인전화방이라는 공간도 비슷하고, 무엇보다 그림 속 뗏목에 탄 사람들과 빌딩에 갇힌 사람들이 구조를 기다리는 상황은 똑같다. 절망과 상처에서 탈출하려 해도 결국 블랙홀로 가라앉을 수밖에 없다는 설정도 이미 〈구멍〉에서 확인했던 바다. 곧 이 소설은 그 자체로 상처와 절망에 관한 기호학이다.

  절망이냐 희망이냐를 놓고 기의를 확정하는 해석의 작업은 진짜냐 가짜냐를 오가는 〈가면의 시간〉〈빛과 빛〉〈연기의 고수〉의 주제와도 연결된다. 둘 중에서 어떤 것을 선택하든 필연적이고 절대적인 것이 아니다. 더 이상 창공에 빛나는 별이 우리의 앞길을 밝혀주지 않는다. 종교나 이념, 도덕 같은 절대성의 지평은 상실된 지 오래다. 방황을 거듭하면서 살아가는 오늘날의 우리 처지에서는 어느 쪽에도 쉽게 손을 들 수 없고, 어떤 것도 쉽게 판정하기 힘들다. 불확실성이 지배하는 시대다. 여기서 〈전망대 혹은 세상의 끝〉은 다시 우리에게 묻는다. 절망으로 읽어야 하나, 그럼에도 불구하고 계속 희망을 추구해야 하나.

해석 하나. 계속되는 절망에서 결코 빠져나갈 수 없다. 소설집 곳곳에 배치된 죽음의 기호를 보아라. 죽음 앞에서 자유로울 수 있는 자는 아무도 없다. 욕망 또한 언제나 결여 형태로 존재한다. 설령 불로장생의 기술을 손에 넣고 모든 욕망을 성취할 수 있는 미래 세계가 펼쳐진다 해도 여전히 절망이다. 마침내 수위는 55층에 다다르고, 그토록 바라던 '구조'는 이루어지지 않았다. 파도가 덮쳐오고 완전한 절망 속으로 가라앉을 따름이다. 그것이 블랙홀의 구멍이든, 바닥없는 늪이든 서서히 풍화작용을 거치면서 '해체'되고 '소거'되기는 마찬가지다. 이렇게 볼 때 이 소설집은 스러져가는 모든 것들에 대한 애달픈 만가(輓歌)이다.

다른 해석 하나. 비록 절망이 계속된다고 해도 희망을 버려서는 안 된다. 메두사호의 뗏목에 올라타 있던 성인전화방의 주옥을 기억하는가? "그래도 버텨야 해."라는 그녀의 말을 잊지 않기를. 운명은 늘 불가해한 것이고, 상처는 깊다. 자신도 어느새 가면을 쓰고 있고, 몸에는 아내와 딸애가 남기고 간 흔적이 남아 있지만, 그래도 균형을 잡고 버텨야 한다. 먼 훗날 누군가 지순한 사랑의 힘을 기억해줄 지도 모른다. 버티고, 지켜야 하는 것이 인간의 도리이고 삶의 윤리다. 이렇게 본다면 이 소설집은 힘겨운 삶을 살아가는 애잔하고 갸륵한 모든 존재를 향한 따스한 송가(頌歌)이다.

  분위기의 해석은 어디까지나 분위기를 느끼고 즐기는 사람의 몫이다. 처음부터 분위기의 기호학으로 이루어진 소설 작품들에 관한 해석은 어디까지나 '자의적'일 수밖에 없다. '심강우 소설집'이라는 기표에서 '절망'이라는 기의를 건져낼 것인지 반대로 '희망'이라는 기의를 끌어낼 것인지는 오롯이 독자의 몫으로 돌려질 따름이다.

일상 속 작은 희망을 찾아서

– 김연정 ≪오후의 뒤뜰≫

1.

　김연정의 ≪오후의 뒤뜰≫에 수록된 여러 작품은 지극히 평범한 일상을 배경과 소재로 한다. 일요일 오전 외출 준비를 하면서 목욕하거나, 소설 창작 교실에 참석하거나, 오랜만에 형제자매들이 모여 수다를 떠는 등 '오후의 뒤뜰' 같은 나른한 일상이 펼쳐진다. 그러나 한갓진 일상의 이야기를 따라가다 보면 어느 순간 평소와는 전혀 다른 낯선 감정의 상태로 전환되고, 작지만 강렬한 이야기의 회오리바람이 몰아친다. 느닷없이 욕실 문이 잠겨 옴짝달싹 못 하게 되고, 소설을 쓰겠다던 회원이 폐암 말기 판정이라는 날벼락을 맞고, 돌아가신 어머니 음성이 녹음된 카세트테이프를 듣고 순식간에 눈물바다를 이룬다. 일상의 잔잔함을 깨트리면서 발휘하는 단편소설의 아찔한 묘미는 이번 소설집에 수록된 모든 작품에서 공통적으로 발견되는 특징이다. 어쩌면 그 속에서 작은 희망을 발견할 수도 있으리라는 막연한 기대를 품은 채, 이 글에서는 그러한 몇 개의 소설적 반짝임을 짚어본다.

2.

〈달로 가는 사다리〉는 지하철 안에서 맞은편에 앉은 남자를 훔쳐보는 장면으로 시작한다. 누구나 한 번쯤은 그런 비슷한 경험을 했을 법한 일상적 상황이다. 다만 장동건이나 송중기 같은 '잘 생겼다는 생각이 드는 얼굴'이 아니라 '잘 늙었다는 생각이 드는 얼굴'이라는 점이 수상한 일탈의 시작이다. 도대체 무슨 이유로 나이 든 남자의 얼굴을 엿보고 있는 것일까, "그도 딱 저 남자만큼만 잘 늙어 있었으면 좋겠다."라는 말은 또 무슨 뜻일까? 지하철이라는 지극히 일상적 공간에서, 맞은편 승객을 훔쳐본다는 누구나 공감 가는 설정이 시작되자마자 아늑한 일상의 테두리를 훌쩍 뛰어넘어 독자를 낯선 궁금증의 복판으로 데려간다. 일상을 벗어나 소설 속 허구로 진입하는 첫 장면이다.

일상을 떠나 도달한 곳은 50년 전 소규모 출판사 편집부다. 소설은 '나'가 그곳에서 머물면서 관찰하고 경험했던 몇 가지 에피소드를 회상하는 구도로 전개된다. 닐 암스트롱이 달에 착륙했던 해로 기억되는 1969년, 통행금지 사이렌과 삼선 개헌 반대 목소리가 배경음악처럼 들린다. 청계천 지저분한 골목 깊숙이 자리한 작은 인쇄소로 들어가고, 다시 파란색 사다리를 타고 올라가야 나오는 출판사 편집부 사무실이 소설의 공간적 배경이다. 지하철에서 깜빡 졸기라도 한 것일까, 시공간을 훌쩍 뛰어넘은 흥미로운 비약이다.

그곳에서는 '나'를 포함하여 여러 개성적인 인물들이 한 편의 시트콤을 벌이고 있다. '나'는 작문 테스트까지 거쳐 나름 치열한 경쟁을 뚫고 입사한 신입사원으로 부푼 꿈을 꾸었지만, 실상은 사진이나 그림 자료를 찾아오는 편집 보조에 불과하고, 더 정확히는 '오징어 다리 사오는 심부름'을 하는 '꼬마 김양'으로 불린다. 일보다는 회식에 더 열성적인 '치고이네르바이젠 신봉자' 최 선생, S대 사학과 출신으로 현재 자신의 처지에 자괴감을 느끼는 좌파 성향의 김 선생, 영문과를 중퇴하고 얼굴이 못생긴 노처녀 미스 정 언니, 자신이 쓴 시가 한 번 호평받자 무작정 상경한 대책 없는 송 시인, 어엿한 등단 소설가이자 부도 직전의 출판사를 어떻게든 살려보려고 묵묵히 이끌어가는 편집장 등은 그곳에 머물렀던 몇 개월간의 추억을 빛내주는 훌륭한 조연들이다. 각각의 인물들은 50년의 시차에도 불구하고, 독자 바로 곁에서 옥신각신 좌충우돌 살아 있는 듯한 느낌을 준다. 이 같은 소설적 상황에 빠져드는 몰입감은 이번 소설집에 수록된 여러 작품 중 이 작품이 단연 으뜸이다.

매력적 인물들이 펼쳐내는 몰입도 높은 시트콤은 그 분위기를 그대로 소년 이현수의 꿈에 관한 이야기로 이어나간다. 소년의 꿈 이야기는 작품의 제목에서 내걸어놓았듯 달이라는 꿈, 그리고 그 꿈에 오르기 위한 사다리의 비유로 이루어진 이야기다. 그러나 달과 사다리의 비유가 약간은 평이하고, 작품 곳곳에서 반복적으로 강조되다 보니 신선함이 다소 약하다는 아쉬움이 있다. 특히 달 착륙 장면에서 인류의 위대한 발자국에 대한 감격이 아니라 사다리에 주목한다는 것은 아무래도 작위적이라는 인상을 줄 수밖에 없다.

반면 '무엇을 만든다'라는 표현을 꿈에 관한 이야기로 연결한 점이야말로 이 작품에서 가장 반짝이는 부분이 아닐까 싶다. 소년 이현수는 편집부로 올라가는 사다리 아래에서 모형 거북선을 만들고 있었다. 그는 무언가를 열심히 만들고 있었다. 비록 보잘것없는 것일지라도 아무것도 안 하는 것이 아니라 열심히 자신의 일상적 삶을 성실히 살아가는 중이었다. "우리가 언제까지나 밑에 있니? 우리가 평생 모형 거북선이나 만드냐구. 앞으로 우리가 무엇을 만들게 될지는 아무도 모르는 거야." 꿈을 포기하지 않는 소년의 말에서 일상적 삶은 멀게만 보이는 꿈과 분명히 연결되어 있음을 확인한다. 계속해서 성실히 무언가를 만들다 보면, 점차 발전하고 성장하여 결국 꿈을 이룰 수 있으리라는 희망을 엿볼 수 있으리라.

편집부 식구들은 또 어떠한가? 자세히 보면 그들 또한 성실히 무언가를 만들고 있다. 등단을 준비하는 미스 정 언니는 일요일에 나와 남몰래 소설을 쓰고 있을지도 모른다. 송 시인과 소설가인 편집장도 자기의 작품을 열심히 만드는 중이다. 특히 편집장은 편집부의 일상에서 영감을 얻어내어, 문단의 호평을 받는 작품을 만들어내는 데 성공하였다. 시인이나 소설가뿐만 아니라 역사를 전공한 최 선생과 김 선생도 무언가를 만드는 일에 집중하는 모습을 보여주기는 마찬가지다. 종종 "서로 편향된 원고"라면서 각자의 역사관을 고수하면서 언쟁을 벌이는 까닭은 비록 어린이 인물 사전이지만 거기에 애정을 쏟아 넣는 장인의 진지한 태도를 그들이 지니고 있기 때문이다.

어린이 인물 사전은 시나 소설 같은 예술의 경지에 절대 못 미치고, 편집자의 올바른 역사적 인식이 요구될 만큼 무게감 있는 저작물도 결코 아니지만, 편집부 식구들은 자신들이 만드는 무언가에 오롯이 집중한다. 이것은 '나'가 나중에 큰 출판사에 취직해서 해적판 짜깁기 문학 전집을 만들 때 '부끄러움'을 느꼈던 것으로도 이어진다. 작은 출판사에서 만든 어린이 인물 사전에 비해 큰 출판사에서 펴낸 문학 전집은 얼마나 그럴싸한가. 그런데도 문학 전집은 자신의 노력으로 만든 것이 아니기에 '부끄러움'으로 되돌아올 뿐이다. 반면 편집부 식구들은 어디까지나 자신의 열정을 담아 독창적인 무언가를 만들어냈다. '부끄러움'이 아니라 '자랑스러움'이 그들의 가슴에 가득하리라. 그들은 자신의 일상적 삶에 진지한 존경을 보내고 있었던 것이다.

그곳에서 그들의 모습을 지켜보면서 '나'가 배운 것이 바로 소설 창작의 열정이 아니겠는가. 소설 속 '나'는 50년 전 그곳의 일을 소재로 〈달로 가는 사다리〉를 썼다. 짐작건대 편집부 식구들과 소년 이현수를 향한 존경과 그리움을 담은 작품임이 분명하다. 그리고 작가 김연정도 꼬마 김양이 이현수를 만나는 이야기를 다룬 〈달로 가는 사다리〉를 썼다. 물론 소설 속 작품과 소설 자체는 엄연히 다르다. 그러나 꼬마 김양이 쓴 소설 속 소설 〈달로 가는 사다리〉와 그것을 품은 김연정의 소설 〈달로 가는 사다리〉는 의미상 탄탄한 연결 고리로 결합하여 소설 속 내용보다 한층 더 풍부한 상상의 나래를 펼치게 이끈다. '나'가 50년 후의 이현수를 만나 무슨 이야기를 나누게 될지 하는 궁금증 속에서 실제와 허구 사이의 긴장, 일상과 상상 사이의 긴장, 사다리 아래 세계와 달나라 사이의 긴장이 선명한 반짝임을 만들어내고 있다.

3.

　지루한 일상이 순식간에 악몽으로 변한다면 어떨까? 〈그리하여 숨〉은 그러한 공상에서 시작한다. 이 작품은 일요일 외출 준비 중인 주인공이 맞이하게 되는 우발적 상황을 폐소공포증과 결합하여 극적 긴장을 연출한다. 단편소설 특유의 응집력 있는 서사에 주목한다면 이번 소설집에 수록된 여러 작품 중 가장 인상적인 작품으로 꼽을 수 있다. 특히 일상적 소재와 기발한 상상을 아찔하게 결합하는 데 성공한 작품이다.
　이 작품을 감상할 때 무엇보다 흥미로운 부분은 은근슬쩍 함정을 파놓는 기술이다. 소설의 첫대목을 주목하자. "7시 반에 일어났다. 평소와 같은 시간이다." 무심코 지나갔던 문장이지만, 나중에 주인공이 욕실에 갇히고, 그곳에서 폐소공포증에 중압 되고, 나아가 더욱 불길한 결과가 상상되는 상황이 벌어질 때 뒤돌아보면 그것이 함정이었음을 알아차리게 된다. 절대 평소와 같은 날이 아니기 때문이다. 남편 이야기는 또 어떠한가? "남편은 지금 북경에 있다." 이때 남편이 대학 동기들과 중국 여행 중이라는 사실이 중요한 것이 아니다. 작가는 그저 사건을 꾸미기 위해서 남편을 여행 보낸 것으로 처리했을 따름이다. 옆집 젊은 부부까지 어제 알프스로 트래킹을 보낸 것은 살짝 과한 느낌도 없지 않지만, 주인공을 욕실에 고립시키기 위해 세심하게 함정을 잘 파놓았다. 욕실에 갇혀 구출해달라고 아무리 소리쳐도 소용없도록 파놓은 함정은 독자들이 미처 눈치채기도 전에 주인공을 가두어버리고, 평범한 일상적 생활 공간을 일시에 섬뜩한 상상력의 무대로 바꾸어놓아 버린다. "나는 뭔지 모르는 힘에 걸려들었다는 생각이 들었다. 그렇지 않고야 잠그지도 않은 문이 왜 안 열리느냐 말이다." 소설의 플롯이라는 단어가 '음모'라는 뜻을 담고 있다는 점에서, 무언가에 걸려들었다는 것은 이중적 의미를 생성한다. 한편으로는 소설 속 주인공이 어쩔 수 없이 걸려들었음을, 다른 한편으로는 작가가 준비한 플롯이라는 함정에 주인공은 물론 독자까지 완벽하게 빠져들었음을 말이다. 완전한 함정 파놓기인 동시에 깔끔한 플롯 설정이다.

다만 공황장애, 폐소공포증의 근본을 찾아내기 위해 과거의 기억으로 거슬러 가는 내용은 다소 식상한 느낌을 준다. 그나마 태국행 비행기, 버스 안, 자동차 운전에서 느낀 공포는 소설의 상황과 잘 어울린다. 그러나 공포증의 근원으로 지목된 화장실 트라우마에 관한 이야기는 분량과 밀도가 부족하여, 소설에서 강력한 위력을 발휘하기에는 역부족이다. 과거 화장실에 얽힌 트라우마가 소설적으로 효과를 발휘하기 위해서는 훨씬 치밀한 암시와 플롯이 요구된다. 게다가 모든 원인을 트라우마에서 찾으려는 시도는 자칫 안이한 접근으로 오해될 위험성도 있다.

그보다는 주인공이 욕실에 갇혀 자신을 구조해줄 수 있는 사람을 떠올려보다가 결국 포기할 때 밀려오는 서글픔을 적절하게 표현한 것이 이 소설의 독창적인 반짝임이라 할 수 있다. 주인공의 머릿속을 스쳐 가는 열대어들의 죽음, 남편 친구들의 부고, 오래 길렀던 반려견의 죽음은 열린 상태로 끝난 이 소설의 결말이 어두운 쪽으로 흘러갈 수도 있겠다 싶게 이끈다. 아들들이 자신을 구조하러 올 수 있을까 싶다가도 포기하는 과정에서, 큰애는 며느리에게 붙들려 살아 사실상 아들을 뺏긴 셈이고, 사전 약속이나 전화 통화 없이 불쑥 집에 찾아오는 일이 없는 작은아들에 관해서도 역시 왠지 모를 서먹한 거리감이 느껴진다. "자식들은 어미 생각에 한동안 비통해하겠지만 아픔은 곧 희미해져 갈 것이다. 모두 짝을 찾았고 제 아이들을 낳았으니 그들에게서 위로를 받고 삶의 이유를 찾으며 살아갈 것이다." 어쩔 수 없음, 갇힌 상황도 어쩔 수 없고, 아들들이 내 품을 떠난 것도 어쩔 수 없기는 마찬가지. 구구절절 아들들에 관해 이야기하는 것보다 훨씬 날카롭고 인상적인 세태 묘사가 아닌가 싶다. 동시에 섬뜩하고도 어쩔 수 없이 받아들여야 하는 죽음에 대한 선명한 인식, 메멘토 모리이다.

    욕조의 물이 식었다. 물을 한 컵 마시고 뜨거운 물을 받는다. 욕실 안이 더운 김으로 가득 찬다. 물속에 몸을 누인다. 가쁘게 토해내는 내 숨소리뿐, 욕실은 너무도 적요하다. 아파트 주민들이 나만 이곳에 가둬놓고 모두 어디로 가버린 것처럼 고요하다. 이 문은 언제 무엇이 의해 열리게 될까.

작품의 결말은 적게 말하고 많이 의미하는 것이 무엇인가를 적절히 예시한다. 문장은 짧고, 메마르고, 낮게 가라앉아 있다. 불과 얼마 전까지 "나는 언니들에게 아멘! 답장을 날린다. 까짓 아멘쯤이야!"라고 경쾌한 모습을 보여주었던 '나'였다. 그러던 것이 욕실에 갇혀 구조의 희망을 상실하였음을 문장의 느낌만으로 적절히 표현한다. 이 역시 구구절절 '나'의 심리 상태를 서술하는 것보다 훨씬 직관적이고 실감 나는 표현 방식이다. 단순히 구출 여부에 관한 의미뿐만 아니라 아파트에 사는 일상에서 갑작스레 찾아온 절대적 고독, 그리고 고독의 끝에서 자리하고 있을 죽음에 관한 암시까지, 그저 고요한 물속에 누워있는 '나'의 모습을 통해 한꺼번에 전달되고 있다.

4.

　형제자매들이 큰언니네 집에 모두 모여 한바탕 와자하니 떠들어대는 지극히 일상적 이야기가 〈차표 한 장 손에 들고〉의 전부다. 꾸밈이 없어, 어찌 보면 수필 같은 느낌을 준다. 여러 명의 언니와 동생들이 등장하지만 〈달로 가는 사다리〉에 나오는 편집부 식구들만큼의 개성적이지는 않다. 아마 작가 주변에 살아 있는 누군가를 작품 속에 끌어들인 결과가 아닐까 싶기도 하다. 〈달로 가는 사다리〉는 50년의 시차를 채우기 위해 작가의 상상력을 발휘한 결과 한층 생동감 있는 인물들을 만들어낼 수 있었고, 반대로 실제 인물을 옮겨놓은 〈차표 한 장 손에 들고〉는 실제의 특성이 워낙 강력하다 보니 정작 허구화가 약해질 수밖에 없었으리라 짐작된다.
　그러나 단 한 명의 인물, '어머니'만큼은 예외다. 이 소설에 등장하는 어머니는 소설집에 수록된 여러 작품에 나오는 인물 중 가장 손에

잡힐 듯 생생히 형상화된 인물이다. 이 소설이 여러 형제자매가 어머니를 추억하고 회상하는 형식으로 이루어졌기에 모든 노력이 어머니라는 인물의 형상화에 집중된 결과이다. 더욱이 소설 속 어머니는 실제 작가의 어머니를 모델로 하였겠지만, 소설적 허구화를 거친 결과 독자의 마음속에도 한 자리를 차지할 수 있는 너무도 보편적인 어머니이기도 하다. 기차에서 달걀 먹는 이야기가 나올 때는 설령 내 어머니가 아니라도 저절로 미소가 지어지고, 어머니가 애창곡 차표 한 장을 부르실 때는 역시 덩달아 흥겨워지고, 카세트테이프에 녹음된 생전의 목소리를 들을 때는 소설 속 형제자매들 틈에 끼어 같이 울음을 토할 수밖에 없다. "'너희들 나 죽은 뒤에 이 테이프 틀어놓고 얼마나 울래?' 갑작스러운 엄마의 울음소리에 우리들은 일시에 정지상태가 된 듯 서로의 얼굴만 바라보고 있었나 보다. (…) 우리는 뒤늦게 엄마의 죽음 이후를 떠올린 듯 울음을 터트린다." 〈차표 한 장 손에 들고〉는 그만큼 특수성을 넘어 보편성을 끌어안는 데 성공한 작품이며, 그것은 전적으로 '어머니' 덕택이다.

    소설 속에서 '어머니'는 몇 가지 의미로 확장된다. 첫째는 '고향'이다. 이 소설은 큰언니네 집을 다녀온 것으로 이야기를 시작하였지만, 어느새 고향인 옥천 이야기를 슬그머니 끌어들인다. 송시열 선생, 정지용 시인, 육영수 여사 이야기를 배경으로 고향 옥천을 생각하게 되는 것은 어머니의 의미가 자연스럽게 확장된 결과다. 어머니를 떠올리면 자연스럽게 고향이 떠오르게 되는 한 세트일 수밖에 없다.

    둘째는 '회상'이다. 이 소설은 자식들이 어머니를 회상하는 형식으로 되어 있다. 주인공 '나'가 60년 전 과거 초등학교 시절을 회상하기도 하고, 어머니가 남긴 노트나 옛 집터를 보면서 형제자매들이 "서로의 기억을 꺼내 맞추어보"기도 한다. 기본적으로 모든 서술의 방향이 과거로 맞추어져 있다는 것이다. 회상은 이번 소설집에 수록된 다른 작품에서도 빈번히 활용된다는 점에서 실제 작가의 고유한 문체적 개성의 문제와도 연결되는 것이지만, 이 작품에서는 회상의 반복적인 활용이 특징적이다. 과거와 현재, 과거에서 더 과거로 오가는 회상의 반복 속에서 어머니를 생각하고, 자신의 인생을 생각한다. 여러 에피소드가 나열되어 자칫 지루한 느낌을 줄 수도 있지만, 자애로운 어머니가 여러 명의 자식을 넉넉히 품어내듯 소설은 회상의 형식을 통해서 여러 편의 에피소드를 넉넉하고 따사롭게 품어낸다.

형제가 많으니 성격에도 배움에도 차이가 있고, 사는 수준의 높낮이도 달랐다. 당연히 크고 작은 갈등과 질시가 있었다. (…) 한데 막내가 오십을 훌쩍 넘기자 모든 경계가 허물어졌다. 너무 분명해서 도저히 허물 수 없을 것 같던 구획들이 사라졌다. 그리고 평준화되었다. 배움도, 살림살이 형편도, 성격도, 인물까지도. 젊어서는 아버지를 빼닮았던 막내와 남동생까지도 희한할 만큼 엄마 얼굴이 되어 버렸다.

셋째는 '형제애'이다. "나 죽더라도 지금처럼 의좋게 지내라." 형제자매들은 어머니의 말씀을 잘 따르는 착한 자식들이다. 어머니의 기일에 모여 의좋은 모습을 확인함으로써 각자의 생활 터전에서 다시 힘을 내어 살아갈 용기를 다시 얻는다는 것이 이 소설의 강조점 중 하나다.

소설 속 형제애의 핵심은 모두들 '엄마 얼굴'이 되어버렸다는 데 있다. 제각각 잘나고 못나도, 서로 갈등하고 반복하여도, 어머니에게서 물려받은 유전자의 힘을 못 벗어난다. 한참 시간이 지나서 돌아보니, 남은 것은 한결같이 어머니의 얼굴을 빼닮은 여러 명의 형제자매다. 그러니 어찌 갈등하고 질시할 수 있으랴, 그저 서로에 기대어 보듬어줄 따름. 그러한 형제애의 한가운데에는 당연히 동일한 유전자를 물려준 어머니의 존재가 있다. 바꾸어 말하면 이 소설에서 그려내는 형제애는 어머니의 사랑에 대한 형언할 수 없는 그리움의 한 표현이다.

소설의 결말은 다시 일상으로 되돌아가는 여정이다. 잠시 일상을 벗어나 그리운 어머니의 품에 안겼다가 다시 쓸쓸한 세상으로 돌아가는 길은 발걸음이 무거울 수밖에 없다. "형제들은 저마다의 등짐이 있은 곳으로 간다."라고 하지 않았는가. 그들은 일상적 삶의 무게를 다시 감당해야 한다. 그러나 한바탕 수다를 떨고, 함께 웃고 울었기에 그들의 앞길은 희망적이다. "그래도 풍산 가는 날이 또 온다."라고 하는 것을 보더라도 일상으로 복귀하는 발걸음이 절망과는 거리가 먼 듯하다. 오히려 세간의 주목을 받는 화려한 삶은 아니라도 일상에서 작은 희망을 찾아낸 자의 당당한 걸음걸이가 느껴진다.

5.

〈다정큼나무 꽃이 피면〉은 소설 창작 교실이 배경이다. 얼핏 보면 일상성과는 거리가 먼 듯하지만, 소설 작가에게는 지극히 익숙하고 평범한 일상적 공간이다. 회원이 한 스무 명 되고, 젊은 시절부터 글을 향한 욕구는 있었으나 마음껏 뜻을 펼치지 못한 사람들이 모여 창작욕을 불태우는 곳, 그곳에서 소설가인 '나'는 회원들에게 소설 창작법을 가르친다. 이현아도 처음에는 평범한 회원 가운데 하나였다. 그러나 그녀가 말기 폐암 선고를 받으면서 소설 창작 교실이라는 작가의 평범한 일상적 공간은 낯설고 충격적인 감정의 격랑으로 인해 소용돌이치기 시작한다. 익숙한 일상성에서 출발하여 낯선 상상력의 한복판으로 독자를 몰아가는 방식은 소설집에 수록된 여느 작품과 다를 바 없다.

그건 평생 따라다니는 지병 같은 거다. 소설만 안 쓴다면 이 나이에 열패감에 시달릴 일은 없을 텐데 싶어 글을 떠나 보기도 하지만, 소설이 아니고는 내가 살아 있다는 증명을 해줄 것이 없으니, '돌아와 거울 앞에 선 누이'처럼 매번 다시 돌아오고 있다. (…) 그럼에도 아직 내가 소설을 포기 못 하듯, 우리 회원들도 글 쓰는 일의 지난함을 다 알면서 첫사랑보다도 더 징글징글하게 못 잊는 글을 찾아 여기 왔을 것이다. 그러니 어쩌겠는가. 그들과 함께 달릴 수밖에. "구중궁궐처럼 깊은 곳에 감춰뒀던 속옛것을 털어내어 수없이 덮다보면 누군가의 가슴팍에 쏙 들어앉을 글을 쓰게 될 거예요. 기대합니다."

다만 이 작품에서는 일상성과 비일상성이 서로 얽혀 있는 구조이다. 일상성과 비일상성을 연결하는 장치는 바로 이현아의 병이다. 위의 인용에서 소설 쓰기는 병에 비유된다. 소설 쓰기는 평생을 따라다니는 병 같은 것. 이현아의 말기 폐암이야말로 실제 병의 극단적 표현이다. 소설 쓰기라는 병에 시달리는 스무 명의 회원은 저마다 소설 창작을 향한 고통을 느끼고 있으며, 그러한 고통은 이현아의 실제적인 고통을 통해서 극단적으로 표출된다. 이현아의 병이 소설 쓰기와 연관되어 있음은 그녀가 병으로 고통을 받으면서 비로소 자신의 소설을 쓰게 된다는 설정에서 확인된다. "소설이 아니고는 내가 살아 있다는 증명을 해줄 것이 없다"는 말은 바로 이현아에게 해당된다. 폐암 선고 후 전적으로 항암치료에 매달려야 하는 상황에서 그녀가 미친 듯이 소설 쓰기에 매달린 것도 소설을 통해서 자기 존재를 증명하려는 근원적인 욕망이 작동한 결과로 볼 수 있다.

이현아의 소설 쓰기는 절박한 자기표현의 한 방편이다. 그녀는 어려서부터 문학작품을 읽고 글쓰기도 좋아했지만, 소설을 쓰겠다는 생각을 갖지는 않았다. 막상 소설을 쓰겠다 결심하고 나서도 소설보다는 '수필'을 써내곤 했다. 아직 소설 쓸 준비가 덜 되었던 셈이다. '나'는 그런 그녀를 향해 이렇게 말한다. "기침 대신, 목구멍 너머에 숨겨놓은 비밀스런 불덩이를 토해내 보라고." '속엣것'을 털어내라는 소설 창작 교실의 강의 내용과 크게 다르지 않다. 자신의 마음속 너무 깊은 곳에 숨겨져 있어 미처 자기 자신도 알아차리지 못했던 것을 끌어내기만 하면 그것이 진실한 소설이 된다는 발상이다.

작품 속 소설 쓰기란 순전한 자기 고백의 양식이다. 작품 곳곳에서 고백체의 대표적 방식인 서간체가 활용된 것도 같은 이유로 볼 수 있다. 사실 투병 생활을 하는 이현아가 소설 창작 교실 선생에게 반복적으로 편지를 보낸다는 것 자체가 현실성에 바탕을 둔 것이라기보다는 '고백하기=소설 쓰기=살아 있다는 증명'의 연관 관계에서 비롯한다.

이현아가 보낸 편지는 고향에 계신 어머니와 오빠에 관한 이야기, 요양원에 와 있다는 이야기 등 근황 전달의 수단인 동시에 물론 암 선고 후 가방가게 남자와 시작한 연애 이야기, 그 남자와 동침한 이야기, 그 남자가 양모 담요처럼 포근했다는 이야기 등 얼마 남지 않은 삶의 끝자락에서 경험하고 느끼는 모든 것을 담아내려는 몸부림의 흔적이라는 점에서 순도 높은 자기 고백의 한 형태다. 이현아가 보낸 편지 내용이 반복적으로 나온 끝에 이현아가 쓴 소설이 제시된다는 것을 보더라도 소설 쓰기가 자기 고백의 연속선상에 놓여있음을 다시 확인할 수 있다.

이현아가 쓰려는 소설은 자신과 자신의 언니가 겪었던 상처와 관련이 있어 보인다. 거슬러 올라가면 트라우마의 실체가 드러날지도 모른다. 하지만 중요한 것은 소설의 내용이 아니다. 〈다정큼나무 꽃이 피면〉의 결말은 이현아가 소설을 완성하는지 완성하지 못하는지에 초점을 맞추지 않는다. 그녀의 "목구멍 너머에 오랫동안 숨겨져 있던 불덩이"를 결국에는 토해냈다는 사실, 드디어 자기 고백에 성공했다는 사실이 더 중요하다. 울분의 덩어리를 토해내는 진실한 고백이야말로 소설 쓰기의 유일한 방법이라는 사실은 일상을 넘어 아찔한 상상력의 모험을 벌인 끝에 도달한 창작적 모색의 결론인 것이다.

6.

이번 소설집에 수록된 작품 중 가장 일상적 분위기를 자아내는 작품은 〈봄에 홀리다〉이다. 소설의 내용은 주인공 '나'가 집 주변 개천을 산책하면서 발견하고 관찰한 것을 옮기는 것이 전부다. 소설 내용의 대부분은 일상적 생활 속에서 '나'가 떠올린 다양한 사색들로 채워지며, 사건의 극적 전개에 관한 관심은 적다. 유일하게 긴장감을 자아내는 사건 혹은 소재는 흰뺨검둥오리 가족의 겨울 살이에 관한 내용인데, 이마저도 전적으로 '나'의 관찰과 감상에 의존하고 있어서 일상적 풍경을 스케치한 수필 같은 느낌을 준다.

그러나 조금 더 찬찬히 살펴보면 시간의 흐름에 따른 일정한 변화가 감지되는데, 가장 뚜렷한 지표는 손자 지민이의 상태다. 처음에는 자폐 스펙트럼 장애를 걱정하던 손자가 오리 가족을 보면서 말문이 트이고, 나중에는 '나'와 함께 개천가를 산책하기에 이른다. 아직은 '오리'를 '오이'라고 어눌하게 발음하지만 그래도 '나'로서는 손자가 자폐아가 아닌 것이 얼마나 다행이냐 싶다. 소설이 시작할 무렵 며느리를 마뜩잖아하고, "초미세먼지를 잔뜩 들이마신 듯 가슴이 갑갑했다."라고 하던 것에 비하면 얼마나 희망적인 발전을 이루었는가. 이처럼 이 소설은 많은 부분 수필을 닮았지만, 시간의 흐름에 따른 상태의 변화 즉 사건의 전개를 통해 주제를 구현하는 전형적인 소설의 구조를 지녔다.

이렇게 본다면, '나'의 심경에도 적지 않은 변화가 관찰된다. 소설 초반부에서는 노후 대책으로 마련해둔 상가가 비어 있어 걱정과 불안이 그늘을 드리운다. 오랫동안 길렀던 반려견 '가온이'가 죽고 난 후 상실감과 죄책감에서 벗어나지 못한다. 평소 가온이를 자주 산책시켜 주지 못했다는 미안함 때문에 가온이의 유골이 든 종이 상자를 들고

개천 길을 걷는 것을 보면 아직 얼마나 많은 미련의 감정이 남았는지 알 수 있다. 그러던 것이 소설 후반부에 가서는 다른 분위기로 바뀐다. 걱정과 불안에서 벗어나 머지않아 더 좋은 날이 곧 오리라는 '희망'을 가진다. 특히 결말에서 '나'가 가온이의 분골을 땅에 묻어 주는 모습을 통해서 이제 더는 상실감과 죄책감에 시달리지 않게 되었음을 확인할 수 있다.

일상에 일어난 이 같은 변화의 시작은 바로 그 일상에 있었다. 산책하러 나가는 개천에 배경처럼 머물고 있던 흰뺨검둥오리 가족이 그것이다. '나'는 일곱 마리 새끼 오리들이 어미를 따라 줄지어 이동하는 모습을 우연히 발견했다. 평소 무심코 지나쳤던 모습에 작은 관심과 주의를 기울이는 순간 새로운 변화가 시작된다. 개천에 산책하러 다니는 동안 오리들의 세상에는 생로병사의 순환이 펼쳐지고 있었음에도 그동안 '나'는 알아차리지 못했을 뿐이다. 이제 그러한 일상에 관심을 가지는 순간, 제법 거센 감정 이입과 심적 동요가 발생한다. 고요한 수면에 드디어 파문이 일어나는 것, 새로운 희망을 위한 시작의 순간이다.

 그들을 보는 순간 아, 어떡하지 하는 탄식이 내 입에서 터져 나왔다. 어째서 그런 탄식이 터져 나왔는지 모르겠다. 새끼 일곱 마리를 턱하니 낳아 세상에 데리고 나온 어미 흰뺨검둥오리가 대견해서 그랬는지, 이 개울에서 험난한 시간을 살아내야 할 새끼들에 대한 연민과 안쓰러움으로 그랬는지 알 수는 없다. 나는 휴대폰 카메라 속에 흰뺨검둥오리 가족의 탄생을 동영상으로 담았다. 감격과 연민과 안쓰러움을 함께 담았다.

모든 희망은 우연히 관심을 기울이게 된 오리 가족을 향한 감격과 연민과 안쓰러움에서 시작한다. 새끼 오리들이 자라서 씩씩하게 걸어다니는 모습을 지켜보면서 자연스럽게 손자 지민이도 오리처럼 무럭무럭 자랄 수 있다는 희망을 품게 되었고, 오리의 생로병사를 지켜보면서 죽은 반려견을 향한 슬픔과 미련을 서서히 정리할 수 있게 된다. "나는 벌써 내년 봄을 기다린다. 또 어떤 흰뺨검둥오리 어미가 새끼들을 거느리고 위풍당당하게 개천에 나타날 봄을. 이제 이 개천 길은 예전의 그 길이 아니다." 지극히 익숙하게 지나쳐서 예전에는 미처 알아차리지 못한 사소함에 주목하는 것, 그리고 자신의 주변에 작은 관심과 애정을 쏟는 것이 평범한 일상에서 희망을 발견하는 의외로 쉬운 방법임을 이 소설은 알려준다.

7.

≪오후의 뒤뜰≫에 수록된 여러 작품은 평화로운 일상 속에서 상상력의 반짝임을 건져 올리는 몇 가지 방법을 우리에게 알려준다. 첫째, 주위를 유심히 관찰할 것. 익숙하고 평범해 보이는 일상일지라도 그곳에서 즐거운 사건과 작은 희망이 우리를 기다리고 있을지도 모를 테니까.(〈봄에 홀리다〉) 둘째, 계속해서 자신만의 무언가를 만들 것. 비록 그것이 사다리 아래 낮은 곳에 속한 것일지라도 저마다의 존경과 진심

을 다한다면 결국에는 달에까지 닿을 수 있을 테니까.(〈달로 가는 사다리〉) 셋째, 늘 자신을 들여다볼 것. 깊은 속엣것을 끄집어내는 것만으로도 일상적 삶은 예술이 될 수 있으니까.(〈다정큼나무 꽃이 피면〉) 넷째, 메멘토 모리를 기억할 것. 삶의 유한성과 허약성에 대한 인식이 삶에 대한 경건함을 일깨워줄 테니까.(〈그리하여 숨〉) 마지막으로 서로 의지하고 사랑할 것. 넓게 보면 다 같은 자식이고 그게 어머니를 기억하는 한 방법일 테니까.(〈차표 한 장 손에 들고〉) 결국 일상적 삶에서 비약하는 상상력의 결과물인 소설집 ≪오후의 뒤뜰≫은 "삶의 엄숙과 비애와 평화를 온몸에 가득 받아들이게"(〈차표 한 장 손에 들고〉) 우리를 이끄는 '근원을 향한 진지한 성찰'에 다름 아니다.

집으로 돌아가는 길

— 이월성 ≪인간등대≫

1. 공간과 장소

　이월성의 소설집 ≪인간등대≫에 수록된 여러 작품은 '집'이라는 공통 분모를 지닌다. 〈엄마의 집〉의 경우 제목에서부터 '집'을 강조한다든가 〈해피하우스〉의 수찬이 머무는 원룸 〈렌즈〉의 대출받아 들어간 아파트 전세 〈등을 보이고 앉은 여자〉의 H시 고층 아파트 스카이파크 1004동 906호 등 소설 속 인물이 어떤 주거 환경에 속해 있는지를 꼼꼼하게 매만지는 모습은 작가의 개성적 면모로 파악될 수 있다. 이런 점에서 다소 거칠게 보아 소설집 ≪인간등대≫을 관통하는 주제는 곧 '집'이라고 말할 수 있겠다. 물론 여기서 말하는 집이란 '사람이 들어서 살거나 활동할 수 있도록 지은 건축물'이라는 사전적 의미를 넘어선다. 이월성의 소설집에서는 '집'이 단순한 배경이나 소재적 차원에 머무는 것이 아니라 소설 속 주요 인물이 살아가는 삶과 밀착된 장소로서의 의미로 확장되고, 특히 소설의 이야기 전개와 긴밀하게 조응하면서 작품의 주제를 발전시키는 결정적 역할을 하는 서사적 장치가 된 다는 점에서 각별히 주의해야 한다.

〈영자 씨와 영미 씨〉는 작가가 '집'의 의미를 어떻게 조형하려 하는 지를 단적으로 보여주는 작품이다. 이 작품은 "둥지로 새들이 돌아왔 다."라는 문장으로 시작한다. 난데없이 '둥지'라니, 궁금증을 자아내 는 소설의 첫 문장은 새의 둥지를 올려다보는 곱고 단아한 노인 '영자 씨'와 '둥지공부방'이라는 문패를 내걸고 새로운 생활 터전을 마련한 '영미 씨' 두 사람에 관한 이야기로 이어진다. 사람의 집이란 새의 '둥 지'와 다를 바 없다는 것, 아니 목재나 벽돌 혹은 콘크리트로 지은 건 축물이 아니라 가족들을 품어주고 보살펴주는 안식처인 '둥지'가 되어 야 한다는 것을 이 작품은 첫 문장에서 선언한 셈이다. 다음 인용 대목 에서는 영미 씨의 삶의 터전이 새들의 둥지와 정확히 등치되고 있음을 확인할 수 있다.

창밖의 플라타너스 나뭇가지에 두 마리의 까치가 마른 나뭇가지를 연신 물어다 얼기설기 둥지를 틀고 있었다. 작은 부리로 제 몸보다 긴 나뭇가지를 물어오는 모습이 신기해 그녀는 한참을 넋 놓고 바라보았 다. 그녀의 공간이 완성되어가는 것처럼 까치들의 둥지도 점점 모양새 를 갖춰갔다. 어느 날부터는 솜털처럼 부드러운 털들을 물고 왔다. 아 마 내부를 꾸미는 중인 것 같았다. 그녀는 두말없이 현관에 문패를 매 달았다. '둥지공부방'.

이푸 투안(Yi-Fu Tuan)은 공간과 장소를 구분하였다. 공간은 움직임이며, 개방, 자유, 위협에 가깝다. 반면 장소는 정지이며, 사람들이 살아가는 안식처이며, 그곳에서 안전과 애정을 느끼는 삶의 중심이다. 즉 사람은 미지의 공간을 친밀한 장소로 바꾸어 그곳에 정착하여 살아가고 이때 장소감(sense of place)을 가질 수 있다. 〈영자 씨와 영미 씨〉에서 강조된 '둥지'란 중립적인 의미를 지닌 건축물로서의 '집'이 아니라 생명이 최소한의 안전을 보장받고 휴식을 취할 수 있는 장소, 그래서 그곳이 각자의 삶에서 각별한 의미와 가치를 갖게 되는 장소로서의 '집'을 의미한다. 결혼 적령기를 한참 넘긴 채 혼자 사는 여자, 약간의 고독함과 처량함을 부인할 수 없는 영미 씨가 다시금 세상에 발을 딛고 살아갈 수 있게 하는 최소한의 보금자리가 '둥지공부방'이며, 세상을 살아가면서 마주치게 마련인 온갖 불안과 허무를 충분히 버티고 막아낼 수 있는 든든한 보금자리가 '둥지공부방'이다.

보금자리로서의 집에 대한 의미와 가치는 외부의 기준으로 측정되고 평가되는 성질의 것이 아니다. 집의 가치를 평가하는 정반대의 방식은 영미 씨의 부모님이 남겨준 집을 처분하려는 동생들의 모습에서 생생히 확인할 수 있다. 부모님이 물려준 재산은 달랑 집 한 채뿐. 영미 씨는 부모님과 자신들의 추억이 어려 있는 그 집을 유지하고자 하고, 다른 동생들은 요지에 있어 제법 집값이 나가는 그 집을 팔아서 나누어 가지기를 원하는 상황이다. "동생들에게는 집이 돈이었지만 그곳은 그녀의 둥지였고 살아온 흔적이 새겨진 공간이었다." 집이란 동생들에게는 돈으로 가격이 매겨지는 건축물이고 입지가 중요한 부동산 거래의 대상이지만, 영미 씨에게는 그렇지 않다는 것이 갈등의 중심이며, 이 작품이 독자들 앞에 제시한 양자택일의 선택지다. 결국 이 작품은 독자들에게 당신의 선택은 무엇인가 혹은 당신에게 집이란 어떤 의미인가라는 질문을 독자들이 진지하게 생각해 보도록 이끌고 있다.

〈영자 씨와 영미 씨〉가 온전한 삶의 가치가 존중받는 보금자리로서의 집인 둥지를 아름답게 형상화한 작품이라면 〈렌즈〉는 영미 씨의 동생들이 생각하는 듯한 집에 초점을 맞춘 작품이다. 영미 씨의 동생들 같은 사람들이 우리 사회의 평균적인 구성원임을 염두에 둘 때 〈렌즈〉는 한편으로는 중산층에 편입되기를 욕망하는 평범한 소시민의 자화상인 동시에 집의 본래적 가치를 망각한 채 살아가는 오늘날 우리들의 세태를 예리하게 포착하는 한 편의 풍속도가 된다. 〈렌즈〉에 나오는 집은 '입주한 지 2년이 채 안 된' 소위 '신상' 아파트다. 20층 높이에서 내려다보는 전망은 삶의 여유와 아늑함에 흐뭇한 미소를 짓게 하는 동시에 다른 한편으로는 미세한 현기증을 수반하는 불안의 징후가 엿보인다. 이 작품은 앞서 〈영자 씨와 영미 씨〉의 경우와 마찬가지로 독자들을 향해 집이란 어떤 의미를 지니는가를 진지하게 질문한다. 그렇지만 이 작품이 눈길은 끄는 것은 그러한 최종적으로 도달하게 되는 문제의식이나 주제뿐만 아니라, 아늑하고 안락하게만 여겨졌던 중산층의 일상적 삶이 미세하게 흔들리다 결국 뿌리까지 뒤집히는 서사적 역학이며, 그 과정에서 프라이버시가 보장되는 그래서 엉뚱하게도 은밀한 관음증을 유발하는 아파트라는 주거 형태가 중요한 역할을 하고 있다는 점이다.

또한 〈렌즈〉에서 집(아파트)는 돈과 맞바꾸는 대상이다. 주인공

'나'가 이사를 결심한 계기가 바로 딸의 교육 문제였다. 전교 1등을 한 큰딸의 교육을 위해서 아파트로 이사 가야 한다. 서울 근교 20년도 넘은 18평 빌라를 떠나 새로 지은 아파트로 이사를 가면 우등생 딸이 편안하게 공부할 수 있는 공부방을 마련해줄 수 있고, 좋은 학군에 속한 아파트로 좋은 학교와 교사, 친구들에 둘러싸여 공부를 더 잘할 수 있다. 미국 국무장관을 했던 콘돌리자 라이스의 부모가 된 듯, 맹자의 어머니가 된 듯, 큰마음 먹고 교육에 투자하겠다는 생각이 새 아파트로 이사하게 이끌었다.

이때 학군이 좋은 아파트로 이사 간다는 것은 그만큼의 대가를 지불해야 한다. 이사를 위해 대출을 받는 것이 한 예. 이사를 위해 계산기를 두들겨서 대출을 일으키는 순간 집은 둥지로서의 의미보다는 금액으로 환산되어 평가되는 상품으로 전환된다. 무언가를 누리기 위해서는 그만큼을 돈으로 지불해야 한다는 식의 발상, 집이란 돈을 매개로 오고 가는 일종의 상품이라는 발상, 이는 영미 씨 동생들의 사고방식과 크게 다르지 않다. 또 〈해밭골 사람들〉에서 사업자금을 마련하기 위해 조상으로부터 물려받은 땅을 거침없이 팔아치운 황 노인의 자식들이 가진 사고방식과도 다르지 않다.

이처럼 집과 교육과 돈이 한 매듭으로 묶여 있다는 식의 발상은 〈엘리베이터에 갇힌 사람들〉에서 더욱 전면적으로 다루어진 바 있다. 강북 학원가를 배경으로 한 이 작품에서는 엄마들이 수험생 아이들을 집과 학원, 아니 학원과 학원으로 픽업하고 다니며, 입시 정보 수집에 열을 올리고, 학원 그룹 과외 정보를 공유하기에 여념이 없다. 심지어 엘리베이터가 고장이 나서 갇힌 위급한 상황에서 끊임없이 입시 정보를 수집하기에 여념이 없는 학부모들의 우스꽝스러운 모습을 묘사하면서 오늘날의 세태를 꼬집는다. 〈렌즈〉의 큰딸이 조금 더 자라서 고등학교에 진학한다면 〈렌즈〉의 주인공은 〈엘리베이터에 갇힌 사람들〉에 나오는 엄마들처럼 입시 정보를 공유하고 아이를 픽업하러 다닐 것이다. 그리고 학원비 부담 때문에 시작한 빵집 아르바이트 때문에, 아니면 식당 아르바이트 때문에, 다른 엄마들의 비아냥과 따돌림을 묵묵히 감수해야 할지도 모른다. 〈렌즈〉든 〈엘리베이터에 갇힌 사람들〉이든 집과 아이들 교육과 돈이 긴밀히 결합해 있는 소설 속 세태는 돈이 곧 입시의 성과를 좌우하고 다시 입시가 사회적 성공을 좌우하는 끝없는 경쟁 사회로 그려진다. "탈 사람의 숫자가 정해진 엘리베이터, 순식간에 최상층으로 힘 안 들이고 올라갈 수 있는 엘리베이터, 또 한순간에 추락할 수 있는 숨겨진 얼굴도 보았다. 겨우 엘리베이터를 탈출한 우리는 더 높고 더 많은 엘리베이터가 밀집한 도시 속으로 초점 잃은 눈으로 질주했다."라는 작품의 마지막 대목은 오늘날 경쟁 사회의 한 단면에 대한 적절하고 날카로운 비유가 아닐 수 없다.

"하나를 얻으면 하나를 내려놓아야 한다. 내지 않던 대출이자를 내기 시작하면서 두통이 찾아왔다." 〈렌즈〉는 삶의 가치가 돈으로 환산되는 세계에 깊숙이 발을 들이면서 겪게 되는 변화에 초점을 맞춘다. 학군 좋은 집, 전망 좋은 집, 안락한 새집을 얻은 동시에 대출이자를 내면서 두통이 찾아오고, 앞집에서 들려오는 유리 깨지는 소리와 가구 넘어지는 소리를 들어야 한다. 작품의 제목이기도 한 '렌즈'를 통해 앞집에서 벌어지는 일을 몰래 엿보는 일이 '나'의 새로운 습관이 되어버리는 상황이다. 비정상의 상황이 너무도 반복적으로 벌어지다 보니 거기에 익숙해져 버리게 되는 상황, 곧 '비정상이 일상적으로 인식'되는 상황이다. 급기야 '나'는 앞집 사람들이 이사 간다고 할 때 꽉 막혔던 체중이 뚫리는 느낌과 동시에 "알 수 없는 두려움이 동시에 일었다."고 고백하는데, 반복적으로 불안에 노출되다 보니 그것에 익숙해지고 길들어버린 심리 상태를 엿볼 수 있다.

이러한 '비정상의 일상화'가 '나'에게만 일어나는 일은 아니다. "중간고사를 앞둔 아이는 공부에 몰입하느라 동생들과 잘 어울리지 않는다. 이제 동생들도 언니를 찾지 않는다. 언니는 공부를 해야 하니까. 이곳으로 이사 온 이유이니까. 동생들도 그렇게 생각했다." 언니와 동생 사이에서 발생한 변화는 어찌 보면 섬뜩한 변화다. 새들의 둥지 같은 서울 근교 18평 빌라를 떠나면 더욱 안정되고 편안한 생활이 기다리고 있다고 믿었지만, 표면적으로는 화려한 발전이 이루어진 듯하지만 정작 소중한 가치인 보금자리의 장소성이 상실되었을 따름이다. 대출이자를 갚기 위해 시작한 아르바이트는 다친 아이의 머리를 부여잡고 쌀쌀맞게 째려보는 젊은 부부의 모습으로 바뀌었고, 동생들과 잘 놀아주면서 전교 1등을 선물하던 착한 큰딸은 아파트 주차장에 세워진 자동차를 못으로 긁으며 스트레스를 풀어내는 문제아가 되어버렸다. "오도 가도 못하고 렌즈에 눈을 대고 서 있었다."라는 작품의 마지막 문장에 이르면 스스로 허물어버린 둥지 앞에서 망연자실하는 우리들 독자 자신의 얼굴을 발견할 수 있다.

2. 고향 상실

〈등을 보이고 앉은 여자〉에서는 상품으로서의 집이 매우 음산하고 괴기스러운 모습으로 그려진다. 바다를 접한 아름다운 도시 H시에 낡은 건물을 헐고 새로 생긴 고층 아파트 '스카이파크'는 자본의 논리에 포섭된 집의 의미를 가장 압축적으로 보여주는 예시다. 〈렌즈〉에서도 언급된 바 있는 고층 아파트의 창밖 풍경은 스카이파크에 이르러 한층 더 고급스럽고 부유함의 외장을 입고 있을 것이 분명하다. 그곳 스카이파크에서 내려다보는 창밖의 전망은 바다뷰와 어우러져 비싼 가격표가 붙어있을 것이기 때문이다. 하지만 이처럼 겉으로 보기에는 고급스럽고 아늑한 공간인 스카이파크에서 예상치 못한 사망 사건이 일어나면서 이면에 숨겨진 불안과 공포가 서서히 작품을 잠식하기에 이른다. 특히 등을 보이고 앉은 여자 그림이라는 매우 인상적인 소품을 통해서 작품 전편에 깔려 있는 우울하고 불길한 분위기는 한층 고조된다.

사실 그림은 따뜻한 채색으로, 한 처녀가 등을 보이고 앉아 평화로운 마을을 바라보는 그림이었다. 마을에는 처녀의 집이 있을 거란 추측이 들었고 당장이라도 안락한 집으로 돌아갈 수 있어 보였다. 그런데 연숙은 보이지 않는 얼굴이 궁금했다. 정말 그 여자가 행복한 미소를 짓고 있을지, 분노의 표정을 지을지, 아니면 울고 있을지 궁금했다. 결코 볼 수 없는 여자의 얼굴이 타인의 시선으로부터 연숙을 자유롭게 했다. 또 마을을 멀찍이서 지켜보는 모습도 안도감을 주었다. 결코 따뜻하게 보이는 도시의 속살에 속지 않고 섞이지 않겠다는 여자의 견고한 의지를 등에서 읽었다. 지금 이해할 수 없는 상황을 묵묵히 지켜봐야 하는 연숙으로서는 그림 속 여자가 유일한 위로였다.

등을 보이고 앉은 여자의 시선이 머무는 곳에는 '안락한 집'이 놓여 있다. 그곳은 마치 아늑한 둥지 같은 집이지 않을까? 그곳에 가면 진정한 안식과 위로가 있으리라, 또 그곳에 가면 본래적인 삶을 회복하여 세상을 살아갈 용기를 얻을 수 있으리라. 그런데 등을 보이고 앉은 여자는 그곳에서 멀찌감치 떨어져서 그저 지켜보기만 한다. 그곳에 시선을 돌리고 앉아 있는 여자는 그곳에서의 행복했던 나날을 추억하며 그리움의 미소를 짓고 있을지 모른다. 그러나 그 여자는 지금 자신이 그곳에 속해 있지 않음을 잘 알고 있으며, 앞으로도 결코 그곳으로 돌아갈 수 없으리라는 것을 잘 안다. 만약 그녀가 그곳에 돌아갈 수 있었다면 지금처럼 앉아서 바라보기만 할 것이 아니라 한시바삐 발걸음을 옮기고 있었을 것이기 때문이다. 그렇기에 그리움의 미소와 동시에 회복할 수 없는 허무와 결여에서 비롯하는 좌절감과 절망의 표정이 등을 보이고 앉은 여자의 얼굴에 펼쳐져 있으리라 예상된다.

사망 사건의 실질적인 원인 제공자인 주인공 연숙은 "자신은 평생 등을 보이고 앉은 여자로 살아야 한다는 것을 그녀는 예감한다." 웃음도 숨기고, 울음도 숨기면서, 비밀을 유지하기 위해 포커페이스를 유지해야 하는 삶의 조건이란 사실상 형벌에 가깝다. 법적인 처벌에서는 벗어나 자유의 몸이지만 끝까지 비밀을 지켜야 하는 상태는 끊임없는 자기 감사와 검열을 요구한다는 점에서 철저한 자유의 박탈이다. 언젠가 비밀이 폭로될 수도 있다는 데서 오는 불안감은 연숙을 평생 등을 보이고 앉은 여자로 살게끔 몰아세운다. 아마도 이 소설집에 수록된 여자 작품에 등장하는 여러 인물 중에서 가장 부유한 생활을 누리고 있을 연숙이지만, 내면 심리 상태의 측면에서는 가장 궁핍하고 허약하게 살아가야 하는 인물이 바로 연숙이다. 〈엘리베이터에 갇힌 사람들〉이 우발적인 헤프닝으로 포착했던 경쟁 위주의 세태에 대한 날카로운 비유 〈렌즈〉가 뒤통수를 얼얼하게 만드는 극적 긴장의 전개로 그려냈던 삶의 균형감 상실로 인한 '알 수 없는 두려움'이 〈등을 보이고 앉은 여자〉에 이르러 사망 사건을 둘러싼 미스테리적 서사 전개와 맞물려 어둡고 칙칙한 색채의 독특한 그림 한 폭으로 펼쳐졌다고 할 수 있다.

3. 미소를 되찾는 법

〈등을 보이고 앉은 여자〉가 의혹과 비밀로 가득한 사망 사건을 가운데 배치하고 상상력의 날개를 마음껏 펼친 작품이라면 〈해피 하우스〉는 세태의 스케치에 충실하여 한 편의 심층 기획 르포 기사를 보는 듯한 느낌을 선사하는 작품이다. 물론 〈해피 하우스〉에서도 이미 제목에서 그러한 암시가 들어있듯 집에 대한 상상력을 작품의 주제로 발전시키고 있다는 점에서 소설집의 다른 여러 작품과 맥을 같이 한다.

〈해피 하우스〉의 주인공 기찬은 〈등을 보이고 앉은 여자〉에서 그림 속에 등장하는 여자와 비슷한 면을 갖고 있다. 바로 고향을 그리워하면서도 그곳에서 떨어져 있다는 것, 즉 고향 상실의 감각을 형상화하는 인물이라는 점이다. 기찬은 시골 고향을 떠나 상경한 청년이다. 가방 속에 항상 제출할 이력서와 면접 때 착용할 넥타이를 항상 가지고 다니지만 이력서와 넥타이는 제 역할을 발휘할 기회마저 제대로 얻지 못하는 상황이다. 소위 말하는 '스펙'을 기록한 이력서상으로는 '엉성하고 빈 곳이 많아 곧 허물어질 모래인형' 그 이상도 그 이하도 아닌 인물이 기찬이다. 누군가는 소년이여 야망을 품으라고 외칠지 모르겠으나 기찬은 반복되는 실패와 좌절로 인해 어느 정도 욕심을 내려놓고 살아야 한다는 것을 이미 체득하였다. 번듯한 직장에 취직하겠다는 소망 또는 욕심 대신 기찬이 선택한 것은 '해피 하우스'에서 노래 솜씨를 뽐내면서 중년 여성들을 현혹하여 품질이 조야한 상품을 비싼 가격에 판매하는 일이다. '해피 하우스'에서 기찬은 트로트 곡조를 멋들어지게 뽑으면서 중년 여성들을 향해 환한 미소를 짓지만, 고향으로 돌아가지 못한 채 언제나 불안 속에서 아슬아슬하게 살아 나가는 슬픔의 미소가 등을 보이고 앉은 여자와 마찬가지로 기찬의 얼굴을 가득 채우고 있을 것이 분명하다.

그는 취해 있었다. 좋아하는 노래를 마음껏 부르고 그 노래에 열광하는 여자들까지. 무엇보다도 돈을 벌 수 있었다. 그런데 이 불쾌감과 불안은 어디에서 오는 걸까? 사실 그는 끊임없이 자신에게 최면을 걸고 있었다. 그 최면으로 이곳에서 생존할 수 있었다. 신나게 웃고 즐거워하는 그녀들의 모습으로 진실을 덮으려 했었다. 외롭고 상처받은 여자들을 이용해 이익을 챙기는 역겨운 인간이 바로 자신이었지만 그 사실을 확인할수록 기찬은 자신을 옹호했다. 아무것도 해 준 것 없이 입으로만 치켜세우는 부모를 원망하지 않고 산 것만으로도 대단하지 않느냐고. 아무리 노력해도 기회조차 주지 않는 사회의 틀을 깨부술 수 없다면 어디라도 발을 디밀고 살아야 하지 않겠느냐고 말이다.

이월성의 이번 소설집에 수록된 여러 작품에서 공통적으로 발견되는 부정성의 근원은 '돈'이다. '해피 하우스'에서 하는 일은 기찬에게 적지 않은 돈을 주었다. 그 돈으로 기찬은 친구의 방에서 빌붙어 사는 신세를 벗어나서 아직은 볼품없지만 그래도 혼자 지내는 원룸을 하나 마련할 수 있었다. 최소한의 인간다운 보금자리를 마련해주는 위력을 지닌 것이 바로 돈이다. 그러나 기찬은 그 돈으로 말미암아 더 큰 불쾌감과 불안에 시달린다. 돈으로 말미암아 더 나은 생활을 꾸리게 되었지만, 역시 돈으로 말미암아 자존감에 금이 가고, 도시에서의 생활은 점차 힘겨워진다. 끊임없이 자신에게 최면을 걸고 있어서 아직은 깨닫지 못하고 있을지도 모른다. 그러나 애써 외면하고 있을 뿐, 기찬 자신도 자기가 자신에게 최면을 걸고 있을 따름이라는 것을 누구보다도 잘 안다. 변명하고, 자기 행동을 옹호하지만, 그러한 일을 하는 도시의 공간이 본래적 장소성을 간직한 고향에서 얼마나 멀리 떨어져 있는지 누가 말해주지 않아도 그는 이미 잘 알고 있다.

'해피 하우스'에 몰려와 하루 종일 시간을 때우는 중년 여성들도 기찬과 별반 다르지 않다. 인생의 중반에 삶의 의미나 보람을 찾기 힘들고 청춘의 열정이 서늘히 식어가는 즈음, 돈을 내고 무언가를 구입하는 일은 일시적으로 내면의 불안을 메꿔주는 역할을 한다. 우울증이

해피 하우스에 와서 사라졌다고 말하는 것은 돈을 쓰는 일이 선사한 일시적인 기분 전환의 한 사례일 것이다. 자신의 인생과 삶의 보금자리인 가정에서 낙을 찾지 못한 여자들이라면 해피 하우스에서 가방에 물건을 꾸역꾸역 넣더라도 내면의 공허는 결코 충족될 수 없으리라는 것은 너무도 자명하다. 아니, 그들은 땅을 딛고 서 있지 못하기 때문에 발생하는 존재적인 공허와 불안을 잠시라도 망각하기 위해서 헛된 노력을 하고 있을 뿐이다. 그러나 그러한 망각, 혹은 자기 최면이 공허와 불안을 극복하게 도와주지는 않는다. 오히려 목이 말라 바닷물을 들이킨 사람이 더 큰 갈증에 시달리듯 공허와 불안은 더욱 가중된다. 이처럼 오늘날 우리 사회의 공허와 불안을 가시화하는 공간이 바로 작품 속 역설적 명칭을 달고 있는 '해피 하우스'이며, 동시에 '해피 하우스'는 현대인이 처한 고향 상실의 존재적 상황을 생생히 보여주는 효과적인 서사 장치에 해당한다.

 그렇다면 고향을 상실한 인간에게 남은 것은 좌절과 절망뿐인가 하면 꼭 그렇지는 않다. 예를 들어 〈해피 하우스〉의 마지막 대목에서 기찬이 일어서려 안간힘을 쓰는 장면은 고향으로 돌아가려는 의지를 피력한 것으로 해석할 수 있다. 기찬은 장 대표가 부르는 소리를 듣고 몸을 일으켜 세운다. 그의 두 다리는 바닥을 헛짚고 버둥댄다. "영영 서지 못하고 주저앉아 버리는 것은 아닌지, 두려움에 몸이 덜덜 떨려왔다." 이것이 바로 그가 처한 상황이다. 고향을 회복하고 고향으로 돌아가고 싶다는 소망은 있지만 아무리 애를 써도 그러한 소망이 쉽게 이루어질 수 없다. 어쩌면 영영 주저앉아 버리는 것이 아닌지 두려움이 밀려온다는 솔직한 심정의 토로야말로 인간적인 연민을 자아내는 지점이다. 더욱이 이러한 기찬의 모습은 신화 속 시시포스를 뚜렷이 연상시키기에 인간의 존재에 대한 비유로 확장될 여지가 충분하다.

엄청난 두려움의 이미지로 현실의 무게가 중압하여 오지만 그것을 극복하기 위해 노력하는 인간의 모습은 자못 숭고하다. 두 다리로 현실의 무게를 지탱하며 일어서려는 기찬의 모습도 숭고하지만 그러한 숭고함의 이미지는 이번 소설집의 표제작인 〈인간등대〉에서 보다 선명하게 그려진다. "뱃머리에 K6 기관총을 달아 논 기둥이 있었다. 그 기둥에 훗줄로 몸을 칭칭 감아 묶고 한쪽 팔은 기둥을 끌어안았다. 한 손에는 랜턴을 들고 천천히 사방을 비추었다. 넘실대는 바다 위를 인간등대가 되어 불빛을 쏘아대는 것이다." 인간등대는 두려움과 맞서 싸우는 인간의 의지에 대한 원형적 이미지를 떠올리게 한다. 〈인간등대〉에서 진호가 인간등대 역할을 수행하는 희찬을 보면서 프로메테우스를 연상했던 것도 이러한 신화적 상상력이 작품에 깔려 있음을 확인하게 한다. 시지푸스가 되었든 프로메테우스가 되었든 두려움을 뚫고 세상과 대결하는 인간적인 의지를 향한 경탄과 응원이 여러 작품의 이면에서 작동하는 근원적인 주제인 셈이다.

지금 생각해보니 인간등대는 오롯이 혼자였을 때 강한 빛을 냅니다. 여기저기서 빛을 쏘아대면 사물을 정확히 볼 수 없습니다. 한곳을 집중적으로 비췄을 때, 그곳이 가장 빛나고 실체를 볼 수 있습니다. 수병님의 '부러진 낚싯바늘'을 보는 순간 잊고 있었던 기억들이 되살아나 몸이 떨렸습니다. 엄청 두렵고 무섭기도 하지만 어떤 일을 하든 인간등대가 되어 느꼈던 희열을 다시 맛보고 싶습니다. 적어도 이젠 등을 돌리고 엉거주춤 남 탓을 하며 살지는 않겠습니다.

엉거주춤한 삶, 외부의 현실에 휘둘리는 생활이란 고향 상실의 전형적인 결과다. "별이 총총한 하늘을 갈 수 있고 또 가야만 하는 길들의 지도인 시대, 별빛이 그 길들을 훤히 밝혀주는 시대는 복되도다."로 시작하는 루카치(G. Lukács)의 ≪소설의 이론≫이 떠오르는 대목이다. 근대 이전의 시기, 종교와 도덕, 관습과 전통이 인간이 살아가야 하는 길을 비춰주던 시기에 인간은 그 빛을 따라 길을 걸어가기만 하면 되었다. 길을 잃을까 걱정할 필요가 없었고, 내가 가고 있는 길이 맞는가 의심할 필요가 없었다. 그러던 것이 돈의 힘이 지배하는 근대 자본주의 사회에 이르러 인간은 과거 어느 때보다 풍요롭게 되었으나 끊임없는 불안과 회의에 시달리게 되었다. 인간이 걸어가야 하는 길을 비춰주는 하늘의 별빛이 더 이상 존재하지 않는 상황에서 ≪인간등대≫ 속 수병들은 랜턴을 들고 스스로 그 길을 찾아 나선다. 진호는 한없이 두렵지만 자신의 운명을 스스로 개척하며 길을 걸어갈 때 맛볼 수 있는 바로 그 희열에 대해서 말하는 것이다.

그런데 작품 속에서 바위처럼 단단한 현실적 장애물을 돌파하는 의지의 발현은 역설적으로 사람과 사람 사이의 따뜻한 유대감에서 비롯하는 것으로 설정된다는 점이 흥미롭다. 〈인간등대〉는 7년 만에 만난 군대 선후배의 이야기다. 상반된 인생을 살아온 진호와 희찬이 서로에게 자극이 되고 의지가 되어 서로를 격려하는 모습이 훈훈하게 펼쳐지는 이 작품의 결말에는 두 사람이 어깨동무한다. 바로 이러한 사람과 사람 사이의 공감과 연대가 현실의 무게를 감당할 수 있는 힘을 준다는 것을 암시하는 중요한 대목이 아닐까 싶다.

돌이켜보면 ≪인간등대≫에 수록된 작품에는 두 인물이 짝을 이루는 경우가 빈번함을 알 수 있다. 〈인간등대〉의 진호와 희찬뿐만 아니라 〈영자 씨와 영미 씨〉에서 영자 노인과 영미가 그러했고 〈해밭골 사람들〉에서 황 노인과 영주가 서로에게 감정적인 의지가 되어주었다. 연령대로 보나, 인생을 살아온 길을 보나 유사점보다는 차이점이 더욱 두드러지는 두 인물이 서로의 사연을 듣고, 서로의 처지에 공감하며, 서로의 상처를 보듬을 가능성을 보여주는 식의 내용 전개가 공통적으로 펼쳐진다.

이러한 인물의 쌍에는 〈엄마의 집〉에 나오는 엄마와 딸도 포함된다. 딸은 엄마의 집을 나와 엄마와는 정반대의 삶을 살겠다고 선언하였다. 심지어 엄마를 향해 '더럽다'라는 말로 비난하기도 한다. 그러나 점차 엄마의 상처와 선택에 대해 점차 이해하는 방향으로 이야기가 펼쳐진다. 급기야 나중에는 엄마와 딸이 같이 웃음을 터트리는 결말로 두 사람이 그간의 벽을 허물고 이미 가까워졌음을 암시한다. 두 인물이 함께 웃음을 나누는 작품의 결말 장면은 〈인간등대〉에서 진호와 희찬이 어깨동무하는 것으로 마무리되는 것이나 〈영자 씨와 영미 씨〉는 붉게 물들어가는 노을 진 하늘을 함께 바라보고 있는 것으로 끝나는 것 〈해밭골 사람들〉에서 "햇살 때문인지, 마음 때문인지 알 수 없지만 두 얼굴에 미소가 동시에 번졌다."라는 문장으로 끝맺음하는 것 등과 연결된다. 〈등을 보이고 앉은 여자〉에서 영원히 고향으로 돌아갈 수 없을 것을 아는 연숙의 표정에서는 절대 찾을 수 없는 따뜻한 미소가 여러 작품의 결말에서 반복적으로 나타난다는 점은 인간을 바라보는 작가의 태도가 상당히 긍정적임을 방증한다.

"온아, 나는 네가 옻나무 같은 사람이 되었으면 좋겠다."
"옻?"
내 눈에 비친 화면에는 나무 기둥에 가로로 숫자 표시를 하듯 쭉쭉 그어져 껍질이 떨어져 나가 속살을 내보인 나무들이 줄지어 서 있었다. 살아있는 옻나무에 일부러 상처를 내면, 그 나무는 스스로를 치유하기 위해 진액을 내보낸다. 그럼 사람들은 그것을 채취해 한약 재료로도 쓰고 도기에도 칠해 천 년을 가는 예술품을 만들기도 한다는 것이었다.

딸은 옻나무 같은 사람이 되라는 엄마의 말에 처음에는 무책임한 엄마라는 원망과 함께 강하게 반발한다. 그러나 이때 딸은 몰랐다, 상처받은 사람이 바로 엄마 자신이었다는 것을. 딸은 성장하여 상처로 가득한 세상에 발을 내디디고 나서야 비로소 엄마의 말을 이해할 수 있다. 작품 후반부에 같이 웃음을 터트리는 지점에 이르렀을 때, 이기적으로만 보였던 엄마의 말과 행동들이 남몰래 받은 상처를 극복하기 위한 옻나무 진액 비스름한 것임을 어렴풋하게나마 깨닫게 된다. 완전히는 아니지만, 이야기가 전개되는 동안 엄마의 상처를 조금씩 이해하고 엄마를 향한 마음의 벽을 서서히 넘어섰다. 곧 두 사람 사이의 따뜻한 미소와 애정을 통해 얻은 공감의 힘이야말로 앞으로 닥칠 세상의 상처들을 견뎌내는 작지만, 큰 힘이 될 수 있다고 작품은 말한다.

'공감'의 힘은 이월성의 소설집에 수록된 여러 작품을 관통하는 중요한 주제다. 이때 공감은 돈의 힘으로 인해 상실했던 고향이라는 본원적 장소를 회복할 수 있는 중요한 삶의 무기이다. 경쟁을 부추기는 엘리베이터를 타고 전망이 끝내주는 고층 아파트의 풍경을 내려다볼 때, 그들은 삭막한 도시의 유리창에 반사된 쓸쓸한 자화상과 마주하게 될 뿐이다. 엄마와 딸, 영자 씨와 영미 씨, 진호와 희찬, 황 노인과 영주가 서로에게 보여준 작은 공감의 미소가 회복의 출발점이다. 작가는 세련되고 멋진 도시 풍경이 아니라 소박하고 애정 넘치는 타인의 얼굴을 마주하라고 조언한다. 작가는 타인의 얼굴 속에서 과거의 상처를 읽어내고 그 상처를 이해하려고 노력하는 과정에서 스스로의 상처가 치유되고 세상의 중압을 버티는 힘을 얻게 된다는 작은 진리를 독자에게 알려준다. 그러한 공감의 힘으로 세상을 비출 때, 우리는 스스로 인간 등대가 되어 자기 자신과 주변 사람들을 세상의 어둠으로부터 구할 수 있으며, 그러한 공감의 힘이 사람을 위로하고 감싸는 그곳이 바로 삶의 진정한 보금자리로서의 집이 될 수 있다는 깨달음으로 우리를 이끈다.

무언가를 사랑하기 위해

– 윤원일 ≪거꾸로 가는 시간≫

1.

어쩌면 실제 작가의 성격이나 기질이 그렇지 않을까? 혹시 작가 자신이 겪은 일을 바탕으로 쓴 것이 아닐까? 윤원일의 단편 〈거꾸로 간 시간〉을 읽고서 자꾸만 들게 되는 생각이다.

주인공인 젊은 영어 교사는 무척 재미있는 인물이다. 신설 사립 고등학교 영어 교사로 근무하는 그는 소설을 쓰겠다고 한다. 아니, 정확히 말하면 소설가를 지망하다가 번번이 실패한 후 어머니의 잔소리 때문에 어쩔 수 없이 교단에 섰다. 그러나 교사가 먼저든, 소설가가 먼저든 상관없이, 그는 소설가로서의 성격과 기질을 농후하게 갖춘 인물이라는 점이 더 중요하다. 아나키스트, 데카당스, 보헤미안적인 기질을 갖춘 풍운아에 가까운 인물, 그래서 학교에 있으면서도 늘 학교 일로부터 빠져나가 소설 쓸 궁리만 하는 그런 인물이다. 이런 개성적인 면모가 실제 작가를 닮지 않았을까 추측된다.

소설은 주인공이 학교에서 좌충우돌하는 이야기다. 자유로운 영혼을 지닌 인물에게 고등학교 교무실과 교실은 얼마나 고지식한 공간으로 여겨지겠는가. 교육 방식을 두고 선배 교사들과 마찰을 빚기도 하고, 체벌을 통한 학생 지도 방법에서도 약간 위태로움이 감지되기도 한다. 과외 교습이 금지되던 시절 은밀하게 비밀 과외를 하면서 가중되는 긴장도 빠트릴 수는 없다. 기성의 질서와의 마찰, 금지에서 벗어나고자 하는 욕망이 곳곳에서 긴장을 자아내고 있으며, 이러한 긴장이야말로 이 소설을 이끌어 가는 원동력이다.

내 마음이 흔들린다고 생각했는지 사례금 3개월 치를 선불로 지불하겠다고 했다. 큰 액수였다. 나는 동의하고 말았다. 소공동에 나가 양복을 맞추자고 했지만 그건 사양했다. 고량주 한 병을 마시고 캄캄한 거리를 걸어서 집으로 돌아왔다. 술이 취해 몸을 제대로 가누지 못할 정도였다. 가로등 밑을 비틀거리며 걸었다. 돈의 압도적인 힘에 굴복하고 만 것이다. 거액의 사례비에 대한 유혹을 견뎌내지 못한 자신이 부끄러웠다. 한편으론 두려움이 들었다. 사법처리를 받을 수 있는 일이었다. 아니면 그보다 더 한 일도.(〈거꾸로 간 시간〉)

이 소설이 매력적인 점은 자기 합리화에 머물지 않는다는 데 있다. 부끄러움은 부끄러움대로 솔직히 털어놓는 일이 그리 쉽지는 않을 것이다. 혹시 이 소설이 앞서 제기했던 추측대로 실제 작가의 체험에 약간이라도 걸쳐 있는 부분이 있다면, 변명의 유혹을 받게 되는 것은 자연스러운 일이다. 그런데 적어도 결과만을 놓고 볼 때, 이 소설은 돈의 유혹 앞에서 무너진 신임 교사의 모습을 솔직히 고백한다. 혹시 적발

되어 처벌이라도 받을까 봐 두려워했던 나약한 모습도 숨김없이 드러낸다. 자유로운 풍운아 기질 속에 연약함을 함께 지니고 있다는 점에서 인간적인 면모가 더 부각되는 셈이다.

  소설의 절정이 되는 교감과의 마찰에서도 주인공의 자유로운 기질이 주요 원인으로 작용한다. 교감으로 상징된 권위주의, 엄숙주의와의 정면 대결, 어쩌면 80년대 초반이라는 정치적인 상황과도 결부되어 있을지 모를 이 대목에서 '소설가 기질'이 발휘된 것이다. 이 대목에서 어떤 상황에서 자유를 위해 반항하고 저항한다는 것, 자신이 올바르다 믿는 것을 위해 불이익도 감수하는 것이 소설가로서 지녀야 할 자세라 이 소설은 강조한다.

  그러나 주인공은 도덕군자이기를 거부한다. 그보다는 자유로운 영혼을 지닌 풍운아임을 자청한다. 애초에 지나치게 교훈적인 주제는 이 소설과 어울리지 않는다. 의미심장한 내용이 있었다 하더라도 그것이 이 소설의 중심은 아니다. 소설의 중심은 여전히 반항, 저항이다. 어떠해야 한다고 교훈적으로 말하는 것을 비틀고 뒤집는 것이 주인공의 기질이고, 이 소설의 스타일이다. 수십 년 만에 연락이 닿은 동료 교사를 통해 알게 된 사실, 주인공과 교감의 마찰은 교감에게 치명적인 스트레스로 작용했고, 주인공이 학교를 떠난 다음 얼마 지나지 않아 교감이 뇌출혈로 쓰러졌다는 내용이 소설의 결말에 덧붙여진다. "악당은 나였구먼." 극적인 반전, 적절한 비틀기, 신선한 뒤집기의 묘미다. 나아가 이러한 경쾌하고 가벼운 특유의 발랄함은 작품집에 수록된 모든 작품을 관통하는 작가적 인장이 된다.

2.

　〈고문의 추억〉에서는 윤창배라는 고약한 인물이 독자의 눈살을 찌푸리게 한다. 과연 윤창배라는 독특하고 고약한 인물의 정체가 무엇인가? 이러한 속악한 인간형을 보는 독자라면 누구라도 친밀감보다는 거부감이 앞서게 마련이다. 그럼에도 이 작품은 그러한 주인공의 불유쾌한 악행의 여정을 순순히 따라가게 만드는 묘한 매력을 지니고 있다. 그것은 아마도 타인의 악행에 동화되어 느끼는 매력이라기보다는 윤창배라는 인물이 도대체 어떤 인간이기에 이처럼 비뚤어진 언행을 하는가 궁금해하는 탐구의 시선에서 비롯할 것이다. 이런 점에서 윤창배의 정체가 무엇인가라는 질문이 이 이야기를 견인하는 기본적인 힘이다.
　폭력적이고 비열한 느낌마저 감돌고 있던 윤창배의 집착에 가까운 성욕의 근원이 그의 과거 회상을 통해 소개된다. 그 비열한 폭력성의 근원이란 불법적인 고문을 자행했던 과거의 행적이라는 것이다. 고문이 자행되는 과정에 관한 서술은 철저히 윤창배의 관점에서 이루어진다. 정당한 민간인 남자의 항변은 뒤틀린 성격의 윤창배에게 그저 귀찮기만 한 몸부림에 불과하다고 판단되며, 합법성의 여부는 물론 인권, 자유, 정의 등과는 전혀 무관하게 단지 고문 대상인 남자의 기를 꺾기 위해 악독한 고문 방법을 사용할 뿐이다. 무미건조하게 행위만 나열되는 서술을 뒤집으면 고문을 당하는 남자의 처지나 입장은 전혀 받아들여지지 않는다는 사실을 끄집어낼 수 있다. 일방적으로 당하는 남자의 상황은 일방적으로 윤창배라는 인물을 중심으로 이루어지는 서술의 방법 자체가 강렬하게 표현하고 있는 셈이다.

그렇다고 과거의 기억을 떠올린 그가 반성할 것 같지는 않다. 배 씨라는 그 인물은 누가 보더라도 고문 후유증에 시달리는 것이 분명하지만 정작 고문을 가한 윤창배는 반성의 기미조차 보이지 않는다. 오히려 과거 자신이 고문했던 남자를 업신여기며 그의 존재를 다시 한번 짓밟아버리고 싶다는 은밀한 욕망을 여기저기에서 분출한다. 그는 배 씨가 다리를 절었다는 이야기를 듣고서 "나 땜에 전 건 아니었겠지…. 딴 데서도 숱하게 터졌을 테니."라며 자기 합리화를 할 뿐이다. 악행의 여정이 절정에 이르는 것도 일말의 죄책감이라고는 찾아볼 수 없는 주인공의 독특한 성격화와 병행한다.

최소한의 죄책감도 외면한 채 여전히 애인과의 섹스에만 골몰하는 윤창배가 갑자기 심근경색으로 쓰러지는 작품의 마지막 대목은 무척 인상적이다. 구급차에 실으려고 들것에 실려 벨트로 묶인 상황에서 무고한 민간인에게 가혹한 고문을 가하기 위해 그들을 벨트로 동여매던 때의 기억과 중첩되는 것은 섬뜩하면서도 짜릿한 아이러니다. 서서히 의식을 잃어가는 가운데 고문의 '추억'을 떠올리는 윤창배라는 악인의 정체와 그 말로가 어떻게 될 것인가에 대한 대답뿐만이 아니라 역전된 방식으로 올바른 인간의 길을 되물었던 이 작품이 본래의 목적을 달성하는 소설적 결말에 대한 호응으로서 더 큰 의미가 있을 듯하다. 당위적 주장의 생경한 내세움 없이 단편 형식의 묘미 속에서 이루어진 결과이기에 더욱 그러하다.

3.

한편 블랙리스트는 다른 작품에 비해 아쉬움이 많이 남는 작품이다. 소설이란 필부필부(匹夫匹婦) 장삼이사(張三李四)의 이야기다. 청와대 인사 담당 행정관이나, 장관 후보자를 두고 필부필부라 부르기는 어렵다. 이런 점에서 이 소설은 인물 성격화의 측면에서 일정한 한계를 안고 시작한다. 또 주제의 선명한 부각에서도 약점을 보이는데, 소설의 제목이기도 한 '블랙리스트'라는 소재가 너무 늦게 나오고, 소설 결말에서 잠깐 다루어지고 만다. 과거의 회상 및 누이와의 전화 통화에 주로 의존하여 서사 전개의 맛이 떨어졌다는 것도 문제점으로 지적할 수 있다.

그런데 이 소설은 작가의 문학 세계에서 결코 가볍지 않은 비중을 차지하고 있는 아버지의 존재에 대해 여러 암시를 제공한다는 점에서 주의를 요한다. 인과적 관계를 따질 때, 라이따이한인 투옹탄을 소재로 다룬다는 것은 원인인 바람둥이 아버지의 존재가 없이는 불가능하다. 그래서 누이와 전화통화에서 가족사에 관한 정보를 한참 풀어놓고, 이복동생과의 대화도 펼쳐놓았다고 볼 수 있다. 소설은 라이따이한 이복형제의 한국 입국 문제를 두고 씨름을 벌이지만 그러한 씨름 한판을 위해서 아버지에 관한 소개를 건너뛸 수 없었던 것이다.

이렇게 볼 때 이 소설은 겉으로 부각된 핏줄의 문제보다는 그런 문제를 발생시킨 장본인인 아버지에 관한 이야기로 읽을 수도 있게 된다. 돌이켜보면 〈늙은 어미의 선물〉에서도 아버지는 식구들을 돌보지 않고 집 밖으로만 맴돌았던 것으로 설정되었다. 중편 〈왈츠 추는 늙은이〉의 주인공인 노인도 한평생 아내와 자식을 방치하고 바깥으로만 돌아다니기에 여념 없었다. 가정적인 아버지와는 거리가 먼 바람둥이 아버지에 대한 원망도 일부 섞여 있기는 하지만 아버지와 자식이라는 인연의 끈을 애써 외면하려는 것은 아닌 약간은 관조에 가까운 태도를 보이는 매우 독특한 시선이 감지된다.

4.

"어수룩한 것들을 사랑하기 위해서" 〈카르멘과 춤을〉의 첫머리를 장식하고 있는 문구다. 짤막한 문구지만 읽다 보면 많은 생각을 하게 한다. 그동안은 어수룩한 것들을 사랑하지 않았었다는 것, 아마 그 가치를 미처 알아보지 못했기 때문은 아닐까. 주인공은 25년 동안 다니던 직장에서 명예 퇴직한 상태. 그동안 어수룩함이 용납될 수 없는 세계에서 살아남기 위해 발버둥 쳤던 셈이다. "능력 보통. 도전의식 부족. 내 인사 서류에 적힌 평가 의견이다." 어수룩한 사람으로 취급받게 되었고, 그제야 어수룩하게 살아가는 이들을, 그런 생활을 찬찬히 돌아보게 된다.

한 가지 더 주목할 것은 그러한 어수룩한 것들을 '사랑한다'는 데 있다. 단순히 어수룩함을 관찰하거나 목격하는 것이 아니라 그것을 사랑한다. 소설 속에서는 아내와의 황혼 이혼을 결심하는 것이 그러한 어수룩함에 대한 사랑을 확인시켜 주는 기능인 듯하다. 이 점은 소설의 첫 문장에서 이혼을 언급하고, 소설의 마지막에서 이혼을 결심하는 데서 뚜렷이 강조된다. 어수룩함을 한 치도 용납하지 못하는 아내의 세계에서 탈출하기 위해서는 이혼이 반드시 필요한 절차이고, 이혼 결심은 이제 어수룩한 것들에 대한 사랑이 어느 정도 굳어졌음을 확인하는 역할을 한다.

오, 맙소사. 눈부신 세상. 나는 입을 닫고 말았다. 허를 찔린 기분이었다. 아낸 요즘 '눈부신 세상'이란 말을 자주 쓴다. 사실 내가 사는 동네 주변은 하루가 다르게 변모하고 있다. 초고층 주상 복합 아파트며 호화스러운 백화점하며 어디서나 눈에 띄는 외제차하며 그리고 주변에 들어선 아름답고 멋진 교회 건물들을 보면 눈부신 세상이란 말이 실감난다. 아내가 팔천만 원이 넘는 렉서스를 뽑았을 때 나는 행복에 겨워 이가 시릴 정도였다. 눈부신 세상의 일부가 되었다는 이 뿌듯한 존재감. 하나님의 축복이 가득한 삶을 살고 있다는 이 충만한 행복감. 그러나 아내가 최근 주변의 어수룩한 것들에 대해 짜증내거나 비하하는 말을 할 때면 나는 왠지 마음이 위축되었다.(〈카르멘과 춤을〉)

이 소설이 아내와 이혼하는 이야기로 그쳤다면 너무 심심했을지 모른다. 이 소설에서는 춤을 소재로 해서 새로운 삶의 활력을 찾고, 생활상의 전환을 시도한다. 댄스클럽의 구성원들 역시 각자 개성적인 인물들로 설정되어 있어 소설적 재미를 선사한다. 돈깨나 있는 영감, 나이트클럽 웨이터, 경동 시장에서 한약재 장사를 하는 사십 대 중반의 남자, 보습학원 원장에게 별명을 붙여 부르는 것도 색다른 재미다. 아내와 점차 멀어져 가족이라는 유대감을 잃어가고 있을 때, 그 빈자리를 채워주는 것이 희랍인 조르바나 카르멘 같은 사람들과의 교류였다.

곧 소설의 주제인 춤추는 일이란 공허와 고독을 극복하기 위한 애처로운 몸부림인 동시에 새로운 삶의 전환을 위한 모험이 된다. "나는 계속 춤을 출 생각이다. 가슴으로 춤을 출 수 있을 때까지. 어수룩한 것들을 사랑하기 위해서." 어수룩해도 괜찮아. 그것이 인생이야. 어수룩한 인생들에 대한 따스한 갈채. 이에 소설의 마지막에 나오는 주인공의 목소리에는 힘이 느껴진다. 새로운 인생을 위한 출발이기에 가뿐함이 느껴진다. 어수룩함을 넉넉하게 받아들이는 관용의 자세이기에 편안함이 느껴진다.

5.

중편 〈왈츠 추는 늙은이〉를 읽으면 거센 파도가 넘실대는 바다를 배경으로 낚싯대를 드리운 키 작은 노인이 떠오른다. 노인은 문득 낚싯대를 내려놓고 스텝을 밟기 시작한다. 몸을 풀기 위해 쉐도우 복싱을 하는 권투선수처럼 노인은 바다를 배경으로 혼자서 왈츠 스텝을 밟는다. 지난 세월을 회상하면서, 때로는 자신의 과거를 부끄러워하거나 후회하면서, 또 때로는 그리움에 흐뭇한 미소를 짓는다. 쉽게 지나칠 수 없는 독특한 캐릭터가 창조되는 순간이다.

이 소설에서는 인물의 성격화를 위해 노인의 혼잣말을 적절하게 활용한다. "주위에 사람이 없으면 노인은 혼잣말도 소리내어 중얼거렸다. 오래전에 생긴 버릇이었다. 중얼대다 보면 엉뚱한 쾌감도 느껴졌다. 연극 배우라도 된 기분이랄까. 혼자 내뱉은 말을 음미하곤 스스로 감격하기도 했으니까." 노인의 혼잣말은 다른 소설에서 빈번히 발견되는 고백체 서술과도 약간 차이가 있다. 노인의 혼잣말은 한 인간의 솔직한 내면을 드러낸다기보다 과거의 회상과 그 내용에 단순하지만 않은 애증의 감정을 덧입히는 기능을 한다. 자기의 말에 스스로 감격하기도 하고, 후회하거나 부끄러움도 느끼지만, 결론은 늘 멋쩍게 웃으며 '그러거나 말거나'로 끝난다. 아쉬움과 미련이 한껏 묻어나는 노인의 혼잣말이다.

노인의 혼잣말은 과거의 회상으로 이어지는 경우가 많다. 노인은 백바지를 입고 다니면서 댄스장을 주름잡았던 그때의 시절을 회상한다. 노인은 자신이 폼 하나에 죽고 사는 춤꾼, 춤 하난 타고났다고 인정받는 춤꾼, 여자들에게 인기 만점이었던 춤꾼이었다. 용산역 맞은편 미군 부대가 있던 동네에서 춤 파트너였던 백정옥과의 생활은 아름다운 로맨스로 추억된다. 불법 댄스 교습 일제 단속에도 아랑곳없이 춤판을 벌이던 춤꾼은 무엇에도 구속받지 않는 자유로운 영혼의 소유자쯤으로 기억된다. 손댔던 사업에 실패했어도 큰 아쉬움이 없다. 자신은 타고난 춤꾼이므로 처음부터 사업가 체질이 아니었으니까. 그저 춤을 추면서 행복했으면 그만이라는 식이다.

그러나 노인이 무턱대고 쾌활하기만 한 것은 아니다. 항구의 변화된 풍경을 지켜보면서 한없는 아쉬움을 느끼곤 한다. 항구에서는 고등어나 삼치잡이 어선들이 모습을 감춘 지 오래되었고, 이제는 새벽 바다로 고기 잡으러 나가는 어선을 구경할 수가 없다. 수시로 파시가 열리던 번잡한 어항의 모습이 온데간데없이 사라져 버렸다. 노인이 아쉬워하는 것은 그와 같은 번잡함과 흥성흥성함, 곧 생활의 활력이다. 그러한 활력은 과거 젊은 시절 백바지를 입고 댄스장을 누비던 때의 분위기와 무척 닮아 있는 것이므로, 노인의 아쉬움은 결국 멀어진 자신의 청춘을 향한 아쉬움으로의 의미를 지닌다.

흥성거림이 사라진 선착장을 보면서 느끼는 아쉬움이 딱 이 소설이 자아내는 정서다. 약간의 후회와 그리움이 있지만 그렇다고 인생 전반에 대한 반성이나 새로운 출발을 향한 의지 같은 것으로 발전되는 것은 아니다. 오히려 "노인은 괜스레 여기저기 빈정대고 싶은 마음이 들어 연신 콧방귀를 뀐다." 양식업이 대세가 된 세상에서 고기잡이밖에 모르던 청산도 토박이 선장들은 개털이 된 지 오래다. 동류의식 또는 동정심 비슷한 감정이 없지는 않겠지만 노인은 "아쉽다 할 때 가는 게 최곤데 말씀이야."라며 빈정대기나 한다. 하지만 이러한 빈정댐은 자기 자신의 지나간 인생에 대한 끈질긴 미련의 반어적 표현이리라는 점에서 약간은 처량하고 쓸쓸한 느낌마저 들게 한다.

조금만 더 참고 견뎠어야 했어. 단속에 걸린 게 한두 번이 아니었잖아. 제기랄. 월세 빼고 전화를 팔아버리는 바람에 백정옥과 영영 이별하게 된 거야. 고향집으로 찾아가 볼 생각도 했고. 하긴 주소를 적어둔 쪽지를 어디다 처박아 뒀는지 찾지 못했으니. 아냐. 그게 아니었어. 마누라에게 미안한 마음이 항상 있었거든. 마음이 늘 갈팡질팡했으니까. 염치없게도 집으로 기어들어 갔지. 어린 아들 녀석 얼굴 보고 싶어 들

어갔던 거야 사실은. (〈〈왈츠 추는 늙은이〉〉)

이름을 날리는 춤꾼 시절에 대한 그리움은 동시에 아내와 아들에 대한 미안함을 불러온다. 이 소설에서는 감정 상태를 인물에 대입시킴으로써 심적 갈등을 가시화하는데, 백정옥은 춤꾼 시절의 화려함에 대한 추억으로, 아내와 아들은 가정에 소홀한 가장의 죄책감으로 연결된다. 노인의 중얼거림 자체가 일정한 갈피 없이 이리저리 떠오르는 상념들을 소설의 서술 속으로 끌어들이는 장치라고 할 때, 백정옥과 아내를 대비하는 중얼거림은 그리움과 후회가 한꺼번에 뒤엉켜 있는 노인의 심경을 간접적으로 드러낸다. 급기야 빚 독촉에 몰렸을 때 형님에게 아들을 떠맡기고 도망치던 때를 떠올리면서 "먼 수평선을 바라보고 있으려니 불현듯 서러운 마음이 밀려온다."라고 속마음을 털어놓는다. 이처럼 빈정거림과 웃음기가 사라진 회한의 심정을 통해 노인의 인물 성격화가 완성될 수 있다.

　　남자는 뒤에서 밀려오는 파도에 몸이 솟아오르자 다시 한번 필사적으로 헤엄쳐 온다. 이제 한 팔 정도의 거리만 남았다. 손만 뻗으면 뜰채 망을 잡을 수 있었다. 젊은 남자가 마지막 안간힘을 쓰며 손을 내뻗자 노인은 순간 뜰채를 안으로 조금 끌어당겼다. 젊은 남자의 손이 허망하게 물속으로 푹 잠긴다. 젊은 남자가 고개를 들어 노인을 바라보는 것 같았다. 그의 눈에 어리둥절한 표정 같은 게 떠올랐다. 젊은 남자는 물을 한번 크게 먹더니 바닷속으로 잠겨버렸다. 젊은 남자는 다시 떠오르지 않았다. 머리통이 사라진 바다를 보며 노인은 등줄기를 타고 흐르는 야릇한 전율을 느꼈다. (〈〈왈츠 추는 늙은이〉〉)

아들을 잡으러 온 젊은 사채업자가 물에 빠져 죽는 대목은 이 소설의 절정에 해당한다. 특히 "노인은 순간 뜰채를 안으로 조금 끌어당겼다"라는 문장은 짧은 순간에 복잡다단한 심리를 응축시키는 데 성공한다. 바로 직전까지만 해도 노인은 젊은 남자를 구하겠다며 뜰채를 건넸다. 그러나 결정적인 순간 노인은 뜰채를 조금 끌어당긴다. 이 짧은 시간 동안 노인의 마음속에는 온갖 복잡한 생각이 한꺼번에 밀려왔다 사라졌을 것이다. 불성실한 아버지로서 가지는 죄책감, 빚 독촉에 시달렸던 자신의 인생을 아들이 반복하게 할 수 없다는 책임감, 진작 좋은 아버지가 되어주지 못했던 것에 대한 후회, 나아가 흘러간 시간을 되돌릴 수 없다는 회한 등의 복잡다단한 감정이 있었을 것이다. 소설의 전반부에서 노인의 중얼거림을 통해 소개되었던 과거사와 그것에 대한 심정은 소설적 갈등의 절정을 위한 치밀한 준비 작업의 일환이었던 셈이다.

젊은 남자가 물에 빠져 죽는 대목에서는 노인의 중얼거림은 일시 정지 상태다. 상황이 종료되고 뭍으로 올라오고 나서, 노인은 신명난 사람처럼 왈츠를 춘다. 그동안 중단되었던 중얼거림도 다시 시작된다. 무거운 짐을 벗어던진 듯한, 홀가분한 심정으로 황홀한 기분마저 맛보면서 춤을 추는 노인의 모습은 매우 인상적이다. "너 오늘 잘한 거야. 이 늙은 놈아. 아암. 잘했고말고. 어쨌건… 멋지게 복수한 거잖아. 흐흐." 실성이라도 한 듯, 복수 운운하면서 춤추기를 그치지 않는 장면에서 웅어리졌던 감정이 일시에 터져 나온 다음 느낄 수 있는 카타르시

스가 감지된다. 아마도 노인의 생애 최고의 춤 한 판을 멋들어지게 추고 있는지도 모른다.

노인은 이렇게 중얼거린다. "어쨌건 춤추니 좋구먼. 난 평생 춤을 추며 살았어야 했어." 얼핏 후회처럼 들리기도 하지만 그것은 한 맺힌 절규 같은 것과는 거리가 먼 희미한 아쉬움 수준이다. 더욱이 춤 때문에 평생 아내와 아들에게 미안함을 가지게 되었음에도 불구하고, 춤추는 것이 좋을 뿐만 아니라 평생 춤추며 살았어야 했다고 말하고 있으니, 후회와는 더더욱 거리가 멀다. 여기서 소설을 시작할 때 아포리즘 비슷하게 소개되었던 인생에 대한 언급이 상기된다. "킬킬대고 투덜대고 찔찔 짜며 사는 게 인생이지." 늙은 춤꾼의 사연은 희로애락의 감정을 넘어 '그저 그렇고 그런 게 인생이지 뭐 별다른 거 있어?'라는 식의 달관과 아쉬움으로 채색된다. 이 모든 복합적인 감정들이 거센 파도가 넘실대는 바다를 배경으로 낚싯대를 드리운 키 작은 노인의 형상 속에 집중된다. 오래도록 기억에 남을 만한 인상적인 인물 형상화라 할 만하다.

6.

〈영도 가는 길〉에서는 객관적 관찰의 방법을 눈여겨볼 만하다. 2011년 여름 영도조선소 크레인에서 고공 시위를 벌이던 김진숙 민주노총 부산본부 지도위원을 응원하러 내려간 '희망 버스'는 우리 사회의 갈등과 충돌을 단적으로 보여주는 역사적 사건이다. 여기에는 여러 상충되는 언설들이 충돌했다. 조선소 파업을 지지하기 위한 '희망 버스', 희망 버스를 저지하기 위한 어버이연합처럼 서울에서 부산으로 몰려들어 충돌하는 언설들도 있었고, 희망 버스를 '절망 버스'라 부르며 생활권을 침해한다고 못마땅해하던 부산 시민과 또 이들과는 반대로 파업노동자를 지지하는 부산 시민처럼 서울에서 온 이들을 맞이하면서 충돌하는 언설도 있었다. 이 작품은 3차 희망 버스를 배경으로 희망 버스 전후의 풍경을 폭넓게 스케치하고 있다. 그리고 이 작품에서 보여준 이러한 형상화의 시도는 언론 대부분이 이 사건을 두고 서로 대립하는 두 진영 사이의 충돌로만 규정하고 있던 것에서 벗어나 그 너머에 있는 사태의 일면을 포착하는 데에까지 나아가고 있다는 점에서 가치를 찾을 수 있다.

소설가 K씨가 행사 하루 전인 오늘밤 늦게라도 부산에 가려는 데에는 이유가 있다. 우선 한 여자 노동자가 조선소 크레인 위에서 이백일 넘게 초인적인 고공 농성을 벌이고 있는 현장을 직접 보고 싶다는 생각이 들었다. 아내가 그 위험한 시위 현장엔 왜 내려가냐고 책망했을 때 소설가 K씨는 궁색하나마 다음과 같이 대답했다. "흥미롭잖소. 한쪽에선 희망 버스라 부르고 다른 쪽에선 절망 버스라 부르니 말이오. 불화하는 세상을 이처럼 잘 웅변해 주는 경우가 없겠다 싶은걸. 가서 내 눈으로 직접 봐야겠어." 이상이 관찰의 방법을 시작하기 위한 밑그림이다.

이 작품은 '소설가 K씨'를 관찰자로 내세워 희망 버스 주변을 기웃거린다. '소설가 K씨'라고 부르고 있으나 일인칭 서술자 '나'와 다를 바 없다. 이것은 작품의 모든 문장에서 '소설가 K씨'를 '나'로 바꾸어놓아도 의미 전달의 차원에서 아무런 무리가 없는 것을 보더라도 확인할 수 있다. '나'를 굳이 '소설가 K씨'로 바꾸어 부른 것은 최대한 객관적 자세를 견지하려는 목적 때문이 아닌가 싶다. 부산 여행을 '희망 버스 탐사 여행'이라 부르며 '일정 거리를 유지한 채' 살펴보려는 소설가 K씨의 속마음에서도 이 작품을 객관적인 관찰 스케치로 끌어가려는 작가의 목표를 확인할 수 있다.

부산에 내려간 소설가 K씨는 여러 인물을 만나고 관찰함으로써 우리 사회의 다양한 목소리를 하나씩 제시한다. 그는 포장마차 여주인, 조선소 앞 마트 주인, 택시 기사, 조선소를 지키고 있는 용역 경비, 심야토론을 벌이고 있는 대학생, 희망 버스와 대치하는 경찰, 희망 버스 참가자, 어버이연합 회원 등을 만나고 그들의 속마음을 파악하고 싶어 한다. 노점상 단속에 불만을 가진 바 있는 포장마차 여주인, 영도 조선소 해고 노동자 출신인 마트 주인은 조선소 파업 노동자를 지지한다. 그들은 자신들이 겪은 바 있는 시련을 지금 조선소 노동자들이 겪고 있다는 데에서 공감하고 마음속으로 응원한다. 반면 IMF 때 해고된 이력이 있는 택시 기사는 그 당시 자신이 시련을 겪던 때에는 침묵하던 이들이 지금 와서는 목소리를 내고 있다면서 조선소 노동자의 파업에 반감을 드러낸다. 저마다의 경험과 처지에 따라 각기 다른 견해를 지니고 있다는 것이 그들과 나눈 짧은 대화에서도 잘 드러나고 있다. 소설가 K씨는 자신의 정체와 목소리는 숨긴 채 대화 상대의 의중을 끌어내는 데 탁월한 재주가 있는 듯하다. 애초에 부산행의 목표가 일정한 거리의 유지였음을 상기한다면 포장마차 여주인, 마트 주인, 택시 기사와의 대화에서 그들의 속마음을 읽어낸 것은 비교적 성공적이라고 볼 수 있다.

그러나 이러한 관찰의 시도가 놓치는 것도 제법 많다. 자신의 임무에 충실한 용역 경비에게 소설가 K씨가 말을 걸어보지만 되돌아오는 것은 침묵이다. K씨는 토론을 벌이고 있는 대학생의 토론에 참여할 수도 없다. 경찰과의 대화는 고작 막고 있는 길을 지나가게 해달라는 부탁뿐이며, 희망 버스 참가자들 속에 끼어들 수도 없고 그렇다고 어버이연합 회원들과 같이 행동할 수도 없다. 일정 거리를 유지하는 철저한 관찰자로 설정된 K씨는 경찰이나 희망 버스 참가자, 어버이연합 회원들이 상대 진영을 향해 구호를 외치거나 어깃장을 놓는 말을 들을 뿐, 그들과의 대화는 전혀 이루어지지 못한다. 희망 버스 행사 전까지 만났던 부산 시민들과는 대화가 이루어질 수 있었지만 행사 당일 현장 참여자들과의 대화는 전혀 이루어지지 못하고 그 대신 점점 고조되는 분위기를 관찰하기만 한다. 그리고 이러한 관찰은 일정한 거리 유지를 전면에 내세운 것이기에 일체의 해석이나 평가를 유보한 것이어서 구경에 가까운 것이라 아쉬움이 없지 않다. 현장의 풍경을 묘사하는 데 상당한 분량이 할애되어 있지만 전면에 뛰어들지 않은 채 한 발을 걸친 것에 불과하여 의미 도출과 이를 통한 주제 구현에는 역부족이다.

그 대신 이 작품은 작품의 곳곳에서 '가족'이라는 키워드들을 배치함으로써 여행에서 관찰된 내용에 의미를 부여한다. 잠시 눈을 붙이기 위해서 들른 찜질방에서, 술 한잔을 하기 위해 들른 선술집에서, 그리고 전경과 희망 버스 참가자들의 대치 장소에서 소설가 K씨는 가족에 대한 상념에 빠진다. 만일 작품이 일정 거리 유지를 포기한 채 희망 버스 행사 자체에만 깊숙이 발을 담갔다면 결코 포착하지 못했을 수도 있다. 정치, 사회, 경제에 관한 신념의 문제에서는 한발 물러서서 일정 거리 유지를 고수하지만, 그 이면에서 작동하는 인간의 본질적인 욕망을 읽어낸다는 점에서 '일정 거리 유지의 관찰법'은 분명히 그 성과를 찾을 수 있다.

만약 3차 희망 버스 행사에 대한 객관적인 스케치가 풍경 묘사로만 그쳤다면 이 작품의 묘미는 상당히 손상되었을 것이다. 사건의 진행과 그 속의 분위기에 대한 단순한 스케치를 넘어 '가족'에 대한 사랑의 의미를 짚어냄으로써 소설가 K씨의 여행은 갈무리될 수 있다. 그렇다고 이 작품에서 희망 버스 행사에 대한 객관적 관찰과 가족의 의미에 대한 주관적 감상의 영역이 전혀 별개의 것으로 설정되는 것은 아니다. 희망 버스 행사에 대한 인터넷 신문 기사문을 송고하는 '꽁지머리 남자'와 어버이연합 회원으로 참가한 '여자 노인'의 대화를 통해서 주관과 객관이 결합하는 양상을 보이기 때문이다. '꽁지머리 남자'는 희망 버스를 지지, '여자 노인'은 희망 버스를 반대하고 있지만 두 사람은 자식과 어머니 관계로 설정되어 있다. 희망 버스 참가자와 어버이연합 회원들이 대치하고 있는 조선소 앞에서 그 두 사람은 진보와 보수의 대표하지만, 대결의 장소를 벗어난 곳에서 두 사람은 평범한 부모와 자식 사이의 대화를 나눈다.

여자 노인은 아들의 직업을 잘 이해하지 못할 것으로 보였다. 여자 노인이 물었다.
"너 배고프면 도시락 하나 구해다 줄까?"
여자 노인의 목소리에 아들에 대한 애틋함 같은 게 묻어있었다.
"내 안 고파요. 오늘 어디서 잔대요?"
"어디다 방 얻어놨다는데 난 모르지. 얼른 가서 쉬었으면 좋겠다. 두세 시간을 걸어 다녔더니. 그럼 너도 앞에서 왔다 갔다 하지 말아라."
"걱정 말아요. 엄마. 서울 가면 애들 데리고 집에 갈게요."
여자 노인이 금세 훌쩍거리는 소리를 낸다.
(…)
모자간의 대화를 엿들은 소설가 K씨는 엉뚱하기 짝이 없는 사연에 웃음이 절로 나왔다. 백화점 안으로 들어가는 두 사람의 뒷모습을 보자 가슴에 찐한 감동 같은 게 느껴지며 콧등마저 시려왔다.(〈영도 가는 길〉)

전반적으로 객관적 르포의 분위기를 유지하는 이 작품에서 "소설가 K씨에겐 모자가 서로 적대적인 단체의 일로 각각 부산에 내려와 있는 것이 흥미롭기 짝이 없었다."라고 밝히는 바와 같이 소설적 사건으로서의 흥미를 일으키는 부분 또한 위의 인용 대목이다. 또한 서로 충돌하는 다양한 목소리 간의 대결이 자식이 배를 곯지나 않을까 하는 걱정과 홀로 사는 어머니에 대한 걱정 속에서 너무도 허술하게 무너져버리고 있음을 보여주고 있어 이 사회의 대립과 갈등을 넘어설 수 있는 가능성도 어렴풋이 짐작하게 한다. '내 가족'에 대한 사랑이 한 가장으로 하여금 찜질방에서 울타리를 치게 했고, 조선족 여인으로 하여금 사회의 문제에 무관심하게 했으며, 소설가 K씨로 하여금 대화할 수 없었던 전경에게 잠시 따뜻한 시선을 보내게 했던 것처럼 모자의 대화에서 갈등을 초월할 수 있는 하나의 가능성을 제시한다.

  물론 이것이 복잡한 우리 사회의 근본적인 해결책이라고 이 작품이 주장하는 것은 아니다. 만약 해결책을 제시하려 했다면 '일정 거리 유지'보다는 사태의 와중에 뛰어들었어야 하며 아마 그 결과는 어느 한 쪽의 손만을 들어주는 정론성을 지닐 수밖에 없었을 것이다. 그렇게 된다면 애초에 '일정 거리 유지'라는 방법론은 포기할 수밖에 없다. 이런 점에서 객관적 관찰 위주로 구성된 작품에서 가족애를 다룬 대목은 작품의 성공을 뒷받침하는 적절한 시도로 이해된다. 가족애의 포착을 통해 객관적 관찰 위주의 서술이 자아내기 십상인 특유의 건조함을 따스하게 녹이고 소설적 여운을 확보할 수 있기 때문이다. 아울러 가족애의 확인은 희망 버스 행사에 대한 관찰을 갈무리하는 의미의 거멀못 역할을 충실하게 수행한다.

시간의 위력, 인간의 길

―최성배 ≪나비의 뼈≫

　최성배의 소설집 ≪나비의 뼈≫에 수록된 여러 작품에서는 삶의 무게로 인한 중압감이 공통적으로 감지된다. 사업에 실패하고, 아내는 가출하고, 머지않아 실직이 예고된 상황에서 소설의 주인공들은 극도의 피로와 무기력감에 시달린다. 간혹 고향 친구들을 만나 같이 술잔을 기울이기도 하고, 또 어떤 때는 젊은 여성과 휴대폰 메시지를 주고받으며 작은 일탈을 꿈꾸기도 하지만, 결국에는 숙명과도 같은 거대한 어둠의 굴레에서 한 발짝도 벗어날 수 없다. 점점 머릿속이 아득해지고, 온몸에 힘이 풀려도 하는 수 없다. "그저 뻣뻣한 다리 관절과 나이키 운동화로 간신히 모든 걸 지탱"하는 수밖에. 그것이 인간에게 허여된 유일한 길인 것을….

　〈영등포의 밤〉은 삶의 무게로 인한 중압감이라는 주제를 도시 풍경 관찰을 통해 구현한 작품이다. 얼핏 파리의 아케이드를 거니는 산책자가 연상되기도 하는데, 소설 속 주인공은 서울 영등포 일대를 돌아다니며 관찰한다. 창녀와 노숙자, 찜질방과 대합실 그리고 쓰레기가 나뒹구는 누추한 길거리와 뒷골목이 그의 발길이 닿는 곳이다. 여기에 주인공의 순탄치 못했던 쓰라린 인생 역정이 겹쳐지면서 불안, 체념, 피로, 불면은 서로 얽히고설켜 거대한 혼돈을 이룬다. 서울의 어두운 맨얼굴에 관한 흥미로운 관찰이다.

 남자는 힘없는 발길로 하얗고 거대한 역 건물을 나섰다. 딱히 목적이 있는 것도 아니다. 발길이 닿는 대로 걸으면서 어지러운 생각들을 정리해 볼 참이었다. 우체국 빌딩이 보이는 역 광장 난간에는 몸을 가누지 못한 취객들이 붙어 있다. 맥도날드 햄버거 빌딩 옆으로 영어 어학원과 휴대폰, 피부성형 따위의 건물들이 임대문의 현수막을 내건 채로 다닥다닥 붙었다. 남자의 눈에 보이는 거리며 건물들은 왠지 낯설게 다가왔다. 그래도 이십 년 가까이 이 도시에 살면서 가끔씩 지나쳤던 곳이 아니던가.(〈영등포의 밤〉)

 세밀하게 관찰된 밤 풍경을 따라간 끝에 마주하는 감정은 '낯섦'이다. 남자는 이십 년 가까이 서울에 살았고, 영등포는 그가 가끔씩 지나던 곳이다. 소설의 문장이 그려낸 거리 풍경은 비단 영등포뿐만 아니라 지도를 펼쳐놓고 무작위로 찍어도 대충 비슷하게 들어맞을 만한 서울의 모습이다. 그럼에도 소설 속에서 주인공은 당혹감을 맛보고 있다. 나아가 이 소설을 따라가며 읽고 있는 독자 역시 평소에는 무심코 지나쳐 걸어갔을 여러 건물과 거리를 단어 하나하나로 인식하면서 주인공의 당혹감에 동참하면서 서울을 '낯설게' 보고 있다. '낯설게 하기' 기법이 효과를 발휘하는 지점이다.

흐리멍덩한 남자의 눈에 비친 지나가는 택시와 행인들. 졸린 표정으로 얼굴을 쳐든 아낙네들과 사내 서넛이 남자가 내려온 계단을 따라 우르르 쏟아졌다. 열차가 도착한 것은 아닌 성 싶었다. 그들이 의자에 앉은 남자를 흘깃흘깃 바라보며 지나갔다. 멍한 눈으로 허공을 던 남자는 뜬금없는 생각에 물렸다. 머릿속의 이미지들은 따로따로 바릇바릇 떠돌았다. 그래, 웬 노숙자가 바깥으로 나돌고 있냐고 여길까. 청승맞게 열차를 기다리는 여행객으로 보았겠지. 이곳은 열차가 멈추고 뱉은 승객들이 어디론지 사라지는 역 언저리니까. 모든 사람들이 열차를 기다리거나 떠나가고 지나가는 곳이니까. 언제라도 떠나고 다시 만날 기약조차 있는 것은 아니니까. 이방인들끼리는 서로 모든 고독을 창으로 찌르고 방패로 치받아야 하니까.(〈영등포의 밤〉)

카메라의 눈 역할을 충실하게 수행한 소설의 문장은 하나같이 이채로운 표현들로 구성된다. 어느 하나 예사롭지 않다. 생각에 '물리고', 머릿속 이미지들은 '바릇바릇' 운동하고, 열차는 승객을 '뱉어내고' 있다. 이처럼 다양하고 역동적인 표현 속에서 영등포역은 세상에 대한 하나의 함축적 비유를 형성한다. 기다리거나 떠나가고 지나가는 것이 인생이며, 이방인끼리 서로 모든 고독을 창으로 찌르고 방패로 치받아가는 것이 인간 세상이라는 간명한 진리에 관한 적절한 비유다. '텅 빈 공허한 시선'으로 이루어진 카메라의 눈이 아니라, 통찰과 직관으로 꿈틀거리는 기표들로 가득한 날카로운 시선이 어둠에 깔린, 그러나 결코 잠들지 않는 도시의 밤풍경을 생생하게 포착하고 있다.

〈잠실〉은 익숙하고도 낯선 도시 풍경의 또 다른 측면을 생생히 다룬 작품이다. 이번에는 대낮의 도시다. 밤에서 낮이 되었다는 것은 단지 빛과 어둠이 바뀐 것을 의미하지 않고, 한창 활동하는 시간대의 도시 풍경을 들여다보겠다는 것이다. 또한 이번에는 허름한 영등포의 뒷골목이 아니라 휘황찬란한 테헤란로의 빌딩숲과 한강을 조망하는 고층 아파트로 옮겨갔다.

지옥철역의 계단을 거슬러 올라간다. 햇빛이 눈을 찌른다. 하얀 빛살은 회오리 쳐 온통 눈을 헤집으며 안으로 들어온다. 눈부신 물살이 걷잡을 수 없도록 밀려들어온다. 세상이 아려온다. 햇볕이 작살처럼 내리쬔다. 달궈진 테헤란로를 달리는 차량들마저 빌딩들과 아파트 숲에서 되쏘는 열기로 숨을 죽인다. 그 틈바구니를 헤집고 가는 살갗은 소름처럼 땀방울이 돋는데, 빌딩들의 날선 모서리는 날마다 낯설고 섬뜩하다. 시내버스를 타고 내려 걷는다. 내딛는 발걸음은 관성으로 움직인다. 누가? 내가!(〈잠실〉)

한밤중에서 대낮으로 옮겨갔어도 피로는 여전하다. 아니, 오히려 피로는 가중되었다. 푹푹 찌는 열기, 눈을 찌르는 따가운 햇볕은 쏟아지는 땀과 타는 듯한 갈증을 유발한다. 밤의 도시는 그나마 평온하기라도 했지, 무서운 속도로 달려가는 대낮의 도시는 그저 아찔하기만 하다. 정신없이 돌아가는 대낮의 도시 풍경 속에서 어쩌면 열사병으로 정신을 잃을지도 모른다. 자칫하면 발을 헛디뎌 주저앉을 수도 있는 위태로움이 느껴진다. 여전히 도시는 낯설음으로 다가오고, 거기에 한술 더 떠서 이제 "낯설고 섬뜩하다."

이 소설은 2013년 11월 서울 강남의 한 고층 아파트에 헬리콥터가 충돌하여 사상자가 발생한 사건을 소재로 한다. 소설의 후반부 텔레비전에서 나오는 긴급 속보는 실제 사고가 발생한 아파트 이름 정도를 약간 수정했을 뿐 실제 사건의 내용과 크게 다르지 않다. 당시 기사를 찾아보면 사고 당일 오전 고층 아파트에 헬기가 충돌해서 기장과 부기장이 사망했으며, 아파트 건물 외벽이 손상되고 창문이 깨어졌다고 나오는데, 이러한 내용 대부분은 소설 속 사건 내용과 일치한다. 그러나 신문 기사에서는 다행히도 아파트 주민이 다치거나 사망하지는 않았다고 나온다. 이 사고로 주인공의 아내가 사망한 것은 소설적 허구인 셈이다.

무엇이 실제이고 무엇이 허구인지 가려내는 것보다는 실제 사건을 허구화하는 방식 또는 목표에 주목할 필요가 있다. 충돌 사건이 발생한 장소에 주인공의 아내를 데려다 놓기 위해, 주인공의 아내는 베이비시터로 설정되었다. 그렇게 하기 위해 주인공 부부의 경제적 곤궁함이 설정되었고, 그러면서도 한강이 내려다보이는 고급 고층 아파트와 그리 멀리 떨어지지 않은 곳의 초라한 빌라촌을 대비시켰다. 여기에는 재개발을 그럴듯한 이유로 내세웠다. 한 편에는 햇빛이 제대로 들지 않는 빌라 지하층 B101호 주인공의 집이 있고, 그 옆에는 재개발되어 수십 층으로 올라간 아파트와 바벨탑을 연상시키는 123층 마천루가 서 있는 곳이 소설이 그려낸 도시다. 사회 양극화의 단면을 담아내기에 적절한 설정이 아닌가 싶다.

이처럼 소설 〈잠실〉에서는 대조의 방법을 상상력의 주조로 삼는다. 햇빛을 찬란히 반사시키는 고층 빌딩과 낮은 빌라 지하의 어두운 방,

고층 아파트에서 아이를 돌보는 아내와 환기도 잘 안 되는 지하방에서 혼자 밥을 차려 먹는 남편 같은 식이다. 이러한 대조의 상상력은 일차적으로 우리 사회가 직면한 양극화 현상에 관한 적절한 문제 제기를 수행하고 있으며, 더 나아가 소설 후반부에 이르러 "아내는 하늘 높은 곳에서 죽었고, 나는 땅속에서도 살아있다."라는 삶의 아이러니에 대한 설득력 있는 문학적 표현으로 발전하기도 한다.

그런데 왜 소설 속 인물들은 피로와 무기력과 슬픔을 경험하는가? 무엇이 그들이 겪는 정신적 고통의 원인인가? 만약 원인을 파악한다면 고통을 해소하거나 치료할 수 있는 길이 있지 않을까? 주인공이 실업이나 퇴직의 상황에 놓여있고, 사회적 양극화를 향한 비판의 단초가 소설 곳곳에 놓여있다는 점에서 얼핏 작가가 사회적인 목소리를 높이려는가 싶은 생각도 든다. 하지만 조금 더 찬찬히 소설을 읽어보면 그 이면에 존재하는 더 큰 문제의 원인이 서서히 고개를 내민다. 그것은 바로 '시간'이다.

> 추억은 잔인하다. 우리는 눈부신 어느 가을날의 잠자리 떼처럼 정신없이 날다가 사라지겠지. 모두 시간의 먹잇감일 뿐이다. 시간을 마구 퍼먹었던 대가는 죽음이다.(〈잠실〉)

시간은 모든 것을 부패시킨다. 아무리 순수한 것이라도 시간을 경과하면서 마멸되고, 변질되고, 썩어간다. 순수했던 시절의 꿈과 이상도 이러한 시간의 마수에서 결코 벗어날 수 없다. 근본적으로 인간은 죽음을 벗어날 수 없는 존재이기 때문이다. 시간이 흘러 애초의 순수함이 상실되었을 때, 주위를 둘러보니 자기의 몸이 온갖 세속의 때로 더럽혀져 있다는 사실을 깨닫게 되었을 때, 인간은 '환멸'을 느낀다. 소설집에 수록된 여러 작품에서 지속적으로 발견되는 피로, 무기력, 슬픔, 체념 등의 감정들이란 모두 한데 모여 환멸의 정서를 이룬다.

〈비겁한 넋두리〉에서처럼 고향 친구를 만나 과거를 회상하는 일은 잠시 위안을 준다. 하지만 추억이 주는 위안은 그만큼 시간이 흘러버렸음을 확인시켜 주는 계기가 되기도 한다. 시간의 마수에 빠져 꿈과 희망 같은 순수함마저 부패하고 말았음을 문득 깨닫는 것이다. 소설 속에서 문학은 과거의 순수함을 단적으로 상징한다. 중학교 시절 문예반이었다는 설정, 주인공이 연모의 정을 품었던 윤진이 시인이었다는 설정이 그러하다. 문학은 곧 사랑이고, 그중에도 첫사랑이다. 그러나 윤진은 세파에 시달려 상처를 입었고, 그래서 죽었다. 윤진의 죽음은 주인공의 순수함이 완전히 부패하여 상실되었음을 명백히 선언한다.

> 참으로 세월이 무섭구나. 쉰을 넘긴 친구들의 어깨는 더 무거워지고 있었다. 생활이 삶을 옥죄어버린 상태에서 희망은 아득히 먼 하늘이었다. 텅 빈 머릿속을 흘러 다니는 흰 구름 몇 조각처럼 처량했다. 손에 잡히지 않은 꿈으로 무엇을 하겠는가. 하긴 생은 늘 고통을 쥐고 닳아졌다. 그 고통의 본질은 살아있는 것들의 숙명일 터. 술을 마시고 취해 본들 해결되는 건 없다. 생애의 끝자락을 쥐고 흔드는 꼴이다.(〈비겁한 넋두리〉)

〈비겁한 넋두리〉에서 세 친구는 추억을 떠올리며 고향을 말한다.

그러나 그들은 알고 있다. 자신들이 고향으로 되돌아갈 수 없음을. 옛 연인의 죽음 앞에서 아무것도 할 수 없는 것도 마찬가지다. 본래 시간의 위력 앞에서는 어떠한 해결도, 위로도, 회피도 불가능한 법이 아니던가. 이런 점에서 "갑자기 머릿속이 아뜩했다."라는 소설의 마지막 문장이야말로 일말의 진실을 담보하고 있는 것이 아닌가 싶다. 인간의 숙명 앞에서 어찌 할 바를 모르는 자의 당혹스러운 표정이다.

시간의 위력 앞에서 어떠한 위로도 소용없다는 원칙은 〈옷깃을 스치다〉에서도 예외가 아니다. 젊은 여성과의 스마트폰 문자 메시지 교환은 첫사랑의 추억을 떠올리게 하는 짜릿한 기분 전환이자 위로가 되지 않을까? 이 소설은 젊은 여성과의 짧은 인연에 관한 이야기다. 그러나 그러한 인연에 과도한 의미를 부여함으로써, 흘러간 시간을 거슬러 새로운 사랑의 열정에 기대를 품는 것은 너무 앞서 나가는 일이다. 주인공은 누구보다 그런 일이 무모함을 알기에 "더 이상, 그녀와 장난처럼 메시지를 주거니 받거니 하는 일은 이제 무모하지 않을까싶다."라면서 그녀와의 관계를 조용히 청산한다. 여기까지 보면 이 소설은 소박하고 소심한 한 남자의 내면에 잠시 파문이 일었다 사그라지는 사소한 에피소드를 다룬 것에 지나지 않는다.

그러나 〈옷깃을 스치다〉는 장례와 죽음에 관한 작가의 관심을 한껏 드러내고 있다는 점에서 주목을 요한다. 주인공과 문자 교환을 하는 여성이 병원 장례부에서 장례지도사 일을 하고 있다. 자연스럽게 장례나 죽음에 관한 단상이 그녀의 입을 거쳐 소설로 들어온다. 가령 다음과 같은 대목이다.

선생님, 죽음은 신성하고도 혐오스러운 것 같아요. 대개의 사람들은 영혼불멸을 믿고 이승의 고단한 삶을 끝낸 영혼이 언젠가는 다시 새 생명으로 부활하기를 원하지요. 죽음이 또 다른 세계로 이어진다고 믿는 건 동서양이 다르지 않다고 합니다. 물론, 시대와 나라마다 달라서 매장, 화장, 풍장, 수장을 하는 풍습이 있지만요.(《옷깃을 스치다》)

시간은 인간을 죽음으로 몰아가기에 두렵고 대단한 것이 아닌가. 장례와 죽음에 관한 관심은 결국 시간의 위력에 대한 언설로 환원된다. 또한 이 소설이 보여준 장례와 죽음에 관한 관심은 묘지 이장과 장례식을 다룬 중편 〈나비의 뼈〉에 그대로 연결됨으로써 소설적 외연을 확장한다.

〈내가 물었다〉 역시 가벼운 작품에 속한다. 꿈속에서 최치원을 만나 문답을 나눈다는 중심 사건 자체가 약간은 허황한 것이기에, 이 작품에서 깊이를 찾기는 어렵다. 그런데 천 년의 시간을 건너뛴다는 황당한 설정 자체가 시간에 관한 작가의 계속되는 관심을 간접적으로 증명한다. 시간의 초월은 꿈에서나 이루어질 수 있는 일이다. 모든 것을 부패시켜 인간을 환멸로 이끄는 시간의 위력, 아무리 발버둥을 쳐도 죽음이라는 결말에서 벗어나지 못하게 만드는 시간의 위력을 잠시 꿈속에서 상상적으로 뒤틀어본 것에 불과하다.

물론 문답 내용 자체에도 제법 흥미로운 대목들이 있다. "욕망을 넘어서는 탐욕이란 우리 인간만이 가지고 있는 것일까요?", "약육강식의 원리는 숙명일까요?" "절대적으로 변하지 않을 근본은 무엇입니까?"

꿈속에서 이루어지는 문답에서 주인공이 최치원에게 건네는 질문이다. 돌이켜 생각해 보자. 인간의 탐욕, 약육강식, 시간 속의 변화(부패)는 〈영등포의 밤〉〈잠실〉〈비겁한 넋두리〉의 중심 주제가 아닌가.

여기는 어디인가? 어느 새 고속도로로 몰려든 차량들과 잇따른 버스는 거대도시 외곽에 접어들었다. 뿌연 대기 속에 구조물들이 가득 들어차 있었다. 버스는 멈칫멈칫 가다서다하며 빌딩 숲속으로 들어섰다. 한글간판보다 더 많은 영어 간판들을 이름표로 붙인 건물들이 낯익게 스쳤다. 꿀벌이나 개미떼처럼 그 속에서 닳아져 버릴 사람의 무리가 바글거리는 터전. 내가 바로 그 무리의 개체였다. 나는 다시 막막한 삶터로 돌아온 것이다. 밥과 사람살이의 곤고한 현실이 기다리는 곳으로.(〈내가 물었다〉)

꿈에서 깨어나 다시 도시로 돌아오는 장면 또한 흥미롭다. 잠깐 꿈속에서 시간을 초월하고, 인간의 숙명을 극복하는 법을 배운 것 같지만, 결국에는 다시 번잡한 속세의 일상으로 돌아오고 말았다. 그렇다고 일상이 무가치한 것이냐 하면 절대 그렇지 않다. 죽음이 "신성하고도 혐오스럽"듯 밥벌이와 사람살이는 혐오스럽고 알량하면서도 신성하다. 꿈속에서 맛본 작은 위안을 이제 접어두고 다시 현실 속에서, 영등포역 뒷골목과 테헤란로 빌딩 숲 사이를 걸어가야 하는 것이 이 소설이 그려낸 우리의 자화상이다.

〈꿈결〉은 호주로 가는 비행기 안에서 기이한 꿈을 꾸었고, 호주 현지 관광 안내원과 만나서 비밀이 풀리는 형식으로 된 이야기다. 꿈과 현실의 관계가 작위적이고, 우연의 힘에 너무 기대고 있어 작품의 개연성이 약화되며, 작품 속에서 언급된 정치적 맥락에 관한 부분이 흐릿하게 처리되어 아쉬움이 많이 남는 작품이다.

> 왜? 당신의 피붙이들에게 피해를 준 사람이 나일지도 모른다고 말을 못했던가. 머릿속 어느 계곡에 묻힌 기억이 전두엽의 틈을 비집고 나왔다. 고래힘줄보다 더 질긴 그 기억은 구겨지지도 찢어지지도 않았다. 나는 또다시 여태껏 비겁한 나를 발견했다. 또렷한 정신을 잠재울 길은 없다. 그 시간이 지났다고 해도, 내 기억들은 미친 듯 나를 몰아세우고 있다. 아내와 딸을 앗아간 것이 나의 죗값이라는 생각은 여전하다. 아니, 기억은 제 맘대로 떠돌고 있다.(〈꿈결〉)

다만, 다른 작품에서 반복적으로 사용된 꿈을 아예 소설의 중심에 놓고 있다는 점에서 작가의 관심이 어디에 쏠려 있는지 잘 보여준다. 또한 꿈을 통해 환상과 실제를 넘나든 것처럼 한 편의 이야기를 통해 과거와 현재가 연결되어 의미를 이끌어 내는 기법은 '시간의 위력'에 대처하는 인간의 자세에 관한 하나의 암시를 던져준다. 즉, 기억을 통해서 망각의 저편으로 흘러가 버린 시간을 붙잡고 인간으로서 지켜야 할 삶의 윤리를 반성해 보는 과정에 주목할 수 있으며, '기억', '시간', '인간의 길' 같은 키워드는 고스란히 중편 〈나비의 뼈〉가 이어받는 바다.

중편 〈나비의 뼈〉는 앞에서 살펴보았던 여러 단편의 요소들을 한꺼번에 모아놓은 듯한 성격의 작품이다. 꿈속을 넘나드는 서사가 펼쳐진다거나, 무덤 이장이나 장례 과정을 다루는 것, 또는 기억을 통해 망각의 시간 속에서 반성적 탐색의 시선이 펼쳐지는 것은 여러 단편 작품에서 부분적으로 다루어졌던 내용이다. 이 작품에서 이러한 여러 요소는 단순한 합산의 의미를 넘어 종합을 지향한다. 개별적으로 보았을 때는 흐릿하던 것이 한데 모아놓고 보니 뚜렷해지는, 그런 의미의 통합이다.

소재적 측면에서 볼 때 이 소설의 외관은 무척 크다. 이 소설은 좌우 이념 대립과 연결된 복잡한 가족사를 배면에 깔고 있다. 6.25를 전후한 시기 이념적 대립의 한복판에 작은외삼촌이 깊이 발을 담그고 있고, 그로 인해 남은 가족이나 친척들이 고초를 겪고 숨죽이며 살아야 했던 지난 수십 년의 시간이 소설이 진행되면서 하나씩 펼쳐진다. 부차적이긴 하지만 작은외숙모의 친정동생인 성칠 아저씨를 통해 빨치산에 관한 내용까지 확장될 때, 가족사를 넘어 민족수난사의 면모도 슬쩍 엿볼 수 있을 정도다.

소설은 큰외삼촌의 부음으로 시작해서 장례 장면으로 끝난다. 아예 처음부터 인간의 죽음이 소설을 견인하고 있는 것이다. 다시 세부적으로는 회상의 통로를 경유하면서 더 많은 사람의 죽음이 하나씩 호출된다. 조카에게 한껏 정을 쏟는 이모의 임박한 죽음, 이장할 때 종이 상자에 잔해가 옮겨지고 분홍보자기에 싸였던 작은외숙모의 한 많은 죽음이 나름의 맥락과 배경을 거쳐 소설 속에 펼쳐진다. "진우야? 팽팽했던 육신이 쭈글쭈글해지는 것은, 누구나 피할 수 없는 일인께 절대로 수치가 아니란다."라는 이모의 말씀은 멀리 시간을 따라 돌고 돌아온 한 인간의 신실한 마음이 잘 표현된 것으로 읽힌다. 작은외숙모에 관한 사연 또한 읽는 이로 하여금 슬픔과 한의 심사가 무엇인지 짐작게 하고, 더 나아가 적지 않은 소설적 공감을 일으킨다.

> 원망이 섞인 대목에서 외삼촌의 억양은 높아졌다. 천근만근 삶의 무게가 짓눌러온 그 시기에도 그들에게, 혹은 그들이 기다렸을 것은 시간이었으리라. 그러나 지금에 이르러 늙은 몸은 쇠락하고 세월에 취하여 무기력해졌으니 모두 시간에 쫓겨 왔을 뿐이었다.(《나비의 뼈》)

모든 죽음은 시간의 위력에서 말미암는다. 늙은 육체뿐만 아니라 꿈과 희망 같은 순수함 역시 시간을 통과하면서 부패하고 상실되었다. 그저 시간에 쫓겨 왔을 뿐이었다는 말이야말로 시간의 힘을 거스를 수 없는 인간의 나약함에 관한 솔직한 고백이다. "장례식이란 살아 있는 자들이 주검을 거두는 의식"이라 소설은 말하지 않는가. 곧 산자들은 죽음 앞에서 죽음을 뚜렷이 인식한다. 시간의 위력을, 그 앞에 선 인간의 유한함을 강조하는 이 소설의 메시지는 분명하다. 메멘토 모리(Memento mori), 죽음을 기억하라!

> 살아있는 것이 내게는 죄여. 잠시만 멍해도 과거의 그 기억이란 놈이 언제 삐죽삐죽 나타나서 나를 이죽거리는 것 같아. 오랜 세월이 지나면 미움도 아픔도 무뎌진다고 하지만, 그것도 아니여야. 어떻게 그 징한 일을 잊어버리겠냐. 가해자는 제기 한 짓을 잊어버릴 런지 모르지만, 피해자는 죽을 때까지 상처가 남아있어야. 모르지, 죽은 다음에 저승이 있다면 거기서는 또 어떨지….(《나비의 뼈》)

여기서 또 한 가지 중요한 소설의 구성 요소가 나온다. 바로 '기억'의 문제다. 인간은 반드시 죽는다는 것을 기억하는 것 말고도 이 소설에서 기억해야 할 것은 더 있다. 인간과 인간이 서로에게 총칼을 겨누고 극도의 폭력의 행사했던 역사적 사실을 기억하라고 소설은 촉구한다. 가해자는 쉽게 망각으로 나아가지만, 피해자는 그 기억이 상처가 되어 죽을 때까지 남는다는 성칠 아저씨의 절규에 가까운 발언은 기억의 윤리를 새삼 강조한다. 앞서 과거의 폭력과 상처를 잊지 않고 기억함으로써 반성적인 자세를 견지해야 한다고 촉구했던 〈꿈결〉의 주제는 민족사적 차원의 불행과 결부되어 외연이 한층 넓어진 셈이다. 이러한 기억의 윤리 중심에는 당연히 작은외삼촌이 있고, 해방공간과 6.25를 전후로 한 좌우 이념 대립의 상처가 있다.

시간의 위력과 기억의 당위 명제는 꿈속 나비의 날갯짓을 통해 소설적 육체를 확보한다. 상징과 비유를 적극적으로 활용하는 점에서는 소설의 영역을 벗어나 잠시 시의 영역에 근접하는 모습을 보이기도 한다. 꿈결 속에서 주인공과 작은외삼촌이 나누는 대화는 인간의 욕망에 대한 엄중한 경고의 의미도 담아내는 듯하다. 그러나 그 대화의 내용이 무엇이 되었든, 주제는 하나로 귀결된다. 시간 앞에서는 이념도, 전쟁도, 무모한 약육강식의 논리도, 그 외 모든 것이 아무 소용이 없다는 것.

내가 있거나 없거나, 또한 타인들이 있거나 떠났을지라도 삼라만상은 여전히 있을 것 같다. 도무지 알 수 없는 시간의 그늘 속에서 매몰된 내 욕망의 바이러스들은 시들고 말았다. 생물이란 짧은 생애에도 수없이 몸을 뒤척여야 하는구나. 살다가 죽어버린 것들의 영혼은 남아 있을까. 영혼의 진화는 나도 모른다. 그러나 죽은 자들은 내 기억 안에서 여전히 숨을 쉬고 있다. 하늘에 걸려있는 시디신 빛살 속으로 가을이 그렇게 저물어갔음에도.(〈나비의 뼈〉)

〈나비의 뼈〉의 결말에서 장례는 끝나고 소설은 끝이 난다. 그러나 죽음의 정체가 그러하듯 모호하고 불가해한 허무와 무기력이 소설의 결말에 맴돈다. 어떻게 본다면 이렇게 꼬리처럼 달린 허무의 표지를 작가의 인장으로 볼지도 모르겠다. 그런데 이러한 허무의 흔적이 완전한 패배로 환원되지는 않는다. 시간을 되돌리거나 초월할 수는 없지만, 기억을 통해 과거를 복원하려는 시도는 얼마든 가능하며, 또 그렇게 해야 한다고 소설은 말하지 않았던가.

아마 주인공은 장례를 다 끝낸 후 다시 도시로 돌아올 것이다. 다시 삶의 무게로 인한 중압감에 시달리겠지만, 여전히, 그리고 묵묵히 계속 버티고 서 있을 것 같다. 그것이 이 소설집에 수록된 모든 작품이 공통적으로 지향하는 인간의 길이 아닐까 한다.

2부

상처, 상실 그리고 회복

중독, 치명적인 유혹―고문희 〈행거〉

　고문희의 단편 〈행거〉는 어떻게 수습해야 할지 모를 정도로 철저히 일상이 망가진 한 남자의 당혹스러운 얼굴을 인상적인 비유를 담은 여러 가지 소재들로 모자이크한 작품이다. 작품의 제목이기도 한 '행거', 잃어버린 나사못, 오리엔탈 타란툴라를 본떠 만든 거미 모양 머리핀, 구겨진 양복 등판, 열대야 반지하방에서 하는 다림질 등 지극히 일상적인 소재들이지만 조금 더 주의를 기울여 들여다볼 때 각각의 이면에 도사리고 있던 날카로운 의미들이 텍스트 표면에 거품처럼 솟아오른다. 그러한 소재들이 무엇을 의미하고, 상징하는지 따라가다 보면 소중한 것을 잃어버린 채 주저앉아 울고 있는 '장'이라는 한 남자를 만나게 된다. 지질해 보이기만 하는 장의 모습이 그리 유쾌하지 않아 얼른 고개를 돌리고 싶지만, 소설 읽기를 마치고도 제법 오랫동안 잔상이 남아서 독자의 마음을 어지럽게 그것은 '장'이라는 남자의 얼굴이 무언가 소중한 것을 잃어버린 채 살아가는 우리 독자들의 공허함을 대표한 것이기에 그러하다.

잃어버린 나사못 하나가 소설을 창작했다고 해도 과언이 아니다. 판매원은 누구라도 간단히 조립할 수 있는 행거라고 홍보했지만, 장은 사소한 나사못 하나를 잃어버려서 그 간단한 작업을 완성하지 못한다. 유가 있었더라면 잃어버린 나사못을 진작에 찾아줬을 테고, 그렇다면 행거는 조립하고도 남았을 터. 어떻게 보면 유가 없기 때문에 이 사달이 났다고 볼 수도 있다. 결국 무더운 여름날 반지하 좁은 방에서 조립식 행거와 씨름하는 한심한 모습은 여자 친구가 떠나간 뒤 도무지 어찌해야 할 바를 모르는 주인공의 망가진 일상을 표현하기 위해 치밀하게 구성된 도입부였음이 드러난다.

타란툴라 머리핀도 나사못 못지않게 흥미로운 소재다. 타란툴라 머리핀이란 에로스와 공포가 상반된 이미지가 결합된 유의 존재를 제유하는 효과적인 장치다. 장이 아직도 자신의 귓가에 맴돌고 있는 유의 신음 소리가 사실은 타란툴라 머리핀에서 나온 것이 아닐까 하고 상상하는 대목은 유의 인물 형상화와 관련하여 강렬하게 각인되는 타란툴라 머리핀이 성적 매력과 긴밀한 관계를 이루고 있음을 알게 한다. 동시에 장은 "유의 머리카락 속에 숨어 빛나고 있는 타란툴라의 빨간 눈과 마주치"는 순간 "왠지 보아서는 안 될 걸 본 듯"한 기분을 느낀다. 타란툴라가 맹독을 품고 있듯, 유가 장의 전 재산이나 다름없는 전세금을 빼돌려 달아날 만큼 날카로운 독소를 감추고 있음을 장이 무의식적으로 눈치챘기 때문이 아닐까. 타란툴라가 품고 있는 독이야말로 치명적이지만 거부할 수 없는 매력의 근원임을 감안한다면, 장은 바로 유의 그러한 악마적 매력에 자발적으로 무장해제 당했다고 볼 수도 있으리라. 하기야 독거미에게 물려서 이미 중독되어 버렸으니, 거미가 사라지고 나서도 허덕이는 것은 당연한지도 모른다.

애인의 배신을 받아들이지 않고 현실을 부정하는 남자의 모습은 애처롭다. 그러나 애처롭기만 해서는 어떠한 소설적 흥미도 발생하지 않는다. 이 소설의 묘미는 배신한 애인에게 충격을 받아 슬퍼하는 모습을 그려내는 데 있는 것이 아니라, 오히려 자신을 파멸로 이끌어간 그 치명적인 독을 그리워하는 모습을 그려내는 데 있다. 그것이 바로 철저한 중독의 상태다.

유는 전세금을 챙겨서 잠적했지만 장은 유를 고소하지 않았다. "만약 고소를 하면 영영 유의 머리에서 빛나던 타란툴라를 볼 수 없을 것 같았다."라는 이유 때문이다. 타란툴라가 도대체 무엇이길래 그리도 그리워할까? 자신을 파국으로 이끌어가는 치명적인 독을 지니고 있음에도, 독침에 깨물릴 때 경험했던 짜릿한 전율과 쾌감에 이미 중독되었기 때문에 다시 그리워할 수밖에 없다는 것. 환각제나 마약에 버금가는 중독의 이미지로 타란툴라의 치명적 독이 부각되어 있고, 그러한 선명하고도 인상적인 이미지 탓에 정작 유가 한 번도 등장하지 않음에도 불구하고 유에 대한 팜므파탈적인 인물 형상화는 장에 관한 인물 형상화 못지않게 강렬하게 이루어질 수 있었다.

이 소설의 마지막 장면에는 그동안 효과적으로 이미지를 구축해 왔던 여러 가지 소재들이 한꺼번에 파도처럼 몰아친다. 장이 지구대를 찾아가 분실물 신고를 하는 대목이다. "타란툴라, 아니, 머리핀이요. 아니, 머리핀이 아니고, 나사못, 맞아! 나사못입니다. 오늘 안에 행거를 올려야 하는데, 3단에서 4단으로 올려야 하는데, 아무튼 꼭 찾아야 합니다." "분실물이 길이 3센티, 굵기 4밀리의 나사못인지, 유가 가지고 간 전세금인지, 유의 머리에서 빛나던 타란툴라라는 머리핀인지, 1년 가까이 올리지 못한 실적 그래프인지 확실하지 않았기 때문"에 장은 신고서의 빈칸을 오랫동안 들여다보는 것으로 소설은 끝난다. 유의 배신과 잠적으로 인해 일상적인 생활이 모두 무너졌으며, 다시 예전을 회복하기란 요원해 보이며, 그런데도 유의 치명적인 유혹은 자꾸만 환상처럼, 신기루처럼 머릿속에 떠오르는 애욕의 심각한 중독상태를 보이는 것, 이러한 모든 것들이 한꺼번에 터져 나오는 이 소설의 결말은 곧 소설적 장치들을 잘 운영하여 만들어낸 기괴하고 충격적인 모자이크의 짜임새 있는 완성인 셈이다.

글쓰기=두루마리 치유법 – 이미란 〈너의 경우〉

소설 쓰기가 무의식 차원의 상처를 치유할 수 있는 하나의 방법이 될 수 있을까? 이미란의 단편 〈너의 경우〉를 보면 제법 고개가 끄덕여진다. 소설 창작의 과정을 소재로 한 소설, 메타픽션의 측면에서 유발되는 소설적 흥미로 시작한 이 소설은 트라우마를 지닌 소설 창작자가 자신의 상처를 객관화하고 그것을 발화의 표층으로 끌어올림으로써 상처와 대면할 수 있게 하고, 나아가 그 상처를 극복할 힘을 스스로 발견하는 과정에 관한 설득력 있는 가능성을 그려낸다. 소설 창작 수업 형식을 빌린 탓에 여러 번의 수정과 개작을 거치는 과정을 건너뛸 수 없는 조건이 이 소설의 제약으로 작용하였고, 그 결과 소설 속 삽입된 '안'이나 '너'의 소설이 분량도 축소되고 깊이가 얕아진다는 아쉬움이 없지 않지만 소설을 쓰고 수정하면서 점점 진화하고 발전해 나가는 변화의 과정을 개연성 있게 그려내는 데 성공한 점은 긍정적으로 평가할 수 있다.

작가들은 왜 소설을 쓰는 것일까? 자신의 이야기를 나누고 싶어서일 것이다. 자신이 발견한 삶에 대한 이해, 인간이란 이런 존재이며, 산다는 것은 이런 것이다 하는 것을 다른 사람들과 나누고 싶어서 소설을 쓰지 않을까? 또 어떤 작가는 '왜?'라는 의문으로 이야기를 시작해서 최대한의 설득력으로 그 의문을 풀어 가는 재미 때문에 소설을 쓰기도 할 것이다.
그리고 또 어떤 작가는 자신의 삶을 해석하고 받아들이기 위해서 소설을 쓰기도 한다. 자신의 삶을 통합하기 위해서, 자신의 삶에 깃든 어둡고 모호한 어떤 지점을 해명하려고 소설을 쓰는 것이다.

'너'를 반복적으로 호명하는 일인칭 서술자 '나'의 목소리도 비교적 자연스럽다. 자칫 욕심을 부려 '너'를 사용할 때 어설프게 이름만 '너'로 바꾼 삼인칭 시점이 되기 십상이지만, 이 소설에서는 '나'에게 교사의 역할을 부여하였기 때문에 그러한 혼란과 어수선함을 손쉽게 극복할 수 있다. 어디까지나 일인칭 시점의 목소리가 교사의 권위 속에서 일정하게 유지되며, 극단적으로 소설의 결말 부분에서 '너'의 소설 창작이 제대로 끝을 맺지 못하는 위기의 상황이 닥치더라도 빨간펜을 들고 교정과 첨삭을 가하면서 집필의 완성을 독려하는 교사의 역할이 개입되면서 소설은 안정적으로 종결될 수 있었다. '너'가 흔들리며 주저하는 모습을 보일 때 독려하기도 하고, 실제의 트라우마와 허구적 창작과의 거리를 두기를 다시 한번 환기시키는 교사의 목소리가 이 소설을 안정적으로 이끈 바탕인 것이다.

나는 넌지시 소설이 허구의 장르라는 것을 암시하며 네가 용기를 얻기를 기대한다. 지금은 소설 창작수업 시간이고, 이 수업의 결과물은 소설이다. 글쓰기 동료들은 네가 쓴 글이 허구라는 전제 안에서 받아들인다. 그러니까 너는 네 영혼을 솔직하게 들여다보아도 된다. 솔직하면 솔직할수록 너는 네가 붙들려 있는 시간에서 풀려날 가능성이 높아진다.

에티오피아에서는 아픈 사람이 성직자와 함께 두루마리를 만드는 천 년 전통의 두루마리 치유법이 있다고 한다. 아픈 사람은 성직자에게, 언제 어떻게 그 괴로움을 당하게 되었는지, 왜 아프게 되었다고 생각하는지, 아프기 전의 생활과 현재의 상태는 어떠한지, 다른 사람과의 관계는 어떠한지에 대해 자신의 생각과 감정을 말하면서, 성직자가 그에 합당한 기도와 문양의 두루마리를 만들 수 있도록 한다는 것이다. 아픈 사람은 성직자와 함께 이야기를 주고받으면서 질병의 맥락에서, 자기 삶의 서사적 질서를 헤아려 보는 것이다. 그래서 에티오피아에서는 이야기를 하는 것이 치유에 도움이 된다고 믿어진다.

이 소설에는 '안'이 쓰는 소설과 '너'가 쓰는 소설 두 편이 삽입되어 있다. 정신적인 상처의 근원을 다루고 있지만 짧은 분량 탓에 소설 속에 제시된 부분만으로는 안이나 '너'의 무의식적 심층에 도달하기는 요원하다. 특히 '너'가 쓴 소설은 공백의 상태로 남아 있어 미완성의 상태다. 다만 부족하더라도 자신의 내부에 있는 응어리를 겉으로 꺼내려고 안간힘을 썼다는 바로 그 점에 박수를 보낼 수 있다. 그리고 그 곁에서 이야기를 주고받으면서 속에서 서사의 줄기를 건져낼 수 있도록 도와주는 '나'의 노력에도 박수를 보낼 수 있다. 무언가 이야기를 주고받는다는 것, 이야기의 내용이나 구성보다는 이야기 속에서 거짓 없이 용기를 내어 진실한 자신의 사연과 마주한다는 것이야말로 이 소설에서 그려낸 하나의 가능성이다.

그래서 독자들은 이 소설을 다 읽고 나면 왠지 자기 자신도 무언가 이야기하고 싶어지는 듯한 착각을 느끼게 된다. 소설 속 안처럼, '너'처럼, 그리고 그 이야기를 들어줄 '나'처럼 두루마리 치유법을 실행해보고 싶은 욕망이 서서히 커지는 것을 느낀다. 이 세상 누구라도 가슴 한편에 상처 하나쯤 없는 사람은 없을 테니까.

무한한 위로의 지리학 – 정경숙 〈마른 개울〉

정경숙의 〈마른 개울〉을 읽고 나서 소설 속에 나오는 오렌지 옷 가게를 찾아가고 싶은 마음이 생겼다. "경기도 남양주시 진건면 신월리." 소설 속 등장인물 연희처럼 경춘선 전철을 타고 사릉역에 내려서 보이지 않지만 땅속에서 개울이 흐르고 있을 그 벌판을 구경하고 싶었다. 비록 실제로 찾아가 보지는 못했지만 인터넷 지도 서비스를 통해 사릉역에서부터 시작해서 신월리와 용정리, 사릉 일대를 온라인상에서 돌아다녀 봤다. 혹시 '오렌지'라는 간판이 있을까 싶어서.

이 소설은 흡인력이 무척 강하다. 특히 소설 속 공간과 장소에 관한 강렬한 이미지가 독자를 빨아들이면서 동시에 소설 속 그곳에서 커피믹스를 마시면서 담소를 나누는 여자들의 모습이 독자를 애잔하게 만든다. 그저 낯설기만 한 경기도 남양주의 어느 한적한 동네를 공간적 배경으로 삼은 것에 불과한데 이처럼 궁금증을 자아내고 깊게 빨려들 수 있도록 만들었다는 데 감탄하게 된다.

"오렌지 옷 가게는 조립식 건물, 맨 오른쪽에 있었다." 소설의 첫 문장부터 끌려들어 간다. 어떤 소설이든 소설의 첫 문장을 받아들이지 않으면 우리는 소설을 계속 읽을 수 없다. 〈마른 개울〉은 독자를 낯선 어딘가에 떨구어놓고 알아서 지리 감각을 발휘하게끔 강요한다. 어떻게 보면 참으로 불친절하고도 불편한 방식. 하지만 낯선 곳을 여행하는 여행자가 발을 딛는 곳은 항상 그렇다. 계속해서 소설의 문장을 따라 발걸음을 옮기다 보면 그러한 낯섦이 새로운 곳에서 느껴지는 신선함으로 바뀔 수 있다. "찻길에서 걸어 들어와 밭둑 위로 가게건물을 마주하고 온 사람들은 누구나 처음에 의아해한다. 어떻게 산과 밭과 나무만 있는 곳에 농막도 아니고 가게건물이 하나 달랑 있느냐고." 바로 이러한 의아함. 아마도 윤경의 초대를 받아 남양주에 처음 방문한 연희가 그러한 길을 걸어갔을 듯하고, 또 연희가 그러한 의아함을 느꼈을 듯하다.

소설의 서두부터 독자는 연희의 시선과 발길에 단단히 묶여서 처음 가보는 남양주의 마을을 여행자처럼 돌아다니게 된다. 연희는 소설의 배경이 되는 그곳에 대한 지식이 독자와 거의 동등한 수준이다. 그래서 자연스럽게 연희의 시선에 포착되는 새로운 풍경은 오롯이 독자에게 정보를 전달하고, 인상을 그려낸다. 이처럼 연희를 초점 인물로 설정하여 보여주는 화산분화구 같은 벌판의 모습은 무척 흥미롭다. 연희가 놀라듯 서술의 분위기는 놀라움으로 이어지고, 연희가 꽃을 보며 감격하듯 서술은 잠시 세상의 경이로움을 슬쩍 엿보게 한다. 무언가 얼핏 떠오르다 사라지는 그러한 연희의 심리 묘사까지 독자에게 고스란히 전달되는 차분하고 느릿느릿한 서술적 분위기에 빨려들지 않을 수 없다.

버스에서 내리자 맑은 공기가 확 끼쳐왔다. 연희는 윤경의 옷가게가 아파트 동네 한가운데 있는 걸 상상했는데 그게 아니어서 조금 놀랐다. 찻길에서 윤경이 마중 나와 있는 옥수수밭까지 분화구 같은 벌판을 거쳐 가야 했다. 연희는 그곳에 가을이 응집된 것을 봤다. 샛노란 산국과 키 작은 분홍 코스모스, 보라와 자주색으로 핀 과꽃과 이름 모를 풀꽃이 많고도 많았다. 연희는 걸음을 멈췄다. 그 꽃들을 보는 것만으로도 사는 보람이 있지 않을까 하는 생각이 불쑥 들었다. 벌판의 꽃 때문인지 처음 온 동네가 낯설지 않았다. 갑자기 어떤 기억이 떠오를 듯하다 사라져 갔다. 누군가와 그런 벌판을 지나간 기억인지 몰랐다. 친한 것도 안 친한 것도 아닌 그런 사람과 함께였던 것 같았다. 더 이상 떠오르는 건 없었다. 옥수수밭 어귀에서 윤경은 벌판에 선 연희를 바라보고 있었다.

연희와 독자가 함께 신기하게 바라보았던 그 벌판, '마른 개울'은 그녀가 그곳을 매번 방문할 때마다 다른 모습을 보여준다는 것도 흥미롭다. 봄에 갔을 때는 온통 꽃밭이었지만 작년 겨울 초입 연희가 세 번째로 오렌지 옷 가게에 갔을 때는 "바싹 마른 억새 무리와 길게 자라 누렇게 시들어가는 풀이 바람에 흔들렸다. (…) 푸른빛이 남은 밭에 비해 찬바람 속에 내맡겨진 벌판은 마냥 쓸쓸해 보였다." 소설 전반을 보았을 때, 마른 개울의 이미지는 봄날 화사하게 꽃이 핀 따사로움이 아니라 초겨울 쓸쓸하고 외롭고 애처롭기까지 한 추위의 이미지이다. "그날 연희는 윤경의 오렌지 옷 가게에 오래 머물렀다."라고 하지 않았는가? 외롭고 춥기 때문에, 타인과 온기를 나누고 싶었으리라. 오렌지 옷 가게에는 가게 주인인 윤경을 비롯하여 단골 여자들이 달려들어 옷을 고르고 입어보느라 야단법석을 떤다. 쓸쓸하고 삭막한 추위와는 정반대의 따뜻함과 온기, 이번에는 "이런 게 사람 사는 활기인가 보다 싶었다."라고 하지 않았는가? 옷 가게 오렌지는 찬바람이 부는 벌판에 작은 옷 가게가 온기를 유지하면서 사람들을 외롭게 느끼지 않도록 보호하는 훌륭한 안식처, 대피소, 아지트다.

여자들은 오렌지에서 옷만 사는 게 아니다. 옷을 사는 즐거움을 산다. "오렌지는 여자들의 전당이었다." 여자들은 스스로 오렌지 중독자임을 자처하는데, 오렌지에 들러서 커피를 마시며 있는 대로 수다를 떨고, 이 옷 저 옷을 입고 서로 품평하면서 쇼핑을 즐긴다. "오렌지 덕분에 옷 사는 즐거움을 누리는 거 몰라? 차려입은 걸 봐줄 사람 하나 없어도 상관없이 나 혼자 너무 즐거운 거야."라는 난정 언니의 설명은 오렌지라는 옷 가게의 특별함을 적절히 지적한다. 아마도 여자들은 외롭기 때문에, 혹은 생활에 지쳤기 때문에 안식처이자 아지트인 그곳에 중독적으로 찾아드는 것이 아닐까. 그곳에서 옷을 구입하는 일은 놀이동산에서 자유이용권을 구입하는 것과 별반 다르지 않다. 실컷 위로받고 마음속 짐을 훌훌 털어버린 후 옷을 하나씩 사서 집으로 돌아가는 여자들은 사실은 옷이 아니라 위로와 위안을 구입한 것이다.

이러한 사정은 옷 가게 주인 윤경에게도 동일하게 적용될 수 있다. 그녀가 처음 그곳에 간 동기는 순탄치 못한 결혼생활을 청산하고 "사랑으로 쉬러간다"는 것이었다. 결혼 실패로 인한 쓸쓸함을 위로해주는 것이 옷가게 경영이리라. 그래서 그녀는 옷을 싸게 판다. 이윤을 남기기 위해서가 아니라 여자들에게 무언가를 주기 위해서. 그래서 오렌지를 여자들의 아지트로 만들기 위해서. 그러한 분주함과 활기 속에서 가장 큰 위로를 받은 인물이 바로 가게 주인 윤경이리라. 그리고 난정 언니 역시 혼자서 살고 있으며, 소설의 시작부터 독자들에게 시선과 관점을 제공한 연희 역시 혼자서 살고 있는 인물이며, 그들도 그곳에서 큰 위로를 얻는다.

이처럼 이 소설은 새로운 공간과 장소에 대한 여행자적 관심과 흥미를 유발하는 데서 출발해서, 그곳에서 외로움과 쓸쓸함을 견디고 작지만 큰 위로를 얻어가는 여자들의 아지트를 창조해내는 데 이르게 된다. 여기에 이르면 이 소설은 여성주의적 색채를 강하게 드러낸다. 특히 기억 속에서 호출된 외로운 여자에 관한 사연이 그러한 분위기를 고조시킨다. 마른 개울=건천동 여자의 사연, 순옥 언니의 사연이란 과거에 속해 있으면서 현재의 쓸쓸함에까지 닿아 있다. 잊을 수 없는 슬픔과 상처이기에 청승스러움과 애잔함으로 가득하며, 연희가 난정 언니와 교감하게 되는 계기도 바로 그러한 감정의 교통에서 비롯한다.

그 여자의 얼굴에 드러난 청승스러움은 뭐랄까, 예쁜 꽃이 활짝 피던 순간에 그만 어떤 방해를 받아 망가져 버린 무엇처럼 보였다. 애잔했다. 그래서 어쩐지 정이 가는 것 같기도 했다.

순옥 언니는 대체 어디에 있는 걸까, 살아 있기는 한 걸까 하고 생각했다. 마른 개울처럼 어딘가 분명히 있지만 눈에는 안 보이는 건지도 몰랐다. 연희는 순옥 언니에게 꼭 했어야 할 말을 저도 모르게 속으로 여러 번 곱씹었다. 그건, 미안하다는 한마디였다.

소설의 결말에서 연희와 난정 언니가 대화를 나누는 대목은 절대 쓸쓸하지만은 않다. 힘을 내면서 애써 웃음을 짓는 난정 언니의 얼굴에서 연희는 청승스러움과 애잔함이 서서히 걷히는 것을 본다. 지금 연희는 마른 개울처럼 겉으로 보이지는 않지만 어딘가에 분명히 있을 과거의 순옥언니의 존재를 떠올리면서 그녀가 난정 언니처럼 꿋꿋하게 살아가라고 응원하고 있을지도 모르겠다. 여자들이 모여 서로에게 위로가 되는 아지트에서는 얼마든지 쓸쓸함의 찬바람을 이겨낼 수 있다. 더욱이 이 소설의 결말은 이제 겨울에서 벗어나 찬란한 아름다움을 자랑할 벚꽃의 이미지로 가득 채워져 있어, 비록 눈물이 흐르더라도 제법 견딜 만하다고 그녀들을 따스하게 위로해 주고 있다.

여행소설을 넘어서 – 류담 〈새롭게 찾아든 아침〉

류담의 중편 〈새롭게 찾아든 아침〉은 단어와 문장 하나하나에 상당한 공을 들여 조탁한 작품이다. 여행을 소재로 한 소설은 흔히 한 편의 기행문과 같은 느낌을 준다. 실제의 여행 기록에 가깝게 여겨진다는 것은 허구적 창작물로서의 소설과는 태생부터 많은 차이가 있다. 소설이란 응당 작가의 정신을 고스란히 반영한 하나의 창작물이어야 하며, 그 출발은 단어와 문장에 기울이는 정련의 노력이 아닐까 싶다. 길이를 극도로 짧게 제한한 단문에 최적의 단어를 고심해서 배치하여 작가의 원하는 바를 고집스레 표현하려고 애쓴 흔적이 역력하다. 작가는 이러한 노력을 통해서 여행의 소재를 환상 속에서 들려온 아련한 추억에 관한 이야기로 아름답게 허구화시키는 데 성공하였다.

여행은 인터넷 사이트를 통해서 이루어졌다. 우연히 실크로드라는 이름을 읽으면서 그 자리에서 결정했다. 온라인으로 여행비용을 보낸 터라 사이트에 뜬 일정뿐 아는 내용이 없었다. 보딩패스를 받을 때 함께 갈 일행을 만났다. 시간에 쫓기는 내게 맞춤한 여행이었다. 여기저기 기웃거릴 여유가 없거니와 일일이 전화하는 수고를 덜었다. 학교에 나가는 근이 때맞춰 방학이었다.

여행을 다룬 작품이지만 읽는 내내 소설 속 공간이 낯설고 신기하게만 느껴졌다. 상세한 묘사가 최소화되었기 때문이 아닐까 싶다. 세부적인 디테일은 충분하다. 색채나 형상, 여행지 주민들의 행동 등이 상세하게 펼쳐져 있고 그래서 이국적인 느낌은 얼마든지 전달된다. 그러나 막상 여행을 진행하는 주인공의 여정이나 계획, 가이드의 설명, 휴식과 숙박, 새로운 것을 감상할 때의 인상에 관한 묘사 등 기행 소설에서 흔히 발견되는 요소들의 나열이 배제되어 있기 때문에 서술을 따라 여행하는 이동 경로를 간접 경험하면서 누리는 즐거움보다는 주인공의 발걸음이 머무는 곳에 아무런 설명 없이 서 있게 될 때 느끼는 약간의 당혹감이 반복된다. 게다가 이 소설에 나오는 여행지란 평균적인 한국의 독자들이라면 직접 가본 적이 거의 없는 생소한 곳이기에 이국적인 낯섦의 감정은 더욱 강화된다.

여행은 여행이되, 여행소설 같지 않은 분위기. 따지고 보면 이 소설은 여행의 표피를 덮고 있으나 기실 그보다 더 중요한 것은 주인공의 상념이다. 여행지에서 맛보는 이국적인 풍경은 주인공의 상념을 더욱더 의미심장하게 고조시키는 하나의 무대장치에 불과하다. 그래서 여행소설 같지 않은 분위기가 펼쳐질 수밖에 없었던 것이 아닐까. 아직 근대화의 손길이 닿지 않은 여행지의 풍광, 때로는 역사시대가 도래하기 전 황야에서 샤먼이 하늘에 제를 올리는 그런 태고의 신비까지 거슬러 올라가는 이국적인 모습, 더 나아가 간간이 공룡의 발자국 화석까지 언급되는 대목에 이르면 배경으로 설정된 여행지의 풍경이란 시간을 거슬러 올라가서 주인공의 과거 회상을 보조하는 역할을 하고 있음을 확인하게 된다.

소설은 반복적으로 과거 회상으로 날아간다. 우선 주인공이 여행을 떠나게 된 동기부터 살핀다. 불만족스러운 결혼생활. 단순한 권태감과는 다르다. '근'에게 참 많은 것을 기대했던 듯한데, 그것이 실패로 끝나고 있다는 확신에 가까운 예감. 또한 간호사라는 직업 생활에서 생긴 불만. 이 또한 평범한 매너리즘과는 다르다. 결혼생활이 되었든 직업 생활이 되었든 남들에게 말하지 못한 무언가가 울화가 되어 주인공의 마음을 짓눌러서 발작적으로 출발한 것이 바로 이번 여행이었다. 그리고 여행을 통해서 아직 말하지 못했던 것을 기억 저편에서 호출하여 떠올리고, 그것에 관해 입을 열어 말해본다. 어떻게 본다면 이 소설 전체는 이번 여행을 떠난 근원적인 동기가 무엇인지를 해명하는 일에 집중하고 있는 듯하다.

  소설이 진행되면서 밝혀지는 주인공의 과거는 여러 가지 상처들로 둘러싸여 있다. 태어나서부터 결혼생활에 회의를 느끼는 지금까지 줄곧 상처뿐인 삶을 살면서 지치고 위축되어 스스로를 안에서 문을 닫아 걸고 유폐시키려는 방향으로 살아왔음이 드러난다. 이러한 상처투성이 삶의 이력이 연대기적으로 펼쳐졌더라면 주인공에 대한 동정과 연민은 상당 부분 축소될 수밖에 없었을 듯싶다. 그 대신 여행지를 돌아다니며 꿈결처럼 과거의 아픈 상처를 회상하는 방식을 채택함으로써 주인공에게 공감할 수 있도록 독자를 이끈다.

    곁으로 다가온 검은 실루엣이 소곤거린다. 여기서 기다렸어. 낮은 목소리가 깊이 스민다. 그가 내 손을 잡는다. 나는 엉겁결에 뿌리친다. 더욱 거세어진 악력이 나를 끈다. 처음 보는 그가 낯설지 않다. 난쬬우로 가는 기차에서 봤을까. 버스에서 본 건가. 나는 재빨리 기억을 더듬는다. 기차를 타고 허허벌판을 16시간 달렸다.

기행문은 논픽션의 영역이고, 거기에 허구적 형상화를 가미한 여행소설이라 하더라도 어느 정도 논픽션에 가까운 분위기를 벗어버리기는 힘든 것이 사실이다. 반복적으로 여행 도중에 과거 회상으로 비약하고, 나중에 여행의 시간보다 주인공의 상처를 헤아리는 상념의 시간이 더 큰 비중을 차지하게 되는 것은 물론이고, 결정적으로 여행소설 같지 않은 여행소설이 되게끔 만든 것은 주인공에게 찾아온 낯설지만 낯설지 않은 그 남자 때문이다. 어디서 보았을까 혼란을 느끼는 대목에서 그 남자가 환상이라는 것을 눈치챘어야 한다. 과거를 회상하며 깊은 상념에 빠지던 주인공이 환상 속의 인물과 대화를 나누고 그를 따라 발걸음을 옮길 때 논픽션의 흔적은 완전히 사라지고 본격적인 허구의 영역으로 날아오르게 된다.

소설 속에서 그의 존재는 모호하기만 하다. 불어온 바람결 같기도 하고, 발밑을 졸졸 따라다니는 그림자 같기도 하지만 소설 속에서 정확한 실체는 드러내지 않는다. 그러나 무엇이 되었든 주인공은 그가 이끄는 길을 따라가면서 마치 그와 대화하듯 자신의 사연을 하나씩 털어놓는다. 결과를 놓고 보면 주인공이 누군가에게 자신의 이야기를 들려주고 싶었기에 그를 불러냈다고 볼 수도 있을 정도다. 어린 시절부터 냉정하게 대했던 양부모는 물론, 병원의 동료 간호사나 원장에 제대로 한마디 대꾸조차 하지 못했으며, 현재의 남편에게도 쉽사리 상처에 관해 이야기를 꺼내지 못했던 주인공이었지만, 환상 속에서 흘러나

온 듯한 그 남자 앞에서 자살까지 시도하려 했을 만큼 절박했던 과거의 상처를 털어놓기에 이른다.

나는 휘청거린다. 형체 모를 존재가 바투 다가온다. 나는 다시 태어난 걸까. 무엇이든 받아들일 수 있다. 나는 마주 선 얼굴을 바라본다. 본래의 내가 활짝 웃는다. 예리한 빛이 심장을 엔다.
남자는 자취 없이 사라졌다. 그늘 한 점 없는 산 중턱에 나 혼자다. 풍장 터를 알리는 알록달록한 깃발이 모진 울음을 운다. 나는 너야. 들리지 않는 소리가 소곤거린다. 나는 두리번거리다가 고개를 박는다. 내밀한, 그러나 알 수 없는 소리가 쉴 새 없이 속삭인다. 나는 너야. 나는 두 팔을 깍지 낀다. 푸르고 붉고 희고 노란 천이 한꺼번에 아우성친다. 산란하던 빛이 한 점에 모인다.

그 남자는 주인공 자신의 목소리였을까. "어쩌면 꿈처럼 겪은 일이 실제 일어난 일일지 모른다. 꿈이면 어떻고 아니면 어떻다는 말인가." 중요한 것은 밝아오는 아침이 새롭게 시작된다는 사실이다. 제법 긴 분량을 지닌 이 작품의 시작은 해가 뜨기 전 암흑의 어둠이었고, 그 남자를 따라다니며 자신의 사연을 털어놓자 이제 아침이 찾아들고 있다는 식으로 작가는 시간의 변화와 인물의 의식 변화를 세심하게 맞춰놓고 있었다. 결국 이번 여행은 자신의 삶을 되돌아보고 흩어지기 직전의 삶을 다시 통합하는 정신적 치유와 회복의 과정이었다고 볼 수 있다. 여행소설이되 여행소설의 틀과 내용을 벗어나려는 시도가 끊임없이 이어졌던 것은 이러한 이유 때문이며, 결혼생활을 끝내 달라, 자신에게 죽음을 달라고 기도했던 주인공이 임신 사실을 알아채면서 새로운 희망의 분위기 속에서 아침을 맞이하는 소설의 결말 장면에서 줄곧 여행소설을 벗어나려는 소설의 시도가 짜릿하게 성공하였음을 확인한다.

시간을 건너서

서술의 흐름과 감정의 깊이 — 서용좌 〈숨〉

소설을 읽을 때 작품마다 진입 문턱의 높이는 제각각이다. 술술 잘 읽히는 소설이 있는가 하면 잠깐 멈추어서 숨고르기를 해야 제대로 읽을 수 있는 소설이 있다. 서용좌의 단편 〈숨〉은 독서의 진입 문턱이 제법 높은 편이다. 전반적으로 문장은 간결하고, 단어는 평이하다. 그러나 문장은 때로는 간결함의 차원을 넘어 극도의 제한을 가하기도 한다. 조금이라도 불필요한 부스러기가 남지 않도록 의식적으로 가지를 쳐내고 매끈하게 대패질한 작가의 노력이 소설의 곳곳에서 감지된다.

단어의 측면에서도 사정은 크게 다르지 않다. 평범해 보이는 단어지만 일상적 느낌과는 분명 다른 단어 선택이다. 예를 들면 '불길한 생각을 미리 한다' 내지 '미리 불길한 생각을 한다'라는 문장을 '불길한 생각을 미리 꾸어다 한다'고 하는데, '꾸다'는 단어를 사용한 것과 사용하지 않은 것 사이에는 결코 작지 아니한 차이가 발생한다. 또 '샤덴프로이데',

'장욱진의 가로수 그림', '프로크라테스의 침대' 같은 단어들이 툭툭 튀어나온다. 전공자나 시사상식에 밝은 사람이 아니면 이런 단어들은 독서의 진행에 크든 작든 일정한 지연을 초래하기 마련이다.

빈번한 쉼표의 사용도 독서를 지연시키는 요인으로 지적될 수 있겠다. 문장의 흐름이 쉼표로 막히고, 문장의 의미는 살짝 방향을 틀어 돌아나간다. 마치 시냇물이 흐르는 물길에 징검다리가 물길을 방해하는 듯한 느낌이다. 쉼표의 사용 못지않게, 생각의 조각들이 문장의 흐름을 뚫고 들어오는 경우도 빈번하다. 주어와 목적어 등을 생각한 채, "괜찮았다." "울었다." 같은 식으로 서술어만 덩그러니 남아 있는 문장도 자주 발견된다. 생각의 흐름이 길게 이어지지 않고 계속해서 끊어지고, 지연되고, 둘러가도록 세심히 준비된 서술 때문에 생각보다 작품 내용에 몰입하기가 그리 쉽지 않다.

작가가 노린 것이 분명한 이러한 서술의 호흡에 관한 특성은 소설의 후반부에 이르러 비로소 그 효과를 한껏 발휘하게 된다. 소설 후반부에 이르기까지 경어체로 서술되었던 대부분의 서술이 한 인물의 내면에서 울려 나온 회상이자 고백의 목소리였고, 그 인물이 현재 숨쉬기조차 불안정한 환자라는 것이 뒤늦게 폭로된 비밀처럼 펼쳐진다. "다만 이 사람은 자기는 숨을 안 쉰다고 믿는 겁니다. 많이 아픕니다. 오래 아프고 있었는데, 얼마 전 결혼반지를 잃어버리고는 더 나빠졌어요. (…) 아픈 마음을 어쩝니까." 아마도 남편이자 환희 오빠로 추측되는 인물이 주치의와 대화하는 상황이 전개되면서 그 앞에 나왔던 소설 내용은 뒤집어지고 새로운 의미가 덧씌워진다. 그것은 아이를 못 낳았던 일, 장애를 안고 살았던 것, 무언가 시도를 하다 실패하고 용기를 내지 못했던 일, 그리고 교정에서의 키스 등 그때까지 경어체로 서술되었던 그 모든 추억과 그리움과 회한이 병석에 누운 인물의 간절한 목소리에서 새어 나온 것이었다는 사실에서 비롯하는 안타까움과 동정일 것이다.

마른 잎들은 제 위에 앉아서 사랑의 알들을 낳고 새끼들을 키워 날아간 새들을 기억하고 있을까. 너무도 흔하고 너무도 시끄러운 직박구리 같은 새들을 기억하는 나뭇잎은 없을지도 모른다. 하물며 너무도 시끄러운 새들 소리에 섞인 짧은 청혼의 말을 기억하는 잎들은 결코 없을 것이다. 행여 기억한대도, 떨어진 잎들이 밟히고 으스러져 먼지가 되면 기억들도 먼지가 되어 흩어질 것이다. 아마도, 아니 어김없이, 남는 것은 없다.

남편과 의사가 대화하는 장면이 지나가고 나서, 소설의 서술은 또 한 번 바뀐다. 이번에는 경어체가 사라진 채 누워있는 환자 남이의 목소리로 추측된다. 병실 창문 너머 햇살과 나무들을 바라보면서 다시 한번 추억을 떠올린다. 다만 그 추억을, 청혼의 말은 기억해 주는 사람 하나 없이 쓸쓸히 소멸되어 가는 슬픈 운명으로 떨어지고 있다. 남편과 의사의 대화에 이르러 서술자의 회상이 연민을 불러일으켰다면, 이제는 아무것도 남아 있는 것 없는 상태, 텅 빈 공허의 상태가 부각되어 창밖을 바라보는 그녀의 시선은 더욱 쓸쓸하고 아련하기만 하다. 그동안 평탄한 독서를 방해하는 여러 진입 장벽을 넘어서는 노력 뒤에 오는 눈물 한 방울이라서 그런지 더욱 애잔하게 와닿는 결말이다.

'고마워요'의 힘—심아진 〈백만 배 고마워〉

심아진의 단편 〈백만 배 고마워〉를 읽으면 가슴이 따스해진다. 소설 속에서 대단한 사건이 일어난 것도 아니고, 절묘한 극적 긴장의 줄타기가 벌어진 것도 아니라, 읽는 동안에는 약간 밋밋한 느낌을 받을 수도 있다. 낯선 아일랜드를 배경으로 소소한 헤프닝이 벌어지는 소설의 이야기를 따라가다 보면 어느새 나도 모르게 '땡스 밀리언(Thanks a million)'의 주문에 걸리게 되고, 입가에 흐뭇한 미소와 함께 '사람과 사람 사이의 따스함'에 관해 생각하게 된다. 더구나 지속되는 사회적 거리 두기로 인한 피로감을 피할 수 없는 때라서 그런지 소설 속 인물들의 입에서 나오는 '땡스 밀리언'은 흐뭇하고 아늑한 위안과 격려를 보내준다.

이야기의 구조는 매우 단순하다. 식당 수족관에 있던 바닷가재를 도난당하고, 여러 목격자들이 범인 추적의 단서가 될 만한 말을 해주고, 식당에서는 사람들에게 공짜로 음식을 제공한다. 바닷가재를 훔쳐 간 범인은 동물보호협회 사람들이다. 그러나 이 소설에서는 범인이 누구인지 밝히는 작업이 그리 중요하지 않다. 동네 주민들이 범인을 특정할 수 있도록 단서가 되는 말을 해주기 위해 하나씩 나타나고, 그들의 전해주는 단서들이 하나씩 모여 뭔가 그럴듯한 몽타주가 되어가는 과정에서 발생하는 소소한 탐정 놀이의 즐거움이 중요하다. 즉 범인을 잡아서 손해를 변상하거나 그들에게 징역을 살리게 하는 법적 처벌이 목적이 아니라, 어떻게 보면 범인 찾기 놀이에 사람들이 참여하고, 서로 도움을 주며, 서로 탐정이 되어 범인을 추적해 보는 상황극 자체가 홍미의 요소이자 소설의 목적이 된다.

서술의 초점을 이끌어가는 인물은 아일랜드에서 7개월째 유학 생활을 하는 은혜다. 아마 어학연수로 추측되는데, 은혜는 학비와 생활비를 벌기 위해 학원에 가는 날을 제외한 다른 날에는 중국 식당에서 일하고 있으며, 바로 이 식당이 헤프닝의 무대다. 7개월에 걸친 아일랜드 생활, 영어가 아직 서툴러서 그들에게 쉽사리 다가서지 못하는 은혜가 바라본 아일랜드인들은 사적 영역을 매우 중시하는 사람들이다. 낯선 곳에 도착한 이방인의 시선, 아직 영어도 서툴기 때문에 더욱 조심스러운 자세로 관찰하는 시선이 이 소설의 독특한 분위기를 연출한다. 그녀가 관찰한 내용은 호기심으로 가득 찬 우리 독자들의 상태와 적절히 일치한다. 한편으로는 철저한 카메라의 눈으로 접근하면서, 다른 한편으로는 낯선 사람들과 그곳 풍경을 호기심 어린 눈으로 들여다보는 관광객의 욕망을 충족시키는 독특한 초점화의 설정인 것이다.

소설의 초반부에서 은혜는 아일랜드 사람들이 서로 간에 엄격한 거리를 두고 살아가는 사람들이라고 파악하였다. 철저히 타인의 사생활을 침해하지 않으려고 설정된 사람 사이의 간격, 지극히 합리적이면서 동시에 약간 냉정해 보이기도 하는 인간관계, "조금 서운할 수는 있으나 크게 실망할 일 없는 그 간격"으로 표현된 아일랜드 사람들의 생활 모습은 궁극적으로는 점차 그런 쪽을 향해 변해가는 우리 한국 사람들의 생활 모습이기도 하다. 관광객이 구경한 것은 결국 관광객 본인의 주관이라는 채에 걸러져서 해석되고 수용되기 마련인 법. 아무러면 아일랜드 사람들이 어떻게 사는지가 궁금하다기보다는 그들의 모습에서 오늘날 우리들의 거울상을 발견하기 때문에 이 소설은 독자를 끌어들이는 힘을 가진다. 특히 코로나19로 인해 사회적 거리 두기를 강조하는 현재의 시점에서 아일랜드 사람들의 간격은 매우 시의적절한 소설적 포착이라고 할 수 있다.

"당신이 경찰이 아니란 말이에요?"
린치가 다부진 손으로 다부져 보이는 목을 쓰다듬으며 천연덕스럽게 말했다.
"제가 언제 경찰이라고 했나요?"
"뭐라고요?"
"아니…"
"이런…"
남자가 자신을 데이빗 린치라고 소개하고 메를린과 악수를 나눴다는 것쯤은 은혜도 기억하고 있었다. 하지만 그 순간을 제대로 떠올려보니, 린치의 말대로 그가 자신을 경찰이라고 소개하지는 않았다. 그런데도 다들 지레짐작으로 그가 사복 입은 경찰이라 여겼던 것이다.
"그럼 왜 조사를 한 거죠?"
메를린이 도전적으로 묻자 린치가 기분이 좀 상했다는 듯 답했다.
"도와주고 싶어서죠."
누군가가 고개를 끄덕였고, 누군가가 고개를 가로저었으며, 또 다른 누군가가 고개를 살짝 뒤로 젖혔다. 한 손으로 귀 뒤를 만지작거리는 사람도 있었고 턱을 쓰다듬는 사람도 있었다. 의심의 여지가 없었다. 도와주려는 게 아니라 다른 목적으로 거기 있는 사람은 아무도 없었다. 다른 이와 마찬가지로 린치 역시 바닷가재를 도단당한 식당을 돕고 싶었을 것이다. 은혜는 그 순간에 자기만 가슴이 뭉클했을 리 없다고 생각했다.

소소하게, 또는 잔잔하게 전개되는 소설이지만 데이빗 린치의 등장과 활동은 약간이나마 극적 긴장을 고조시키고 흥미진진한 플롯에 대한 기대를 하게 한다. 그는 마치 탐정처럼 행동함으로써 탐정이 사건을 해결하는 추리소설적 이야기 전개가 펼쳐지리라, 그래서 범인들이 폭로되고 잡히리라는 은근한 기대가 생긴다. 하지만 이 소설의 묘미는 그런 평범하고 익숙한 독서 습관의 기대를 살짝 뒤틀어버리는 데 있다. 데이빗 린치가 사복경찰이 아니었다는 사실이 밝혀지면서 여러 사람의 실망이 쏟아지는 바로 위의 인용 대목이다. 은근한 그대를 살짝 배반하면서, '맞아, 데이빗 린치가 자신을 경찰이라고 소개한 적은 없었지' 하면서 작가가 파놓은 함정에 빠졌음을 시인해야 하는 상황이 스토리 면에서 이 소설의 반짝이는 지점이다.

그런데 더 큰 반짝임은 그 다음에 나온다. 경찰도 아니면서 왜 조사를 했느냐는 메를린의 질문에 데이빗 린치가 "도와주고 싶어서죠."라고 답을 한 것이다. 누군가를 도와주고 싶다는 생각, 기실 식당에 모여 데이빗 린치가 경찰이 아니었구나 하며 약간 실망하는 사람들은 따지고 보면 모두 식당을 도와주겠다는 생각으로 모인 것이다. 범인을 잡을 수 있도록 제보해야겠다, 도움을 주어야겠다는 공통된 생각. 모든 사람이 린치와 마찬가지로 식당을 돕고 싶었던 것, 타인과 철저한 거리 두기를 하면서 타인의 생활에는 전혀 관심이 없을 것처럼 보이던 사람들이 어느새 타인의 불행에 관심갖고 그를 도와주고자 마음이 움직였던 것이다.

은혜가 느낀 가슴 뭉클함이란 결국 소설을 읽는 우리 한국 사람들에게도 그대로 전해지는 작은 감동이다. 따스함이라고는 전혀 없이 서로 간에 거리를 두는 것처럼 보이던 아일랜드 사람들이 사실은 속으로 서로를 위하고 걱정하며 도우려는 마음을 갖고 있다는 사실을 스스로 깨닫는 순간, "여기저기서 '백만 배 고마워.'란 인사가 터졌다." 코로나19로 지친 우리 한국 사회에서도 엄격한 사회적 거리 두기와 함께 진정으로 추구해야 할 것이 무엇인지를 되묻게 만드는 소설이다. 물리적으로 거리는 두고 있지만, 심정적으로는 주변 사람들에게 고마워라는 말을 건네어 서로를 격려하려는 노력이 절실히 필요한 때다.

고통의 바다를 건너서 – 이채형 〈비약〉

이채형 작가의 단편 〈비약〉은 짧은 분량, 단순한 구성에 비해 상당히 심오한 존재론적 질문을 독자에게 던지는 작품이다. 그 존재론적 질문은 소설을 다 읽고 나서도 제법 오래도록 머릿속에 남게 되는 진한 향기를 지닌 질문이며, 그 점에서 이 소설은 마치 인간 존재에 관한 화두 같은 인상을 갖게 한다. 고통, 삶, 죽음에 대해 뭔가 알 듯 모를 듯 자꾸만 생각하게 이끄는 소설이다.

이 소설의 첫 부분을 보면 잠깐 오해하게 된다. 어쭙잖게 도인 흉내를 내는 사기꾼 기질이 농후한 친구에 관한 이야기로 착각하게 되는 것이다. 실제로 독특한 개성을 지닌 인물에 관한 인상적인 스케치만으로도 근사한 한 편의 소설이 될 수 있다는 점에서 이 소설의 초반부 1장은 '경주 사는 친구'에 관한 인물 묘사 위주의 소설로 얼핏 여겨진다. 하지만 2장에 넘어가서 과거를 회상하면서 황당무계한 '비약'에 관한 이야기에서는 웃음기가 싹 사라지는 변화를 맞이한다. 바로 '꿩약'에 관한 섬뜩한 이야기다. 꿩을 잡을 때 사용한 독극물로 형이 자살했다는 비극적인 내용. 텔레비전에 자주 나오는 '자연인' 이야기가 아니라 오랫동안 잠복해 있는 죽음에 관한 아프고도 두려움으로 가득한 이야기로 돌변하는 데 이 소설의 묘미가 있다.

    등 너머 청솔 아래 자는 듯 쓰러져 있는 장끼 한 마리. 아직도 윤기 자르르한 고운 목덜미의 진홍빛 털, 그리고 굳게 감은 눈!
    그 순간, 생전 처음 느끼는 어떤 감각이 전류의 머리끝에서 발끝으로 흘렀다. 처음에는 무엇인지도 몰랐으나 차츰 그것이 아픔이란 걸 알았다. 그 아픔이 날카로운 비수처럼 가슴을 찔러댔다.

    눈 내린 산기슭 비탈밭 가에 형은 반듯이 누운 채 잠들어 있었다. 형을 잠들게 하는 데는 한 알의 꿩약으로도 충분했다. 등 너머까지 날아가지도 않았다. 청솔 아래 누운 장끼는 눈을 감고 있었지만 형은 눈을 뜬 채였다.
    그 순간, 머리끝에서 발끝까지 다시 전류가 흘러내렸다. 그것은 아픔을 넘어 두려움이었다. 한 번도 느껴 보지 못한 공포였다.

독약을 먹고 죽은 꿩에 대한 묘사와 똑같은 약을 먹고 죽은 형에 대한 묘사는 각각으로도 스타일리스틱한 개성을 한껏 발산하지만, 지금처럼 두 가지를 나란히 병치시켜 놓으면 그 이미지의 강렬함은 몇 곱절로 상승한다. 꿩의 깃털 하나하나를 쓰다듬듯 묘사해 나가는 시선은 그대로 이어져 비탈밭에 쓰러져 있는 형의 시체를 하나씩 쓰다듬어간다. 마치 장례를 치르기 위해 염을 하듯. 어디까지나 과거 회상이므로 어린 소년의 시선에 포착된 두 개의 죽음이다. 절대적인 아픔에 대한 감각으로, 그렇기 때문에 아픔을 넘어 절대적인 두려움으로 다가오는 죽음이 그려지고 있다. 성인의 시선에서는 파악되기 어려운, 소년의 눈으로 목격한 절대적인 아픔과 두려움이며, 그러한 아픔과 두려움은 지금 화자가 성인이 되는 동안 통과했을 세월의 흐름을 거치면서 화자의 무의식 속 깊숙이 가라앉고 또 가라앉았을 터다. 트라우마의 근원에 점점 잠수해가는 시간과 존재의 거슬러 가기가 생생히 펼쳐지는 모습은 소설보다는 시적인 세계로의 근접이라 하겠다.

어쩌면 불면의 밤은 한갓 핑계였을지 모른다, 경주 친구를 다시 만나기 위해서. 경주 친구를 만나고 싶다는 소망은 모든 고통을 없애준다는 '비약'을 결국 완성했는지에 관한 궁금증이며, 그 비약의 힘을 빌려서 자신의 고통을 벗어나고 싶은 알 수 없는 욕망이다. 여기에는 논리적 설명이 제대로 작동하지 않는다. "그때, 문득 경주 친구가 생각났다."라고 하지 않는가. 논리성과 개연성의 차원이 아니라 우연적인 비약이다. 실제로 화자가 경주 친구를 만나서 나누는 대화 역시 지극히 비현실적인 분위기에서 주고받는 선문답에 가깝다. 그리고 그러한 선문답이란 비약의 과학적 성분이나 효능에 관한 것이 아니라, 죽음과 기억, 그리고 존재에 관한 근본적인 질문의 형식을 지니고 있다.

"하지만 자네, 고통을 없앤 뒤 무엇으로 살 텐가?"

무슨 말인지 몰라 나는 그를 물끄러미 바라보았다.

"파스칼이, 고통은 정신의 양식이라고 하지 않았나. 자네, 그 양식 없이 살 수 있을 것 같나?"

"그럼 자네는 왜 비약을 만들었지?"

"무수환을 만들고 나서야 그걸 깨달았다네."

무수환은 그가 만든 비약의 명칭이었다.

"기억이 곧 정신인데 자네, 그 정신을 지워 버리겠다고?"

그가 하는 말의 늪에서 나는 미처 헤어 나오지 못했다.

"기억의 고통이 있어 자네의 삶도, 시도 있네."

삶은 고통으로 이루어져 있다는 말인가? 고통의 바다에서 신음하면서 그곳에서 벗어나려고 하는 그 자체가 삶이라는 말인가? 불교적 색채의 존재론적 질문에서 인간이 고통을 벗어나는 것은 절대적으로 불가능하다. 고통 속에서 견뎌 나가는 그 자체가 기억을 형성하고, 그 기억을 축적하여 정신이라는 것을 형성한다면, 고통을 없애는 것은 기억과 정신을 거부하는 것이고 결국 죽음과 다를 바 없게 된다. 화자는 기억의 고통에서 벗어나려 하지만, 그래서 고통스럽지 않은 기억만 남게 하려 하지만, 설령 그러한 소망이 성사된다고 하더라도 그 사람은 더 이상 같은 사람이라 보기 어렵다. 그리고 그러한 소망의 성취는 곧 영원한 죽음의 상태, 독약을 먹고 쓰러진 꿩과 형의 죽음과 다르지 않다.

'고집멸도(苦集滅道)'는 과연 가능한가? 반야심경에서는 그것이 불가능하다고 선언한다. 오직 '공'이 있을 뿐이다. 이 소설의 마지막 장면은 쉽게 정리할 수 없는 복잡성과 모호함의 광채 속으로 비약한다. "마지막 무수환이네. 선택은 자네 몫일세.' 떨리는 손으로 비약을 받아 드는데 천마를 함께 탄 장끼와 형의 모습이 눈앞을 스쳤다." 신라 천 년 고도 경주의 상징인 천마까지 가세하니 점입가경이다. 이 소설의 결말은 고통과 죽음과 영원과 공의 세계가 한꺼번에 독자에게로 육박한다. 그래서 소설이 끝나고 나서도 계속해서 독약이 든 한 알의 약이 머릿속을 맴돌게 되는지도 모르겠다. 논리와 언어의 영역을 넘어서는 장엄한 세계로의 비약이니 이 또한 시적 세계로의 근접이라 하겠다.

잃어버린 꿈을 찾아서 – 권효진 〈초록의 지나〉

"백양나무가 빼곡하게 늘어선 길은 한낮인데도 어두웠다. 포장되지 않은 좁은 보도 옆으로 오래된 만두가게와 처마에 홍등을 매단 선술집, 바닥에 흙먼지가 뽀얀 야채가게가 이어졌다." 소설의 첫문장은 독자를 어수선한 북경의 뒷골목으로 데려다 놓는다. 아니, 소설 속 그곳이 중국이라는 것은 한참 더 서술이 펼쳐지고 나서 '리두 호텔'을 언급하는 대목에 이르러서야 겨우 힌트를 얻을 수 있다. 그전까지는 그곳이 인도인지 티벳인지 어쩌면 서울인지 좀처럼 파악하기 힘들다. 독자를 낯선 곳에 데려다 놓고 그곳에서 길을 찾아 헤매도록 밀어붙이는, 그리 친절하지는 않은 도입부다.

잠시 어리둥절하던 독자들은 한 문단이 지나서야 행선지가 어디인지를 뒤늦게 알게 된다. 오랜만에 만나는 대학 시절 친구 지나가 사는 아파트를 찾아가는 길이다. 리두호텔 앞에서 택시를 내리고, '뤼서지아'라는 아파트를 찾아가는 길이니 이제야 중국이라는 느낌이 확 다가온다. 일인칭 서술자 '나'는 그 골목길에서 심리적 압박감을 느낀다. 아마도 "이국에서 한 번도 가보지 않은 낯선 집을 혼자 찾아가기 때문"에 느끼는 감정이리라. 오랜만에 만나는 친구지만 그만큼 시간의 간격이 두 사람 사이를 멀게 하였고, 혹시라도 재회하였을 때 예전에 그리던 그 친구가 아니라면 어쩌나 하는 불안감마저 감지되는 대목이다. 그러한 설렘과 불안은 낯선 이국에서 길을 찾아가는 발걸음에 얽혀 있기 때문에 쉽게 독자의 공감을 얻을 수 있다. 마치 앞으로 펼쳐질 소설의 내용이 기대가 되면서도 약간의 불안을 갖게 마련인 독자의 심리 상태와 정확히 일치한다는 점이 흥미롭다.

친구의 집을 찾아가는 일로 시작된 이 소설은 '집 찾기'를 약간 변형하여 '집 구하기'에 관해서도 반복적으로 언급한다. 따지고 보면 지나가 사는 초록색 아파트를 찾아가게 된 것도 늦은 밤 K가 전화를 걸어 집을 사주겠다는 다소 황당한 제안을 했기 때문이다. 더 거슬러 올라가면, '나'가 지금 베이징에서 사는 이유에 대한 설명도 모두 집과 관련이 있다. 남들처럼 평범한 생활을 하던 '나'였지만 남편의 실직과 우울증으로 서울의 집을 처분할 수밖에 없었고, 무상으로 집을 제공해준다는 지인의 제안으로 베이징으로 건너왔기 때문으로 설명된다. 지나와 K가 멀어진 계기 역시 넓게 보아서는 집 때문이다. K가 무단으로 드나들면서 지나와 K가 다투는 원인이 된 것이 대학생 지나가 살던 집, 곧 지나의 자취방이다. 약간의 작위적인 느낌이 들 정도로 이 소설은 '집'이라는 소재에 집착하는 모습을 보인다.

베이징으로 오기 전, 나도 한때 집이 있었다. 맞벌이 십 년 만에 서울 변두리에 있는 서른두 평 아파트를 샀다. 억대의 대출을 받아 매달 갚아야 하는 이자가 부담이긴 했지만 전세가 오를 때마다 애태우며 이사 다니는 것보다는 좋았다. (…) 하지만 내 집이 생긴 기쁨도 잠시였다. 남편이 다니던 회사가 대기업에 합병되면서 일자리를 잃은 것이다. (…) 순식간에 늘어난 빚 때문에 숨을 쉴 수 없을 지경이었을 때 우리는 집을 팔기로 했다.

소설 속에서 집은 단순히 약도를 보고 찾아가는 건물이 아니다. 집을 장만하고 유지한다는 것은, 그리고 때로는 어쩔 수 없이 팔고 내놓아야 한다는 것은, 인생의 희노애락에 대한 선명한 비유다. 적어도 일인칭 서술자 '나'의 경우에는 그러하다. 그런 '나'와는 달리 K에게 집은 투자의 수단이다. K는 "투자를 해야 돈을 벌 것 아니냐, 돈이 돈을 버는 건데, 멍하니 앉아서 언제 돈을 모을 거냐고, 돈이 없으면 어디서 빌려서라도 좋은 물건을 놓치지 말아야 한다"라고 말할 뿐, 집을 가족들의 안식처로 여기지 않는다. 그런 K이기에 대학 시절 지나가 살던 집, 지나의 자취방을 학교 근처 모텔방 취급하면서 함부로 짓밟았으리라. 지나가 프리지아 한 다발을 유리병에 꽂아두며 소중히 가꾸어놓은 아늑한 보금자리를 짓밟은 셈이며, 그래서 결국 지나는 절교를 선언할 수밖에 없었다.

초록색 외관의 아파트를 찾아가는 '나'는 여전히 집을 삶의 소중한 보금자리로 인식한다. 왜 지나가 베이징에 있는 아파트에 살고 있을까?라는 질문에 대답하기 위해서는 그녀를 만나지 못했던 시간을 거슬러 올라가서 그녀가 겪은 일과 아픔과 즐거움을 하나씩 정리해야만 가능하다. 그래서 '나'와 지나는 휴대전화기에 저장해놓은 딸과 아들의 사진을 상대방에게 보여주고 노트북에 저장된 사진을 보여주면서 그동안 살아온 이야기를 서로에게 들려준다. "그것은 오래 함께하지 못한 사람들끼리 다르게 살아온 서로의 시간들을 이해하기 위한 어떤 절차처럼 느껴졌다." 집을 찾아가고, 집을 구하고, 집에서 떠나는 등 '집'이라는 소재에 집중하는 이 소설에서 집은 결국 인생의 여정에 대한 비유이며, 집 찾아가기로 시작된 이 소설은 어느새 서로의 시간을 이해하는 소통과 공감으로 향하고 있다.

지나는 지금도 가끔 시를 쓴다고 했다. 예전에 써 두었던 시를 꺼내서 고치기도 하고 새로 쓰기도 하는데 최근에 쓴 시가 여러 편 된다고 했다. 지나가 시를 쓴다는 말을 듣는 순간 가슴 한구석이 아렸다. 나는 두 아이가 커가는 만큼 시를 지워갔다. 아이들의 학원시간표를 체크하고 통장의 잔액을 셈하던 어느 날 나는 내가 시를 쓰고 싶었던 게 아니라 시인을 좋아했다는 사실을 깨달았다. 진짜 좋아하면 잊을 수가 없다는데 나는 자꾸만 시를 잊을 채 살고 싶어졌다. 그리고는 시를 단념했고 더 이상 시를 꿈꾸지 않았다.

지나가 사는 집에는 스무살 시절 그때처럼 식탁 위 유리병에 프리지아가 꽂혀 있다. 한 달 동안 먹을 쌀이 일상적 생활을, 프리지아 한 다발이 좋아하고 꿈꾸는 목표를 상징한다고 할 때, 지나는 여전히 삶 속에서 꿈을 잊지 않고 살아가고 있음이 식탁 위 유리병에 꽂힌 꽃에서 확인된다. 가끔 시를 쓴다는 것도 마찬가지, 지나는 여전히 자신이 좋아하는 것, 자신이 꿈꾸는 것을 잊지 않고 살아가고 있었다. 베이징의 혼란스러운 뒷골목을 헤치고 초록의 아파트를 찾아가서 결국 깨닫게 된 것은 그동안 자신이 시를 지워갔었다는 사실이다. '나'가 느낀 아린 감각은 생활에 지쳐, 소중하게 여기던 것, 좋아하던 것, 간절히 소망하던 것을 하나씩 단념해갔던 과거를 지나를 통해서 문득 깨닫게 되었을 때 맛보게 되는 약간의 후회와 서글픔과 탄식이다. 소설 속 대부분의 여행이나 길찾기가 그러하듯 이 소설에서도 결국 친구의 집을 찾아가는 일은 자기 자신을 향한 성찰적 분위기를 띠고 있다.

물론 그러한 서글픔은 소설의 마지막 문장을 통해서 희망으로 전환될 가능성을 한껏 암시한다. "문득, 집으로 돌아가 스무 살의 지나가 눈 쌓인 지리산에서 보내온 엽서를 꺼내보고 싶어졌다." '나'는 집을 투자 수단으로 여기는 K와 결별하고, 스무 살의 지나와 다시 만나고자 한다. 지나처럼 시를 다시 쓰지는 못할지라도 한때 시를 사랑했었음을 재확인하고, 과거의 꿈을 다시 보듬으려고 다짐한 것이다. 아마도 '나'는 지나와 계속 연락하고 지낼 것 같다는 생각이 든다. 몇 달 후 지나가 아기를 출산하면 '나'는 진심으로 축하하고 산후 뒷바라지를 도와줄지도 모르겠다. 예상되는 두 친구의 미래는 한편으로는 흘러가버린 청춘에 대한 안타까움으로 가득하지만 서로의 시간을 이해하고 한때 같은 꿈을 지녔음을 추억하면서 서로에게 의지가 될 수 있는 위안과 공감에 대한 기대로 인해 제법 따뜻할 것이다. 쉽게 어울릴 것 같지 않은 애잔함과 따스함이 절묘하게 공존하는 흥미로운 소설적 결말이다.

어둠의 바다 – 전영학 〈흑산에 달이 지거든〉

전영학의 단편 〈흑산에 달이 지거든〉은 한편으로는 쉽게 이해되면서 다른 한편으로는 쉽게 이해되지 않은 소설이다. 쉽게 이해되는 측면은 인물과 갈등, 그리고 그것으로 인해 빚어지는 스토리 전개이다. 여기 주인공이 있다. 아버지는 범죄를 저질러 감옥에 있다. 몇 해가 지나도 세상 밖으로 못 나올 정도이고, 고향 사람들의 기억 속에 남을 정도이니 상당히 중한 죄를 저지른 죄인인 듯하다. 그 주인공은 결혼 2년 만에 파경 위기를 맞이한다. 주인공의 친구는 부부간의 불화 때문에 괴로워하는 주인공에게 바다로 떠날 것을 권한다. 진부한 결혼 권태기 이야기, 여기에 범죄자 아버지로부터 더러운 피를 물려받았다는 유전의 소재가 결합하지만 그것이 그리 참신하지는 않다.

관심을 끄는 부분은 쉽게 이해되지 않는 몇 가지 요소들이다. 여러 가지 요소들이 중층적으로 결합하여 소설을 모호함의 영역으로 몰아가고 있는데, 그중에서 몇 가지만 짚어보도록 하자.

먼저 빛과 어둠의 원형적 상징에 관한 요소이다. 범죄를 저지른 아버지, 그리고 그 죄로 오랫동안 형벌을 받는 그 아버지는 주인공을 괴롭게 하는 어둠의 원천이다. 아버지의 어둠에서 벗어나려 하지만 피를 물려받았으므로 자신의 내부에 어둠의 요소가 잠재하고 있으리라는 불안감이 요동친다. 친구인 명무가 추천하는 '블랙 아일랜드'에서는 불안이 진정될 수 있을 것인가? 검은 바다, 검은 바람, 아마도 흑산이 그곳의 또 다른 이름일 터.

그곳에는 어둠 속에서 빛을 발하는 별이 존재한다. 별이 또는 성희라는 이름을 가진 명무의 친척 동생, 이름에서부터 어둠을 몰아내는 별을 가리키는 그녀는 어둠을 극복하거나 적어도 어둠에 함몰되지 않도록 한 줄기 구원의 빛을 내려줄 것인가? 빛과 어둠의 비유, 상징으로 인해 이 소설은 무척 이해하기 어렵게 되어 있고, 쉽게 해석되지 않는 모호성이 단순한 스토리를 넘어 독자의 관심을 끄는 한 요인이 된다.

등장인물의 이름 또한 심상치 않다. 아내의 이름은 '정비'다. 설화나 전설 속 여인의 이름을 연상케 한다. 친구의 이름은 '명무'다. 이 또한 실제 친구라기보다는 무엇에 관한 비유나 상징을 뜻하는 추상적인 느낌을 풍기는 이름이다. 물론 가장 독특한 것은 앞서 빛과 어둠의 원형적 상징에서 거론하였던 '별이'다. "매일 해변가에 앉아 검은 바다에서 불어오는 검은 바람에 목욕을 한다. 밤이 돼야 돌아오지. 오늘도 아마 어느 쪽 해변엔가 나가 있을 거다." 별이라는 이름을 가진 여성 인물에 관한 서술은 사람이 아니라 진짜 하늘에 떠 있는 별로 바꾸어 생각해도 그리 어색하지 않다. 별이 떠 있는 밤하늘을 배경으로 해변가에서 바람이 부는 것을 두고 검은 바다에서 불어오는 검은 바람에 목욕한다고 읊을 수도 있다. 정비, 명무, 별이 모두 실제의 현실적 인물이라기보다는 주인공의 암울한 심리를 드러내기 위해 조작적으로 설정된 비유 또는 상징이라는 혐의가 강하다는 말이다. 바로 이러한 설정이 모호성을 강조하여 독자를 풍부한 상상력의 공간으로 안내한다.

삼경이 지나 이윽고 달이 떨어졌다. 달을 삼킨, 깊이를 알 수 없는 검은 물이 온 천지를 암흑 속으로 처박았다. 모든 것이 사라진 컴컴한 세상. 하지만 그것은 새로운 잉태의 싹이기도 했다. 하늘에서는 별 떨기들이 소복소복 돋아나기 시작했다. 실로 어둠으로 개벽하는 천지. 나는 별이를 신의 눈동자 속에서 만나고 싶다. 신의 눈동자는 태초부터 어둠 속에서 형형하게 빛을 발해 왔으니까. 별이가 온다면, 정녕 순수한 합일을 가질 수 있다면, 그것은 내 피를 정제할 눈물항아리이며, 잔챙이도 즐거울 속 깊은 연못일 것이다. 빛으로 나아가는 외나무다리일 것이다.

마지막으로 모호성을 강화하는 요소는 소설의 문장이다. 소설의 문장이지만 사실은 시의 문장에 훨씬 더 가깝다. 비유와 상징이란 한 단어에 여러 의미를 쏟아 넣고 빚어내는 언어의 마술이기에 단일한 의미로 포착되기를 거부한다. 위의 인용 문장은 이 소설의 문장이 지닌 특성을 잘 보여준다. '나는 별이를 신의 눈동자 속에서 만나고 싶다.'라는 문장을 보면 그것의 의미를 파악하기 위해서는 단일한 해석의 가능성을 포기해야 한다. 눈물항아리, 속 깊은 연못, 외나무다리는 또 어떠한가? 이것 역시 비유와 상징의 영역에 한 발을 걸치고 있는 어휘들이라서 소설보다는 시의 문장에 더 가깝다는 인상을 받는다. 소설 속 주인공이 어둠의 고통을 잊기 위해 사용했던 수면제의 부작용이라도 되는 듯 어렴풋한 몽환적 분위기의 연출이 이 작품에서 강렬한 인상을 주는 포인트라고 할 때, 모호함을 한껏 뿜어내는 소설의 문장이 큰 역할을 한다.

소설의 결말에서는 모호성이 한층 극대화된다. "하늘 복판에서 별 떨기를 간질이던 바람 한 줄기가 조용히 어두운 처마 밑까지 굴러 내렸다. 그리고 들렸다. 도닥도닥 발자국 소리, 이어서 수줍은 노크 소리. 똑 똑

똑." 이 지점에 이르면 애초에 소설의 줄거리를 엮어나갔던 부부 사이의 불화에는 더 이상 일말의 관심도 없다. 남은 것은 칠흑 같은 어둠과 그 어둠 속에서도 반짝이는 하나의 빛줄기, 별이 있을 뿐이다. 이 대목에서 이 소설은 세태와 일상에 발을 딛고 서 있는 산문의 문장을 넘어 비유와 상징과 초월을 지향하는 시의 문장으로 비약하고 있다.

상처와의 대화

비극의 회상, 역사의 상처 – 김창식 〈바르비종의 여인〉

흔히 밀레의 그림이라고 하면 전원의 풍경이 머릿속에 펼쳐진다. 대자연 속에서 순종하며 살아가는 겸손한 미덕을 지닌 사람들의 실루엣. 김창식의 단편 〈바르비종의 여인〉은 바로 이런 그림 하나를 소설 전면에 내걸어 놓고 시작한다. 고즈넉한 분위기를 풍기는 그림 한 폭이 걸려 있으니 소설의 분위기도 그러하지 않을까 자연스럽게 기대하지만 그러한 기대는 잠시, 뭔가 어긋난 듯한 느낌이 서서히 감지된다. 소설이 전개되면서 불길하고 불안정한 예감이 소설을 잠식하기 시작한다. "곰팡이처럼 번지는 불확실한 예감"은 소설의 곳곳에서 반복적으로 변주된다. 이제 소설은 그러한 불길함 또는 불안정함의 근원이 무엇인지에 대해 질문을 던지고, 독자들을 그 질문을 답하기 위해 소설을 읽어가게 된다.

불길함과 불안정함의 근원은 20년 전 파괴되었던 젊은 날에서 비롯한다. 학생운동에 동참하였던 두 젊은 남녀가 있었다. 그들은 '참세상'을 이룩하기 위해 고민하면서 뜬눈으로 밤을 새우던 순수한 청년들이었다. 동지애적 사랑이 서로를 향한 이성애적 이끌림으로 전환될 무렵, 여자는 겁탈을 당하고 남자는 다른 여자, 그것도 상처받은 여자와 가까운 친구와 결혼을 하였다. 어찌 보면 삼각관계가 얽혀 있기도 하고, 다른 쪽으로 보면 다분히 우연적인 운명의 개입이 인물을 비극적 상황 속으로 이끌어가는 형국이기도 하다. 게다가 과거에 자신을 버리고 떠났던 남자가 딸의 시아버지가 될 사람으로 다시 나타났으니 기구한 운명을 넘어서 신파조로 흐르는 듯한 느낌도 없지 않다.

그러나 이러한 일말의 우려는 5.18이라는 역사적 사건의 상처를 드러내기 위한 하나의 방편이었다는 점이 드러나면서 비로소 불식된다. 두 남녀가 최루탄 냄새를 맡으며 쓰러졌던 그때 그곳이 1980년 5월의 광주로 설정된다. 너무나도 우발적으로, 그래서 기구한 운명이라고 여겨질 수밖에 없는 두 남녀의 상처와 고통이란 결국 우리 역사 전체의 상처와 고통을 드러내기 위한 의도적인 장치였음이 드러난다. 20년이라는 세월이 지나서 다시금 운명적인 고통을 마주하게 되는 상황을 통하여 이 소설은 그때의 비극이 20년이 지난 지금도 여전히 사람들을 고통스럽게 하고 있음을 고발하고 있다.

햇빛이 들어오지 않는 지하 공간에서 재갈이 물린 그녀를 범하러 들어온 침입자가 격하게 움직일 때 코를 큼큼거렸다. 익숙한 듯 낯선 냄새, 최루탄 냄새에 고개를 뒤로 한껏 젖혔다. 꼬박 밤을 새우면서 생시와 꿈의 담벼락이 허물어졌다. 생시에서도 꿈에서도 그녀의 형체가 증발되는 몽롱한 순간의 연속이었다. 밤새 비가 쏟아졌던 새벽녘에는 상처에서 솟는 생피 냄새와 작달비에 여린 꽃잎이 무참하게 찢어지는 비릿함이 섞였다. 욕정을 채운 침입자가 지하실 문을 걸어 잠그고 나갔어도 잠에 빠져들지 못했다. 침입자가 가져다 놓은 대야의 물을 묶인 손으로 움켜쥐고 너덜너덜 찢긴 꽃잎을 씻었다. 아릿하게 통증이 도지는 꽃잎에서 부패한 생선 냄새가 났고 그녀는 구역질했다.

작품의 도입부부터 지속되던 곰팡이 냄새와 최루탄 냄새의 정체가 비로소 밝혀지는 대목이다. 잠재의식의 층위에서 명멸하던 것이 결국 20년 전의 비극에서 비롯하였음을 폭로하는 대목이다. 주인공이 겁탈을 당하는 모습을 독자로서는 시선을 피하고 싶은 생각도 들게 할 정도로 처절하고도 집요하게 묘사하고 있는 이 대목은 개인적이자 역사적인 비극을 인과율로써 설명하는 것이 아니라 비유와 이미지, 특히 후각적 이미지를 통하여 시적으로 그려내고 있어 비극적 정서는 한층 더 깊어질 수 있었다.

소설의 결말에서 주인공은 "바닥에 무릎을 꿇고 바르비종 전원에서 묵도하는 여인에게 두 손을 모"은다. 그림과 소설의 내용이 뭔가 어긋난 것 같았던 느낌은 결말에서 비로소 의미론적 통합을 맞이한다. 그것은 '경건함'이다. 비극적 운명 앞에서 지극히 나약한 한 인간의 처량한 모습이 펼쳐진다. 인간적 상처를 넓은 아량으로 포용하는 대자연을 배경으로, 현실은 굴욕과 패배감으로 가득하고 그래서 걸어가는 길은 앞이 캄캄하기만 하지만 주인공 = 그림 속 여인은 기도를 계속한다. 기도한다는 것은 여전히 항상과 극복에 대한 기대를 저버리지 않았다는 뜻이 아닐까. 여전히 불안하고 어둡기만 하지만 다른 한편으로는 걸음을 멈추지 않고 계속해서 걸어가는 주인공을 응원하고 싶어진다.

무언의 대화 – 박지음 〈레드락〉

박지음의 〈레드락〉은 이국적인 느낌이 물씬 풍기는 미국 세도나를 공간적 배경으로 삼았다. 주인공인 '나'가 자동차를 타고 사막지대를 달리는 것은 1980년대 후반 미국으로 건너가 살고 있는 언니가 자기 딸이 결혼식을 올리게 되었다고 초청했기 때문이다. 미국 여행을 소재로 한 것만으로도 이색적인데, 거기다 한술 더 떠서 미국 내에서도 신비하고 영험한 기운이 흐르는 곳으로 소문난 세도나를 콕 짚어 소설의 배경으로 설정하고 있어서 낯선 느낌은 한층 강화된다. 달리는 차 안에는 나이 차이가 많이 나는 언니가 그동안 묵혀두었던 이야기를 쏟아내고 있고, 백인 미국인 형부가 운전대를 잡고 있으며, 얼른 휴게소나 화장실이 나타나기를 기다리며 오줌을 참고 있는 '나'가 있다. 여기까지만 보면 이 소설은 여행 경험을 바탕으로 이색적인 소재로 승부를 거는 그런 류의 작품인 듯 여겨진다.

그러나 이 소설은 이야기가 펼쳐지면서 줄곧 한 가지 질문에 집중한다. '너는 어디에서 왔느냐?' 언니가 한인 사회의 이민자들과 미국인들에게서 받았던 이 질문은 정체성에 관한 질문이었고, 동생인 '나'에게 던져졌던 '너는 누구니?'라는 질문과도 겹쳐진다. 기지촌 출신 결혼 이민으로 오해받아 한인 이민 사회에서 마음 편히 끼지 못하고, 백인 미국인들과 대화를 나눌 때도 원어민 발음과 차이를 보일 수밖에 없어 끼지 못하여, 미국 어느 곳에서도 소속감을 느끼지 못한 언니는 미국에 오면서부터 지금까지 계속 같은 질문에 제대로 대답하지 못해 끙끙 앓았다. '나' 역시 사춘기 이후 주변 사람들의 웅성거림 속에서 '너는 누구니?'라는 질문을 들었고 그로 인해 매년 생일인 5월이 되면 오래된 병이 도지듯 집을 뛰쳐나가고 싶은 생각이 솟아오른다. 언니와 동생 모두 결혼을 하고 아이를 낳아 키우면서도 생활의 안락함을 느끼지 못한 채 이질감을 느끼며 살아왔던 그간의 세월이 인물들의 회상과 대화를 통하여 선명하게 그려진다.

언니의 친구가 다가와 나를 보며 눈을 찡긋했고 언니한테 이야기를 많이 들었다고 했다. 언니가 친구의 눈을 쳐다봤는데 들뜬 분위기의 친구와 다르게 초조함이 엿보였다. 이 교회의 중년 여성들과 노인들과 오랜 시간 음식을 나눠 먹었음에도, 언니는 묘하게 섞이지 못하는 듯했다. 언니는 이질감을 드러내 놓지 않고, 신앙의 이불로 덮고 있는 것처럼 보였다. 형부는 한눈에 보이는 이 불협화음을 눈치채지 못하고 그저 음식을 끝없이 먹었다. 나는 한국과 미국의 거리를 가늠했다. 점점 멀어지고 있는 남편과의 거리가 아득하게 그려졌다.

이 소설의 묘미는 '나'가 언니와 주변 인물들의 관계를 관찰하면서 미묘한 불협화음을 예리하게 포착하는 데 있다. 심리묘사의 치밀함은 비단 언니와 그녀의 친구 사이의 어색한 관계를 들추어내는 데 머무르지 않고, 언니가 미국으로 건너와 지낸 수십 년의 세월 동안 그곳에 동화되지 못한 채 엉거주춤한 자세로 힘겹게 버텨온 그간의 세월을 압축적으로 표현해주기에 이른다. 그렇기 때문에 언니를 관찰하는 '나'의 시선에는 짙은 안타까움이 묻어 있다. 그리고 그러한 혈육 간에 이어진 미세한 감정의 선은 '나' 자신의 문제와 연결되면서 독자가 맛보는 애잔함의 감정은 더욱 증폭된다. 그리 길지 않은 묘사 장면을 통해서 제법 긴 시간에 걸쳐 쓸쓸함으로 휘감긴 여성 인물의 인생을 압축적으로 표현하는 데 성공한다는 점이 그러한 묘미의 핵심인 것이다.

그러나 이 소설이 결말에 이르러 폭로하는 출생의 비밀은 다소 갑작스러운 느낌이 든다. 물론 힌트가 될 만한 언급은 곳곳에 심어놓았다. 언니 부부와 함께 '나'가 한인교회에 갔을 때 사람들이 딸이냐고 오해한다든가, '나'가 어렸을 적 옆집 아주머니의 수상쩍은 수군거림이라든가, 나이 차이가 많이 나고 같이 살았던 기억도 없는데도 언니에게서 깊은 친밀감을 느낀다든가 하는 것은 두 사람이 모녀간이라는 사실을 암시한다. 하지만 결말 부분에 이르러서 제법 긴 분량으로 두 사람 사이의 관계를 명시해 주는 방법은 아쉬움으로 남는다.

> 언니의 삶에는 그런 순간이 지워지고 없을 거라고 생각했다. 내 옆에서 뒤에서 나를 찌르며 말해지지 않으면서 말해지는 말들이. 언니에게 오면서 나는, 내가 어디에서 왔는지, 아버지가 누군지 듣고 싶었다. 그러나 이제 나는 그것이 언니와 나의 테두리 밖에서 말해지지 않길 바란다. 나는 저 여인의 딸이며, 동생이다. 우리의 상처는 낫지 않았다.

그럼에도 불구하고 '나'가 '나는 저 여인의 딸이며, 동생이다. 우리의 상처는 낫지 않았다.'라고 드디어 선언하는 이 대목에 이르러, 뭉클함을 느끼는 것을 넘어서 일종의 경외심마저 느껴질 정도로 묵직한 감동을 자아낸다. 이 말은 언니가 결혼식장에서 조카에게 "내 딸아, 잘 자라줘서 고맙다."라는 축하 메시지가 한편으로는 입 밖으로 꺼내지 못했던 또 하나의 딸 '나'를 향한 미안함과 고마움의 표현에 대한 응답이라는 점을 생각하면 더욱 그러하다. 두 여성 인물은 서로의 마음과 마음을 통하여 대화를 나누고 있는 것이다. 여전히 상처는 낫지 않았지만 어머니와 딸이 주고받는 대화는 그러한 상처를 보듬을 수 있는 것이기에 분명 희망적이리라. 소설이 끝나고 나서도 무언의 대화를 주고받은 두 사람을 응원하게 된다.

느리고 완만한 작별의 인사 – 이연숙 〈인연의 새로운 마디〉

이연숙의 단편 〈인연의 새로운 마디〉는 아내를 사별한 남편이 아내와의 추억이 묻어 있는 물건이나 장소를 하나씩 쓰다듬어가면서 애도의 시간을 보내는 과정을 담아내고 있다. 아내 서희가 폐암으로 사망한 직후부터 본격적으로 시작되는 애도의 시간은 그저 비통의 눈물로만 채워지지는 않는다. 슬픔의 시간 속에서 남편은 먼저 떠나보낸 아내와 함께 보냈던 시간의 조각들을 하나씩 되짚어보는 방식으로 이루어진다. 충분히 슬퍼하고, 그리워하면서도, 애도의 대상과 점차 멀어지는 연습을 하는 시간이 이 소설이 그려내는 애도의 방식이다.

이 소설에서는 몇 가지 평범한 소재들을 가져와 크게 욕심부리지 않으면서도 사별한 아내를 향한 그리움을 설득력 있게 보여준다. 이를테면 안경 같은 것. 장래식 내내 남편 기준은 장례식 평소 잘 쓰지 않던 안경을 쓰고 있었다. 그가 안 쓰던 안경을 쓴 것은 "안경 낀 모습이 눈이 작은 기준 얼굴의 단점을 가려주고, 지적으로 보인다며 이미지 관리용으로 서희가 쓰리고 했기 때문"이며 무엇보다 "기준은 서희가 좋아하는 모습을 마지막으로 보여주고 싶었"기 때문일 터다. 떠나는 아내를 향한 작은 마음 씀 한 토막을 통하여 두 부부의 정이 얼마나 두터웠는지, 그리움이 얼마나 깊은지를 익히 알 수 있다.

그뿐만이 아니다. 모래시계의 촬영 장소 정동진과 고현정 소나무, 아내의 친구 영미가 선물한 생텍쥐페리의 〈어린 왕자〉와 줄 친 문장들, 클래식 음악 CD 음반과 음악에 관해 아내와 나누었던 대화, 경제적으로 어려움을 겪었던 아내 친정의 사연이 담긴 론진 시계, 마지막으로 남편 속옷을 챙기러 들른 속옷 가게 등 일상적이고 소소한 여러 소재를 통해 아내와의 추억을 회상한다. 남들이 볼 때 그런 소재들은 평범하기 그지없는 것이지만 당사자의 인생에서는 무엇보다 소중한 의미가 담긴 것이라는 사실이 소설이 전개되면서 찬찬히 펼쳐진다. 급하게 서두르는 기색도 없이, 그야말로 하나씩 쓰다듬으면서 과거의 일화를 호출하고 음미하는, 무척이나 느리고 완만한 감정의 물결이다.

서희의 추억에 젖어있자니 그 추억은 그리움을 가득 안은 채 가버린 다시 못 올 서희와의 지난날을 꾸밈없이 얘기해주고 있다. 비록 서희가 죽기 전의 시간으로 돌이킬 순 없지만, 서희의 추억은 오롯이 남아, 지금 이 순간에도 기준에게 끊임없이 말을 걸고 있는 것 같았다.

(…) 그 추억 속에 남은 생을 비춰보며, 하루하루 더욱 새롭게 서희와의 지난날을 다시 구성해 보는 것은, 앞으로의 삶을 살아갈 수 있게 해주는 소중한 원동력이 될 수 있을 것 같았다. 남은 생에서 아프고 힘든 일이 있을 때, 기준을 일으켜 세워 줄 힘이 서희와의 추억 속에 있을 수 있다는 것을 깨닫게 되자, 문득 희망이 생기는 것 같았다. '어쩌면 우리 삶은 추억을 만들고, 가끔씩 그것들을 꺼내 보는 일을 반복하는 시간이라고 말할 수 있겠지. 추억이 새로운 미래를 설계하고 실현된 미래가 또 다시 추억이 될 거야. 추억은 단지 과거에 대한 아련한 향수가 아니야. 지금 이 순간도 미래 어느 날 돌아보면 추억이 되어 있을 거야, 오늘은 어떤 추억의 모습을 하고 있을까?'

지나치게 수필적인 느낌이 들게 하는 대목이라서 소설적 구성의 측면에서는 아쉬움이 있지만, 추억과 인생의 관계에 관한 주인공의 사색을 들어보면 약간의 감탄과 함께 고개를 끄덕이며 깊이 공감하지 않을 수 없게 된다. 아내의 사망 장면이 나오는 소설의 첫대목은 슬픔으로 가득 차 있었지만, 그녀가 남긴 소재와 장소를 하나씩 짚어가면서 추억을 돌이켜보는 작업이 계속 이어지면서, 소설의 중반을 지나 후반부에 이르면 이제 슬픔은 약간은 견딜 만한 것이 된 듯하다. 더 나아가 아내를 추억하면서 아내는 다시 남편의 인생에서 중요한 의미로 되살아나고, 앞으로의 삶을 살아가는 힘이 된다는 대목에 이르러서 슬픔의 극복 가능성도 감지할 수 있다. 결국 이 소설은 추억을 회상하고, 그것을 이야기함으로써 새로운 삶의 의지를 회복할 수 있다는 애도의 중요한 작동 원리를 말해주는 것이다.

아내를 향한 느리고 완만한 작별의 인사가 마무리되어 슬픔을 견디고 극복할 희망과 힘을 얻게 되었을 때 새로운 인연의 마디가 시작될 수 있다고 이 소설을 말한다. 작품의 결말에 이르러 주인공 기준과 아내의 친구 영미가 지닌 공통점이 선명히 드러난다. 죽은 아내이자 친구인 서희에 대한 추억이 맞닿아 있다는 것. 이 지점에 이르러 아내에 관한 추억은 슬픔을 극복하게 하는 힘을 줄 뿐만 아니라 새로운 가능성을 한껏 열어놓는 삶의 의지를 북돋운다. 애도와 추억, 그리고 새로운 삶의 의지에 관하여 자연스럽게 공감하게 이끄는 소설이다.

귀농 일기와 해피엔딩 - 이길환 〈구름 농원〉

이길환의 중편 〈구름 농원〉은 어느 남자의 귀농 일기다. 나이 마흔에 작은 오피스텔에서 살던 서울 생활을 청산하고 고향으로 내려와 산을 농토로 개간하고 농촌 사업을 벌이는 일련의 과정이 소설의 전개와 함께 생생히 펼쳐진다. 소설은 오늘날 농촌의 풍경은 어떠한지, 농기계는 어디서 빌리고 일꾼을 일당 얼마에 어떻게 데려오는지, 매실이나 인삼 같은 새롭고 유망한 농사 아이템은 무엇이며 또 그러한 새로움에 대한 농민들의 심리적 저항은 어떠한지 등을 두루 다룬다. 소설 속에서 언급되는 농촌에 관한 정보는 매우 구체적이라서 농촌의 상황과 현실을 정확히 꿰뚫고 있는 사람이 아니고서는 도저히 쓰지 못할 내용이라는 생각이 절로 들게 한다. 세부적인 디테일을 꼼꼼히 챙긴 덕분에 이 소설을 읽고 나면 농촌 생활에 관하여 더 알아보고 싶은 호기심과 관심이 생기게 할 만큼 독자를 빨아들이는 흡인력이 있다.

이 소설의 첫 문장은 이렇다. "민가가 점점 사라졌다. 사람이 죽어서 방치된 집이 몇 년 동안 늘어나더니 이제 마을 사분의 일이 빈집이 되었다." 퇴락해 가는 고향 마을, 꿈과 희망이라고는 전혀 기대할 수 없는 그곳에서 주인공은 자신의 귀농 사업을 시작하면서 소설은 시작된다. 뭔가 실패로 끝날 것 같은 불길한 예감, 귀농이랍시고 설불리 덤벼들었다가 좌절을 경험하고 종당에는 서울로 돌아가는 그런 이야기가 아닐까 싶어 소설의 시작부터 불안하고 조마조마한 마음으로 지켜보게 된다. 귀농하는 주인공이 사회적으로나 경제적으로 상당히 침체된 인물이라는 점에서 자연스레 실패가 예상된다.

그러나 막상 주인공이 자신의 일을 시작하자 최초의 불안감은 점차 사라진다. 주인공은 고향으로 내려오자마자 처음부터 계획한 대로 하나씩 무언가를 계속해서 시도하고, 거듭하여 뜻한 바를 이루어낸다. 조상 대대로 물려내려 온 문중의 산을 개간하고, 개간한 땅에는 유실수를 심어서 몇 년 후를 기약하고, 외지인을 불러들일 수 있는 체험 축제도 추진하는 등 여러 사업을 착실하게 꾸려나간다. 동네 사람들도 처음에는 주인공을 부정적으로 보았지만 그가 하나씩 성과를 내는 것을 지켜보면서 조금씩 생각이 바뀌는 듯하다. 마을 앞 도롯가에 매실나무를 심어 매실 따기 축제를 열겠다는 주인공의 계획에 이제는 동네 사람들도 내심 기대를 거는 눈치다.

그래서 소설은 중반을 넘어가면서부터 전반적인 분위기가 바뀐다. 민가가 점점 사라지는 시골 마을, 불안하고 부정적인 분위기가 소설 초반부를 가득 채웠다면 주인공이 하나씩 시도하고 성과를 내는 중반

이후에는 주인공이 도전하는 사업이 성공하리라는 기대로 인해 상당히 긍정적인 분위기로 전환되며, 이것이 소설의 후반부까지 이어지면서 독자로 하여금 어느새 주인공을 열심히 응원하게 이끈다. 여기에 이르면 이 소설은 귀농한 남자가 겪은 일을 시간 순서대로 기록한 연대기적 기록이 아니라 불안과 부정을 희망과 긍정으로 바꾸어가는 극적인 이야기가 된다. 이처럼 성공에 이르는 극적인 서사 전개로의 발전이 이 소설에서는 매우 흥미로운 부분이다.

한편 이 소설은 귀농 일기의 맞은 편에 주인공의 연애 일기를 슬쩍 세워놓았다. 어찌 보면 참으로 재미없는 연애 일기다. 주인공이 세아라는 은행원을 몇 년 동안 짝사랑했고 나중에는 사랑을 고백하지만 세아는 주인공의 사랑을 받아들이지 않았다는 것, 이후에는 주인공이 시골로 내려왔다는 것이 연애 일기 내용의 대부분이다. 어떻게 보면 세아의 사랑을 얻지 못한 것도 서울을 떠나게 된 한 요인이라고 볼 수도 있다. 가끔 주인공의 회상 속에서 호출되는 세아라는 이름은 아무것도 이루지 못한 서울 생활에서의 실패를 거듭하여 상기시키는 아픈 상처이자 미련 또는 후회의 다른 표현일 것이다.

그런데 이런 재미없는 연애 일기가 있기에 이 소설은 귀농 일기에 그치지 않는다. 바꾸어 말하면 이 소설에서는 연애담이 삽입됨으로 인해서 귀농에 관한 내용이 수필이나 일기에 떨어지지 않고 그럴듯한 소설의 자리에 올라서게끔 한다. 만약 귀농에 관한 내용만 있었더라면 누군가의 실제 체험을 그대로 옮겨 놓은 듯한 느낌이 너무 강했을 것이다. 그야말로 '일기'다. 그러나 사랑에 대한 기대와 실패가 강렬하지는 않지만 뚜렷한 극적 긴장감을 지닌 서사로 제 역할을 하면서 귀농에 관한 내용과 병행될 때, 이 작품은 극적 긴장감을 통한 허구적 상상력을 펼치는 소설의 몫을 온전히 감당할 수 있다.

이런 점에서 구름 농원 만들기를 어느 정도 완료하는 시점에 세아가 시골로 주인공을 찾아오는 것으로 설정한 것이 이 소설에서 또 하나 흥미로운 부분이다. 서사 전개의 진행상 귀농의 성공을 기대하는 지점에 새로운 사랑의 희망을 겹쳐놓음으로써 흐뭇한 미소를 짓게 만드는 그럴듯한 해피엔딩이 하나 완성된 것이다. 상세하고 신뢰가 가는 귀농일기의 내용에, 부정에서 출발하여 긍정으로 향하는 해피엔딩이 잘 어우러진 소설이다.

형식의 실험과 소설의 과제

유쾌하고도 씁쓸한 장례식 – 김래주 〈내 빈소에서의 사흘〉

　김래주의 단편소설 〈내 빈소에서의 사흘〉은 죽음을 사뭇 경쾌한 필치로 그린다. 대개의 소설에서 누군가의 죽음이란 다루기 쉽지 않은 무거운 소재다. 때로는 비극적으로, 때로는 비장하게, 웬만해서는 무겁고 어두운 느낌으로 다루기 마련이다. 그러나 이 작품에서는 그러한 통념에서 벗어나 자유로운 상상력을 거침없이 펼친다. 초자연적 존재에 대한 경외심은 조금도 찾아볼 수 없는 상태에서 오히려 그러한 초자연적 존재의 능력을 이용하여 상상력을 펼치는 재미있는 작품이다.

　　나는 죽었다. 지난밤 거리에서 죽었다. 죽고 보니 영혼이라는 게 있더라. 살았을 때 알던 농담 한마디가 떠오른다. 고거 귀신같이 하네, 하던. 귀신이 되고 보니 정말 신기한 능력이 생겼다. 이렇게 생각만으로 글이 쓰이는 것도 그렇다.

이 작품은 죽은 사람이 들려주는 이야기다. 그런데 이 서술자는 괴이하고 무섭게 느껴져야 할 만한 대목에서 '농담 한마디'를 던진다. 그리고 죽어서 귀신이 되자 가지게 된 능력을 신기해하고 그런 능력을 즐겁게 사용한다. 죽음을 그리 대수롭지 않게 여기는 특유의 유머러스한 태도는 종종 웃음마저 유발한다. 애초에 이 소설은 죽음에 대해 진지한 철학적 탐구와는 거리가 멀다는 것, 가벼운 에피소드를 통하여 주인공의 주변 사람들을 스케치하겠다는 것, 그러니 겁먹지 말라는 것, 이런 신호와 메시지가 서술의 곳곳에서 독자들을 안심시킨다.
　이런 점에서 이 작품은 찰스 디킨스의 〈크리스마스 캐럴〉을 연상시킨다. 유령이나 귀신들과 함께 자기 자신을 돌아보는 기본적인 작품의 발상이 그러하다. 구두쇠 스크루지 영감을 평소 일밖에 모르던 영업사원인 주인공 '나'로 대체한 셈이다. 물론 세부적 접근에서는 〈크리스마스 캐럴〉과 많은 차이를 보인다. 특히 〈크리스마스 캐럴〉은 한 인간이 개심하는 과정을 기본 플롯으로 삼았음에 반해 〈내 빈소에서의 사흘〉은 죽음을 죽음 그대로 끝내버리는 결말을 취한다. 그렇지만 〈크리스마스 캐럴〉에서 유령이 나타나는 황당무계한 이야기를 통하여 빈곤과 사회적 불의에 대한 비판의 메시지를 전달했듯이 〈내 빈소에서의 사흘〉 역시 이승을 영원히 떠나기 직전 사흘 동안 자기 죽음을 목격하는 과정에서 온정이라고는 찾기 어려운 세태와 평소 가까운 척하던 인간들의 표리부동함에 관한 확인을 통하여 오늘날 우리 사회에 냉소를 보낸다는 점에서 공통점이 있다.

지난 저녁 나는 과로했다. 나의 일의 절반은 술이다. 나는 거래처 담당자들과 곧잘 술을 마셨다. 그래야 광고 하나라도 더 건진다.
갑과 을이 분명한 업계라면 이는 대동소이할 일이다. 나는 그 바다에 빠져 살았다. ㄱ사, ㄴ사, ㄷ사, ㄹ사, ㅁ사…. 갑들은 돌아가며 먹는 술이겠지만 나는 그럴 입장이 아니었다. 그러다 보면 컨디션이 안 좋은 날도 있다. 지난 저녁이 그랬다. 전날의 숙취가 채 가시지 않은 몸으로 또 마셨다. 쓰린 속은 몇 잔의 술에 곧 무디어져 또 술을 받게 했다.

작품의 전반에 걸쳐 경쾌하고 가벼운 분위기가 펼쳐지지만, 한편으로 주인공의 죽음을 되돌아보면 전혀 가볍지 않은 메시지를 독자들에게 던지고 있음을 알 수 있다. 그야말로 세상에 살아가기 위해 누구보다 성실하게 살아가던 주인공이었다. 갑에게 굽신거리며 술을 마셔야 하는 술상무로 살아가지만 가족과 회사를 위해서 자신을 희생하면서 거기서 보람을 느끼며 살아가던 주인공이었다. 하지만 그렇게 비굴하게 살았어도 회사에서는 몇 푼 안 되는 위로금으로 고용 관계의 마지막을 털어내려 하는 상황이 인생을 마무리하는 주인공을 비참하게 한다.
특히 영안실 발인 때 아내가 관 위에 입을 맞추는 장면은 시종일관 이어지는 경쾌함과 왠지 모르게 느껴지는 쓸쓸함이 동시에 제시되는 인상적 장면이다. 아내의 마지막 인사가 하필이면 착각을 했는지 얼굴이 아니고 발이었다는 유머러스함이 펼쳐지다가 "그래도 괜찮았다. 그것은 나의 수고에 대한 최상의 키스였다. 나는 그렇게 믿기로 했다. 실제로 내 발만큼은 누가 뭐래도 진실했다."라고 말한다. 발로 뛰어다니며 아등바등 살아왔던 인생, 가족을 위해서, 회사를 위해서 자신을 잊어가면서 살았던 주인공의 인생이 피곤한 발에 압축될 수 있으니, 주인공의 발보다 더 진실한 것은 또 없을 것이다. 아내의 착각이었지만 아이러니하게도 최고의 작별 인사로 의미화되는 순간 작품의 전편에 펼쳐지던 경쾌함은 이제 안타까움과 동정심으로 급격히 전환한다. 이처럼 유머러스하고 유쾌한 분위기가 이어지다가 묵직하고 씁쓸한 결정타 한 방을 날리는 솜씨가 돋보이는 작품이다.

탈북민 소설이 걸어갈 길-김평강 〈사랑할 자격〉

　김평강의 〈사랑할 자격〉은 탈북민 소설의 자리를 돌아보게 하는 데 의의가 있는 작품이다. 필자는 작가의 프로필을 읽어보지 않고 작품을 먼저 읽어보는 편이다. 작가 이름도 확인하지 않고 읽는 경우도 많다. 이 작품 역시 마찬가지, 김평강 작가가 누구인지 알아보지 않은 채 작품을 읽기 시작했다. 작품을 읽어나가면서 여느 평범한 작품들과 미세하게 다른 느낌을 조금씩 받았고, 통일, 탈북, 보위부, 보안소 등의 어휘를 접하면서 이 작품을 쓴 작가가 탈북민이 아닐까 추측하게 되었다. 작품을 다 읽고 프로필을 살펴보니 앞선 추측이 틀리지 않았음을 확인하였다.
　그동안 북한을 탈출하여 남한에 정착한 탈북민은 제법 많은 수에 달하고, 그중에 소설 쓰는 경우도 제법 있다. 북한에서 소설 창작에 관해 교육을 받고 작품 활동을 한 경우도 있고, 남한에 내려오고 나서 창작을 시작한 경우도 있을 테니 작품 수준의 편차가 제법 큰 것이 사실이다. 독자로 하여금 매우 이질적인 느낌이 들게 하는 작품이 있는가 하면 반대로 작가가 탈북민이라는 것을 알아차리지 못할 정도로 이질성이 적은 작품도 있다.

〈사랑할 자격〉은 문장 표현력 측면에서는 매우 '매끄러운' 작품이다. 탈북민이 아닌 작가가 쓴 작품과 크게 구별되지 않는다는 점에서 '매끄럽다'라는 말이다. "떠밀려온 인생이다. 언제나 선택의 여지가 없었다. 그러나 이번만은 달랐다. 스스로 모든 것을 단념할 수 있게 된 것에 얼마나 다행인지 모른다." 단문 위주의 간결한 스타일이다. 건조하면서도 사실관계를 분명하게 짚고 넘어가는 요즘 소설 작품에서 흔히 볼 수 있는 스타일이다. 앞서 말한 통일, 탈북 같은 몇 개의 어휘들이 아니었더라면 탈북민 소설의 표지가 그다지 강조되지 않는 편이다. 장면 묘사나 인물 간의 대화에서도 비교적 매끄러운 모습을 보인다. 이준태, 정사연, 김태정처럼 성과 이름을 꼬박꼬박 붙여서 부르는 것은 어색한 느낌을 주지만 그 외 서술의 대부분은 굳이 탈북이라는 키워드를 염두에 두고 보지 않으면 이질감이 그다지 느껴지지 않는 수준이다.

탈북민 소설이 다른 소설과의 이질감을 최소한으로 줄인 채 온전히 작품 자체로 승부를 거는 것이 가장 바람직한 길이 아닐까 싶다. 탈북이라는 소재의 특수성이 다른 요소들을 압도하여 버리는 경우가 제법 있었다. 그럴 때 그런 작품은 일시적인 관심의 대상은 될 수 있을지라도 그 관심의 지속력은 짧을 수밖에 없다. 이질감을 최소화하면서 동시에 인물과 인물 사이에서 빚어지는 긴장과 갈등이 개연성 있게 펼쳐질 때 소설 독자들은 작품 속에 빠져들어 정서적으로나 사상적으로 적지 않은 영향을 받을 수 있다.

이 점에서 김평강의 〈사랑할 자격〉은 탈북민 소설이 걸어갈 방향을 보여준다. 이 소설에 나오는 탈북에 관련된 이야기의 소재들이 독자의 정치적인 성향이나 판단에 따라서는 호불호가 갈릴 수도 있다. 소설 속 인물들이 사랑에 빠지는 과정이 설득적이지 않고, 인물들이 부녀관계라는 비밀 하나에 의존하는 모습은 다소 거칠게 보인다. 그런데도 기법적인 측면에서 이질적인 요소를 최소화하였기에 일단은 독자들이 작품 내용에 깊이 들어갈 수 있다. 독자들이 작품이 들려주는 이야기에 귀를 기울이고 각자 감상하게 이끄는 데는 큰 무리가 없다는 말이다. 더욱이 탈북에 관한 소재가 남녀의 사랑 이야기, 부모와 자식의 운명이라는 보편성 속에서 펼쳐지기 때문에 수필이나 르포를 연상시키는 작품들과는 달리 한 편의 완결된 소설로서의 요건을 충실히 갖추었다.

>오랜 시간 동안 당신을 못 잊었어요.
>언젠가는 꼭 만날 수 있을 거라 기다려 왔지만.
>만나자 이별이란 냉정한 현실에 미칠 것 같이 괴로웠지만
>이제 편하게 당신을 보내 드립니다.
>그리고 태정이가 당신을 찾겠지만 그때까지
>부디 좋은 길을 가시라고 기도합니다.

새 사람을 만나시고 행복하세요.
김옥린

이준태는 누구도, 아무도 나타나지 않는 창밖을 오랫동안 바라보고 서 있었다.

〈사랑할 자격〉의 결말은 미해결의 질문으로 이루어져 있다. 김덕만을 아버지로 알고 있는 태정이 이준태가 진짜 아버지라는 사실을 언제쯤 알게 될까? 만약 그 사실을 알게 된다면 준태와 태정 모녀는 어떻게 행동하고 또 어떻게 살아가야 할까? 이준태는 언제까지 비밀을 숨기고 살아갈 것인가? 결말에 이르러 독자와 맞닥뜨리는 여러 질문은 이 작품의 의미를 풍부하게 해준다. 정치적인 측면을 과도하게 내세울 때는 얻을 수 없는, 탈북의 체험을 지나치게 강조할 때는 발견할 수 없는 소설적 상상력의 가능성이 앞으로 탈북민 소설이 걸어가야 할 방향이 아닐까 싶다.

잘 읽히는 소설 – 최숙미 〈파트너〉

최숙미의 〈파트너〉는 술술 잘 읽히는 작품이다. 머리를 싸매고 깊이 고민할 만한 내용은 찾을 수 없다. 펼쳐지는 서술을 따라가다 보면 두 남녀가 만나고, 헤어지고, 복수하는 일련의 이야기가 선사하는 재미에 푹 빠져들게 된다. 짧은 단편 분량임에도 불구하고 소설 속 사건과 상황이 변화하는 마디들이 여러 개 마련되어 있고, 그러한 마디들을 흥미진진하게 펼쳐지면서 독자의 관심을 이끌고 나간다. 부분적으로 아쉬운 점들이 보이기도 하지만 훌륭한 짜임새에서 비롯하는 돌파력이 다른 여러 요소를 충분히 극복하는 형국이다.

"솔로들이 주로 사는 아파트 분리수거함 근처에는 그런 부류들 서넛쯤은 밤마다 꼭 만난다." 소설의 첫 문장에서부터 모든 '밑밥'을 깔아놓았다. 이곳은 솔로들이 주로 사는 아파트다. 어디에 있는 곳이길래 솔로들이 주로 살까 궁금해지면서, 솔로들끼리 밤마다 만나다 보면 크든 작든 달콤한 연애 사건이 생기리라는 은근한 기대가 생긴다. 특히 사랑 이후 찾아오는 이별의 순간을 쓰레기 분리수거에 비유하는 것은 아닐까 싶은 의심이 들면서 그러한 만남으로 촉발된 사랑이 머지않아 깨지지나 않을까 궁금증이 증폭된다. 이처럼 이 소설의 첫 문장은 이후 펼쳐지는 두 남녀의 우여곡절을 암시한다.

한동안 이 작품은 주인공 남녀가 보여주는 연애의 방식에 집중한다. 두 사람이 어떻게 만났는지, 어떻게 가까워졌는지, 어떻게 싸웠는지가 관심의 초점이다. 그들의 연애는 각자 더 좋은 사람이 나타나면 '방생'하기로 약속하는 식의 '계약'으로 맺어지면서 일체의 번거로운 절차와 형식에 얽매이지 않는 자유로움을 추구한다. 이와 같은 자유로운 연애의 성립에는 주인공 '나'가 비혼주의를 강하게 주장한 것도 한 몫한다. 그러나 시간이 지나면서 남자는 결혼하여 가정을 꾸리고 아이를 낳는 꿈을 꾸게 되면서, 결혼 없이 자유로움만 추구하던 두 사람의 연애는 드디어 깨어진다. 한편으로는 사랑에 관한 세태 보고서 같고, 다른 한편으로는 텔레비전 드라마를 보는 느낌이다. 요즘 남녀의 연애가 어떻게 이루어지는지 생생히 보여준다는 점에서 흥미롭다.

그런데 작품 후반부는 관점에 따라 다른 평가가 내려질 수 있다. 극적인 전환과 연이은 반전이 작품의 중반까지 이어지는 재미를 잘 버무려 결정타를 날리는 의도임은 잘 이해되지만 다소 과도한 전개와 상황 설정이라는 혐의를 지울 수 없다. 옛 연인의 신혼여행지에 몰래 따라가서 결혼생활을 망쳐버리는 복수를 감행하는 상상은 짜릿하지만, 과연 그런 깜짝한 일을 실행에 옮길 만한 사람은 과연 몇이나 될까? 또 그러한 비현실적인 복수극이 앞서 작품의 전반부와 중반부에서 다루었던 요즘 남녀의 연애와 긴밀히 결합이 되는지는 의문이다. 세태 보고서 같다는 것은 실제 현실에 단단히 발을 붙이는 반면 과감한 복수극은 다분히 비현실적인 공상의 소산이기 때문이다. 결말 부분의 반전 역시 짜릿한 시도라는 점은 충분히 인정하지만 그러한 짜릿함이 감각만을 남긴다는 점은 아쉬움으로 남는다.

작품 후반부를 긍정적으로 바라보는 관점도 얼마든지 가능할 듯하다. 술술 잘 읽히는 특징이 작품 후반부의 강렬한 복수극과 그에 이은 대반전을 위한 준비 과정이었다고 보는 관점이다. 탄탄한 짜임새로 승부를 걸어보는 것이 이 작품의 목적 중 하나라면 작품 후반부는 비교적 성공적이다. 남자의 옛 신부가 "미안해서 어쩌죠."라면서 보낸 문자 메시지로 마무리하는 작품의 결말은 결혼식 준비로 바쁜 모습을 보여주며 해피엔딩이 예상되던 상황을 일거에 뒤엎어버리는 강렬한 반전을 선사한다. 얽매임 없는 연애를 바랐던 두 남녀의 계약에 어울리는 것은 이러한 거침없는 전개라고 볼 수도 있다. 다만 이러한 관점으로 보려고 하더라도 주인공 '나'가 왜 복수를 하게 되었는지에 대한 개연성 있는 주석이 첨부되어야 하지 않을까 싶다.

결론적으로 〈파트너〉는 가능성과 아쉬움을 동시에 드러낸다고 할 수 있다. 자연스럽게 작가의 다음 작품을 향한 관심으로 이어지게 된다. 세태에 대한 충분한 자료 수집과 관찰, 그리고 그것을 술술 잘 읽히는 서술로 풀어내는 일이란 소설 쓰기에서 가장 중요한 부분임은 새삼 강조할 필요도 없으려니와, 이미 작가는 이 작품을 통하여 그러한 기본 역량을 충실히 갖추고 있음을 입증했기 때문이다. 남아 있는 몇 가지 과제를 해결하게 될 다음 작품에서 더 큰 성과를 이루기를 기대해 본다.

다시 군함도를 이야기하다 - 홍인표 〈군함도〉

군함도는 일본 나가사키에 있다. 바다에서 전쟁을 하는 전투함정만 한 아주 작은 섬이다. 일본의 전함인 도사를 닮았다고 하여 군함도라고 했다. 본래는 하시마라고 불렀다.

홍인표의 중편소설 〈죽음의 섬〉은 군함도 소개로 시작한다. 일제강점기 강제 징용으로 군함도에 끌려간 사람들 이야기. 문제는 이 작품에 앞서 한수산 작가의 장편소설 〈군함도〉가 있고, 그것을 원작으로 한 영화도 있어 새롭지 않다는 점이다. 만약 〈죽음의 섬〉이 장편소설 〈군함도〉나 영화 〈군함도〉보다 앞서 발표되었더라면 새로운 소재의 발굴 차원에서 의의가 있지만 시기를 따져볼 때 그렇지 못하다. 조선인 강제 징용자의 비참한 생활을 주로 부각시키고 역사적 환기를 요청하는 주제 또한 〈군함도〉의 경우와 크게 다르지 않은 듯하다. 그럼에도 〈죽음의 섬〉은 나름의 몫을 묵묵히 수행한다.

　결론부터 말하면 〈죽음의 섬〉은 압축의 묘미를 적극적으로 발휘함으로써 기존에 군함도를 다룬 작품들과는 차이를 지닌다. 〈죽음의 섬〉은 중편이다. 사실 중편 분량에서 강제 징용의 전후좌우를 다 보여주기란 여간 어려운 일이 아니다. 이 작품은 총 35개의 장으로 구성되는데, 이처럼 세분화된 장은 그만큼 다양한 내용을 담아내고 싶은 작가의 욕망을 간접적으로 보여준 결과라고 추측된다. 생소한 역사적 비극의 현상을 독자들에게 생생히 보여주고 싶은 욕망, 혹은 보여주어야 한다는 의무감이 작가를 짓누른 듯한 형국이다.

　이 작품은 많은 것을 다 보여주고 싶은 욕망을 적절히 제어하였다. 역사적 비극의 현상을 하나씩 세밀하게 묘사함으로써 군함도라는 비극의 현장을 하나의 완결된 소설적 공간으로 창조하려는 의도 대신 노신영과 신정경, 두 친구를 중심으로 시야의 폭을 현저히 축소시켰다. 그 결과 소설 속 군함도의 전체상을 파악하는 대신 두 친구를 통해 생생히 체험된 군함도를 제시하는 데 집중한다. 사실 중편에서 두 명의 주요인물에 의존하여 내용을 끌고 나간다면 재현의 많은 부분을 포기할 수밖에 없다. 반면 군함도의 재현을 두 명의 체험으로 압축함으로써 생생함의 수준은 높아질 수 있다. 이와 같은 체험에의 의존은 복잡한 전체를 모두 이해시킬 수는 없지만 설명과 해명 대신 한층 더 직관적인 차원에서 작동하는 재현의 한 방식일 수 있다.

전라남도 곡성읍 대평마을에서 같이 태어나 자란 두 친구는 고향을 그리워하며 눈물을 흘리고, 서로를 부축하면서 고통의 시간을 견뎌낸다. 두 친구는 주변 조선인 광부들에게서 들은 소문을 독자를 대신하여 듣고, 갱도에서 사고로 사망한 조선인 광부의 주검을 독자를 대신하여 본다. 두 친구는 콩기름을 짜내고 남은 콩깻묵으로 만든 주먹밥을 먹으면서 독자에게 그 맛을 전달한다. 한 친구가 힘에 겨워 쓰러지면 다른 친구가 그를 일으켜 세워서 끝까지 같이 버텨나간다. 독자들은 두 친구의 눈과 귀와 입을 통하여 군함도 생활을 간접적으로 체험한다. 두 친구의 비참한 생활은 독자에게 전달되는 순도 높은 간접경험인 동시에 그러한 체험의 조각들을 모두 모으면 강제징용의 역사에 관한 진실된 증언이 된다.

작품 후반에 이르러 두 친구 앞에는 벌써 여러 번 탈출을 시도하다 실패하여 다시 붙잡혀 온 정민이 합류하고, 이제 그들은 세 사람은 탈출을 시도한다. 전반부와 중반부에 펼쳐졌던 군함도의 지옥 같은 생활이 유폐와 하강의 이미지로 점철되었다면, 후반부의 탈출은 그야말로 자유와 상승, 그리고 가슴 벅찬 해방의 이미지로 펼쳐진다. "강제징용에서의 탈출은 우리의 권리요, 책임이요, 의무이다." "노예처럼 사느니 차라리 죽는 거야. 희망의 나라를 찾아서!" 유폐에서 해방으로 급격하게 전환되는 클라이맥스가 이 작품이 새삼 군함도라는 소재를 들고나온 이유가 아닐까 싶다.

여기에 더하여 세 사람이 뗏목을 타고 바다에 뛰어들고 난 이후 일어난 일을 처리하는 방법도 이 작품의 독창적인 면으로 꼽을 수 있다. 나가사키로 떠내려가면 다시 잡힌다. 그렇다고 한반도를 향하기에는 너무 거리가 멀다. 탈출이 성공할 것인가 궁금해지는 시점에서 이 작품은 탈출의 여정이나 성공 여부에 집착하지 않는다. 그 대신 두 친구가 고향에 관해 대화를 나눈다. 고향에 가면 경자와 결혼하겠다. 탈출에 성공할 수 있을까, 그래서 목숨이라도 부지할 수 있을까 하는 위급한 순간에 그들은 고향 사람들과 다시 만나는 꿈을 꾼다. 그들의 탈출이 성공할 수 있을지, 그래서 그들의 꿈이 실현될 수 있을지는 여전히 미지수지만 그 절정의 순간은 이 작품은 "아침노을은 희붐해진 해돋이에서 물감을 풀어놓은 듯 번져갔다."라는 감상적인 문장으로 마무리하면서 여운을 남긴다.

    열린 결말, 작품만 보았을 때는 그들이 탈출에 성공했는지, 그래서 고향으로 돌아갔는지는 아무도 모른다. 하지만 실제 역사를 나란히 놓고 보면, 소설 속 시간으로부터 몇 년이 경과한 후 그들이 그토록 염원하던 해방이 이루어졌다. 두 친구의 후일담을 길게 늘어놓지 않고 고향에 관한 꿈으로 압축시키는 묘미, 그리고 그 꿈이 실제 역사적 사실과 결합하여 더 풍부한 의미를 산출하는 과정이 이 작품이 군함도라는 소재를 다시 주목한 이유일 것이다.

그래도 그들은 걸어간다

오해와 공상으로 짜낸 소설적 재미 – 권홍기 〈동거인〉

권홍기의 단편소설 〈동거인〉은 짜임새를 잘 갖춘 한 편의 소품이다. 반복적으로 오해와 공상을 만들어내고 소설 전개에 작지만 따뜻한 재미를 부여하는 데 성공한 작품이다. 모든 것이 주인공 '나'의 시선을 한 치도 벗어나지 않는 제한된 초점화에서 비롯하였다는 점에서 짜임새를 논할 수 있다. 그리고 그 주인공의 심성이 착하디착한 여성으로서 설정되어 있어 소설 속에서 빚어지는 오해와 공상이 더러움을 한끝도 묻히지 않을 수 있었다.

소설은 주인공 '나'가 어느 할아버지네 집 가정부를 맡게 되는 것으로 시작한다. 주인공의 시선에서 벗어나지 않는다는 것은 처음 일을 시작하는 입장의 가정부가 바라본 주인집의 이모저모일 수밖에 없을 터, 소설은 그녀가 일하게 된 할아버지네 집안에 관해서 이것저것을 관찰하게 되고 자연스럽게 관찰된 사실에 대하여 '나'의 공상을 첨부하는 식으로 펼쳐진다. 가정부에게는 고용주라고 할 수 있는 할아버지의 비위를 거스르지 않는 것도 중요한 일이라서 그러한 관찰은 조심스럽고 신중하면서도 어디까지나 철저히 관찰자 자기중심으로 이루어진다. 마치 사건 현장과 용의자를 조심스럽게 바라보는 탐정의 시선으로 되어 있다는 말이다. 이 말은 곧 '나'의 시선을 따라가게 되어 있는 이 소설의 전개가 상당히 독자를 끌어들이는 흡인력을 지니고 있는 말이기도 하다.

    "부득이 집에 못 갈 때는 이 방에서 자."
    방문을 닫으면서 아무렇지도 않다는 듯하는 할아버지의 말에 나는 찬물을 뒤집어쓴 듯 온몸이 움츠려든다. '부득이'라는 단서를 붙였지만 '이 방에서 자라'는 말이 몹시 귀에 거슬린다. 밤늦도록 일을 하여 집에 못 돌아가는 수도 있다는 말인가. '잠을 잔다'는 말도 그렇다. 경우에 따라서는 남녀의 깊은 관계를 의미한다. 이 무슨 망측스러운 말일까. 일하러 온 나를 여자로 생각할까. 가정부로 온 여인네를 당신 집에서 자고 가라니….

    소설 속에서 주인공 '나'는 철저히 고립되어 있다. 낯선 할아버지의 집에 가서 할아버지와의 대화가 적다. 할아버지는 자신이 하고 싶은 말만 몇 마디 던지고는 계속 입을 다물고 있다. 자신이 한 말이 무슨 의미인지 절대 부연하는 법이 없다. 낯선 장소에서 대화마저 부족하니 자연스럽게 그녀는 가정부로서 맡은 일만 할 수밖에 없다. 일을 소개해 준 친구가 몇 마디 거들면서 그 집의 사연이나 가정부를 부른 이유 따위를 말해줄 법하기도 한데, 철저히 그런 것은 소설 속에서 배제된다. 바로 이런 이유로 '나'는 소설 속에서 고립되고, 또 고립되었기 때문에 자신이 들은 할아버지의 말 한마디를 곰곰이 생각하면서 오해와 공상은 꼬리에 꼬리를 물게 된다.

  소설의 결말에 가서야 그간 이어오던 오해와 공상의 실체가 드러난다. 이 세상에서 할아버지의 마지막 순간을 가정부인 '나'가 지켜드린 것. 그로 인하여 약간의 유산을 물려받았다는 것. 작은 행운으로 마무리되는 소설의 결말의 시점에서 돌이켜보면 그제야 왜 그때 할아버지가 그런 말을 했었는지 이해된다. 외국에 사는 자식을 대신하여 자신의 손을 마지막으로 잡아줄 사람을 원하고 있었다는 할아버지의 소망을 확인한 순간 그때까지 반복되었던 오해와 공상은 모두 눈 녹듯 시원스레 풀려버리고, 착한 사람에게 복이 온다는 해피엔딩이 완성된다.

  짜임새의 측면에서는 그럴싸한 결말이다. 다만 소설이 가정부인 '나'게만 집중함으로써 작중에서 비중에 결코 작지 않은 할아버지에 대한 인물 성격화가 거의 이루어지지 않았고, 그 결과 유산을 물려주라는 유언의 동기가 설득력이 부족하고, 고독사라는 무거운 소재에 한 발을 걸쳐놓기만 하였을 뿐 충분히 소화하지 못한 채 그대로 내버려두었다는 점은 아쉬움이 남는다. 그래서 이 소설은 짜임새 있는 한 편의 소품으로 바라보아야 한다. 더 심각하고 묵직한 주제들은 이어지는 작가의 활동에서 또 다른 짜임새 속에서 충분히 숙성되기를 기대해 본다.

분노의 시선과 세태의 관찰 – 김영범 〈불온한 외출〉

내가 들고 있는 가방 속에는 위험한 끝이 도사리고 있다. 독사 이빨보다 날카로운 송곳, 돌멩이보다 둔중한 망치, 악어 이빨보다 심하게 엇갈린 톱날, 깨진 유리 조각보다 예리한 커터 칼, 손톱을 단번에 뽑아버릴 수 있는 펜치, 엿 같은 세상을 싹둑 잘라버릴 수 있는 전지가위, 그리고 한순간에 불길을 피워 올릴 수 있는 라이터까지도. 며칠 후면 햇살에 비끼는 도끼날이 배달될 참이었다. 어쩌면 불온한 이것들.

김영범의 단편소설 〈불온한 외출〉은 작품을 읽는 내내 불안하고 불편함을 느낄 수밖에 없었다. 가방 속에 온갖 무시무시한 물건들을 집어넣고 지하철에 탑승한 승객이라니, 언제 무슨 일을 저지를지 몰라 소설의 내용이 진행되는 내내 내내 조마조마하였다. 그렇게 위험한 물건을 잔뜩 넣은 가방을 맨 주인공 '나'는 심리적으로 불안정한 모습을 보인다. 같은 열차에 탑승한 승객과의 신경전을 벌이고, 그래서 어쩌면 가방 안에 든 것들이 튀어나올지도 모른다는 예상에서 비롯되는 긴장감. 아마 눈에는 핏발이 서 있을 것 같은 이 인물이 왜 그런 독기를 품게 되었을지 무척 궁금해지는 소설의 서두 부분이다.

어쩌면 불온한 것은 또 있었다. 공구 가방에 들어 있었다. 누런 표지에 표제조차 없는 책 한 권, 그리고 불법 전단지. 그들은 그것에 '불법'이란 낙인을 찍었다. 박종철 고문 살인 규탄과 호헌 철폐를 내건 전단지 한 묶음이었다. 어떤 경로로 그게 내 가방에 들어 있는지 알 수 없었다. 추측건대, 미순이가 돌아간 이후였으리라. 미순이 말고는 그런 걸 내 가방에 넣어놓을 사람이 없었다. 내가 잠에 곯아떨어진 사이,

미순이는 기숙사로 돌아갔을 것이다.

누군가를 해칠 수 있는 도구들 외에 '불온' '불법'으로 규정된 전단지가 독기의 한 원인이 될 수 있을까? 아니면 광주에서 열차를 타고 올라왔다는 미순이가 주인공에게 그러한 독기를 품게 하였을까? 1987년의 정치적 상황, 5.18 이후 광주를 떠나 서울로 올라왔다는 미순이, 그리고 2020년 현재 서초동이나 광화문에서 연일 벌어지는 집회. 왜 이처럼 멀리 떨어진 시간대 속의 정치적 상황들을 환기하는지 확실한 이유를 알 수는 없으나 지극히 불안정해 보이는 주인공의 심리에 정치의 문제가 깊이 관련되어 있다는 점은 익히 추측된다. 비록 주인공의 정치적 지향이 무엇인지는 소설 속에서 뚜렷이 제시되지 않지만 무언가 혹은 누군가를 향한 분노의 감정만큼은 선명하게 전달된다.

기실 이 작품에서는 무언가 뚜렷하게 제시되는 것이 없다. 모든 것이 모호하다. 오직 한 가지, 무언가 혹은 누군가에게 강한 불만이 있다는 사실 한 가지만 유난하게 도드라진다. 정원사인 '나'에게 정원을 다듬으라고 일을 시켜놓고 돈을 주지 않고 버티고 있는 구청장 때문이든, 구청장네 정원 2층 창가에서 나를 지켜보고 있는 것 같은 미순의 환영 때문이든 '노가다의 곤조'의 힘을 빌려서 해치우고 싶은 생각. 아니면 조금 더 유년 시절까지 거슬러 올라가 걸핏하면 월남전 참전 이력을 내세우면서 가부장의 권위로 온 가족을 내리찍던 아버지에 대한 반항 혹은 도피 때문에 집을 나왔을 수도 있다. 무엇에서 기인한 것이든 '나'의 심리 상태는 폭발하기 직전의 화약 같은 극도의 불안정 상태이고, 더욱이 그러한 폭발물이 서울 지하철 2호선에 실려서 언제 어느 역에서 내릴지 기회만 엿보고 있다는 사실이 불안을 더욱 증폭시킨다.

주인공 '나'의 분노는 광화문 태극기 부대 노인을 향해 폭발할 뻔했다. 이를 보면 '나'의 정치적 입장은 광화문 쪽은 아닌 듯하다. 노인을 보면서 폭압적인 아버지를 연상하여 날카로운 송곳 끝을 매만졌을 수도 있다. 다행히 폭발하지 않은 덕분에 태극기에 일장기가 같이 묶여 있는 태극기 부대의 황당함을 관찰할 수 있었다. "태극기 부대 노인을 처치했다면 어찌 됐을까. 내 답답한 사정을 까발릴 수 있었을까. 여론의 뭇매를 맞았을까, 아니면 동정을 얻었을까."

그렇다고 주인공 '나'가 반대로 교대역 시위에 동조하는 것은 아니다. '나'는 교대역에서 내릴 법한 어느 부부를 관찰한다. 초등학생쯤 되는 아이를 데리고 서초동 시위에 참석하려는 부부의 얼굴에는 역사의 현장에 동참한다는 비장감이 서려 있다. '나'는 그러한 비장감에 철저한 냉소를 보낸다. "역사적 현장이라. 모를 일이다. 역사적 현장일지, 정치적 쇼일지 그 누가 알랴." 역사적 현장이라는 의미 규정 자체에 회의를 보내는 것이다. 광화문 시위도 싫어하고, 검찰청 시위에도 냉소를 보내는 '나'의 입장이란 지극히 모호하기만 하지만 오직 남는 것은 정치 자체에 대한 깊은 혐오와 불신이다.

서울은 지금 정치 소용돌이에 휘말린 사람들 천지다. 광화문으로 검찰청으로. 우리가 언제부터 이토록 정치 시민이 되었던 것일까. 애처롭다. 속상하다. 어이없다. 광화문에 나가는 것도 검찰청에 나가는 것도 다 부질없는 짓. 평화도 민주도 아닌, 이해득실만 따지는 정치판에 굴비 엮이듯 줄줄이 엮여 있다니. 광화문을 가도 정치하는 놈들이 빨아가고, 검찰청에 가도 정치색에 말려드는 꼴이라니. 까놓고 보면, 권력에 눈먼 자들의 샅바싸움이 아니던가.

　소설의 결말에 이르러 '나'의 상상 속에서 망치와 칼을 꺼내 들어 드디어 폭발한다. 지하철의 무뢰한에게 분노를 폭발한다. 그러나 그러한 상상은 아무런 현실적 영향력이 없는 일시적인 분노의 번뜩임에 불과하다. 오히려 "에잇, 재수　어."라고 내뱉은 무뢰한의 말에 다시 무기력하게 현실로 돌아올 따름이다. 결국은 아무 일도 일어나지 않은 셈. 유혈 사태가 없었으니 다행이라고 해야 할까?
　그러나 돌이켜 생각하면 소설 속에서는 상당히 많은 일들이 일어났다. '나'의 시선이 누군가를 향해 날 선 분노를 터트리는 정치의 광풍 속에 온 나라가 휘말리는 모습을 지켜보았기 때문이다. 그러한 관찰 결과에 대한 판단은 결국 독자 각자의 몫. 다만 이 소설은 상대방을 향한 분노가 비정상적으로 끓어오르는 최근의 세태를 송곳과 망치를 든 채 지극히 불안정한 심리 상태를 보이는 '나'를 통해 인상적으로 표현하였을 따름이다. 어쩌면 '나'의 분노는 실제의 분노가 아니라 오늘날 우리 사회에 대한 알레고리가 아닐까 하는 생각이 드는 것은 이런 이유에서이다. 이것저것 복잡한 생각에 빠져들게 하는 그런 모호한 소설이다.

함정과 감탄 – 이완우 〈누구세요〉

어느 날 잠에서 깨어났을 때 처음 보는 누군가가 자신의 곁에 있다는 사실을 발견한다면 얼마나 당혹스러울까? '나'는 말없이 침대 위에 걸터앉아 있는 '그'를 보고 혼란스러워한다. 그러나 '나'는 이상한 느낌을 갖는다. 그가 낯설지 않기 때문이다. 그래서 다시 묻는다. 당신은 누구냐고?

이완우의 단편소설 〈누구세요〉는 하룻밤 사이에 폭삭 늙어버린 40대 어느 대기업 부장의 이야기를 들려준다. 잠에서 깨어나 혼란스러워하는 '나'에게 초점화를 맞추고 작품 내내 '나는 누구인가' 하는 정체성 찾기 게임에 독자를 끌어들인다. 이때 독자들은 철저히 계획된 혼란의 희생자가 된다.

가령 1장에서는 그가 '거울에 비친 자신의 모습'이라는 것도 처음에는 알 수 없다. 2장에 가서야 그 사실을 밝히기 때문이다. 같은 식으로 소설 속 '나'와 '나'의 시선을 따라가는 독자들에게 제공되는 정보들은 엄격하게 제한되어 있다가 이야기가 좀 더 진행되고 나서야 나중에 조금씩 힌트를 제공한다. 지금 맞닥뜨리는 혼란이 나중에 이해가 되어서 다시 돌아가 살피게 만들고, 또 다시 이러한 속임수와 해답의 주고받기가 반복적으로 이루어진다. 이러한 소설의 체계에 적응하기까지는 약간의 시간이 소요되지만 막상 적응되고 나면 제법 순조롭게 그 흐름에 올라탈 수 있고, 은근히 그러한 혼란을 음미할 수도 있게 된다.

나는 그를 본다.

아무 표정 없이 그냥 그를 본다.

그도 나를 본다.

나를 보는 그도 아무 표정이 없다. 퀭한 눈으로 그냥 그가 나를 본다.

그는 말없이 침대 위에 걸터앉아 있다. 언제 일어났는지 그는 말끔하게 면도를 하고 머리까지 감아 손질을 끝낸 상태이다. 그의 등 뒤로 보이는 침대 모서리에는 잘 개어진 이부자리가 가지런히 놓여 있다.

이른 아침 남의 방에 들어와 방 정리까지 하고 앉아 있는 그. 그가 궁금하다.

누구세요?

소설의 첫 부분은 처음에는 무척 혼란스럽다. 그러나 '그'가 거울에 비친 자신이라는 사실을 나중에 알고 다시 돌아와 읽으면 조금도 이상하지 않다. '나'는 그저 거울을 보고 있었던 것. 자기가 자기 모습을 거울에 비춰보고 있었으니 이상하게도 낯설지 않은 것이 당연하다. 4, 5장에 이르러 공원에서 그에게 다가와 식사를 대접한 사내는 아마 집 나간 아버지를 찾으러 온 아들일 것이고, 그 사내가 굳이 돈을 사양한 것도 그런 이유가 있기 때문이다. 6장에서 "하루하루 시간이 지날 때마다 조금씩 삭제되어 가는 나의 삶" 대목에 이르면 모든 것이 치매 노인의 머릿속에서 이루어진 것임이 밝혀진다. 처음에는 혼란스럽다가 나중에야 깨닫게 되는 내용들 때문에 감탄과 탄식이 뒤따른다. 상당히 공들여 쓴 흔적이 역력하다.

결국 이 소설은 80대 치매 노인의 혼란스러운 정체성 찾기를 소재로 하였다는 사실을 독자에게 뒤늦게 알려준다. 그러나 수수께끼 풀이를 완료했다고 해서 모든 것이 속 시원해지는 것은 아니다. 오히려 정반대로 한층 더 갑갑하고 혼란스럽게 느껴진다. 처음에는 이상한 상태에 놓인 대기업 부장이 느낀 혼란에 관한 이야기였지만 모든 것을 알고 난 뒤에는 치매에 걸려 점차 기억을 잃어가는 어느 노인의 안타까움에 관한 이야기로 의미가 급변하였다. 그동안의 혼란이 치매 노인의 생각을 간접 경험한 것이었다는 사실을 깨닫게 되는 순간 노인을 향한 연민과 혹시 나도 그렇게 될지도 모른다는 공포에 휩싸일 수밖에 없다. 짜릿한 즐거움을 주는 반전과는 정반대로 씁쓸하고 때로는 섬뜩함마저 들게 하는 결말 처리라고 할까. 이야기는 끝났지만 계속 많은 것을 생각하게 하는 작품이다.

아득하고도 고요한 태풍의 밤 – 김찬숙 〈장마〉

김찬숙의 〈장마〉는 얼핏 중편소설 느낌이 난다. 작품을 다 읽고 다시 돌아다 보니 분량이 중편소설만큼은 안 된다. 작중 등장인물도 꼽아보니 '나'(은파), 명, 강 선생, 그리고 병원 관계자들이 고작이다. 그뿐인가. 사건에서도 중편에 어울릴 만한 잔가지들은 찾을 수 없다. 태풍 글래디스가 다가오는 때 병원 응급실에서 있었던 짧은 이야기가 전부다. 그런데도 왜 이 작품을 읽고 나서 한 편의 중량감 있는 중편을 읽은 듯한 느낌을 갖게 되었을지 의문이다.

다만 한 가지 이유는 어렴풋이 짐작된다. 압축적이고 절제된 문장이 한몫한 것으로 보인다. 작품 속 곳곳에서 한 문장, 한 단어에 많은 내용을 함축한 경우를 빈번히 찾아볼 수 있었다. 대표적인 예가 소설 속 배경이 되는 병원에서 근무한 지 6년이 지났고 명과 만난 시간도 그만큼 흘렀다는 언급이다. 소설 속에서는 태풍 전날 저녁부터 다음날 새벽까지 한정하여 이야기하고 있지만 그곳에 근무한 지 6년, 명과 만난 지 6년이 되었다는 그 한마디가 최초의 뜨거운 열정과 따뜻한 친밀함과 차갑게 식어버린 권태를 함축하기에 충분하다.

그리 마음에 들지는 않지만 명이 '나'에게 보낸 편지에서도 오랜 시간이 압축적으로 드러난다. "은파에게" 인문학부에서 문학을 가르치는 교수로 설정된 명이라는 인물답게 지극히 평범하게 이름을 부르는 데도 아련하고도 절절한 느낌이 전해져온다. "혼자 연구실에 돌아와 넉 잔 다섯 잔 커피를 마시며, 울고 싶도록 너를 그리워하고 그리워한다." 커피를 네 잔, 다섯 잔 마실 동안의 시간이란 얼마큼일까? 그리워하고 또 그리워한다는 말보다 더 사람의 마음을 뒤흔들어놓는 것은 홀로 방에서 커피 네 잔 혹은 다섯 잔을 마실 만큼의 경과한 고독의 시간일 것이다. 길게 사연을 늘어놓지 않아도, 그만큼 오랫동안 너를 생각했노라 하는 의미가 전달되는 방식. 어쩌면 편지에 나오는 명의 목소리는 태풍 전야 병원에서 6년의 시간을 짚어보는 '나'의 목소리와 너무도 닮았다. 너무 닮아있기에 서로 금지된 사랑에 빠져들었을지도 모를 일이다.

그는 전화기 저편에서 그리움에 관한 이야기를 하고 있는데, 나에겐 그것이 비문투성이의 넋두리로 여겨졌다. 육 년 전에는 그의 말 한 마디 한마디가 생명력으로 넘실거리는 파도 같았다. 이젠 그의 목소리를 들어도 큰 감흥이 없었다. 전화를 받기 전보다 더 외로워졌을 뿐이었다. 그와 너무 많은 이야기를 마음속으로 주고받은 까닭일까. 이제는 나 스스로 나에게 최면을 걸고 있는 것 같았다. 그와 함께 할 수만 있다면 숨어 살아도, 제자라도, 애인이라도 좋다고. 좋았다고.

'좋다고'와 '좋았다고' 사이의 아득한 거리가 이 소설을 다시 돌아보게 하는 힘의 원천이다. 아마도 작가는 문장을 고르고, 다듬고, 다시 엎어버리기를 계속 반복하지 않았을까 싶다. 그 결과 '좋다고'와 '좋았다고'를 분별하고, 좋다고 사랑한다고 나의 전부를 바치겠다던 다짐이 6년 전 과거의 나와 그것이 스스로에게 건 최면, 곧 자기기만의 일종이었음을 6년 후의 '나'는 창밖에 내리는 빗방울을 바라보면서 깨닫는다. "그때의 설렘은 어디 있는가. 밤잠을 설치며 배를 깔고 아랫목에 엎드려 연서를 적던 때가. 그 운명의 '명(命)'자가 이젠 욕망, 욕정, 치기 따위의 낱말들로 변색되어 가는 듯했다." 이 지점에서 이 소설은 시간은 모든 것을 퇴색시킨다는 존재론에 닿아 있는 명제에 관해서 토론을 벌이고 있는 셈이다.

사실 이 소설은 지금 읽기에는 상당히 부담스러운 요소가 있다. 바로 태풍 글래디스다. 왜 난데없이 1991년의 일을 꺼내는지 아무런 설득이 없어서 약간은 당혹감을 느낄 수밖에 없다. 보통의 다른 소설에서 흔히 사용하는 '회상'의 장치도 여기서는 사용되지 않았기에 그런 의구심은 더하다. 물론 한편으로는 그러한 회상을 활용하였다면 소설적인 맛을 현저히 둔화시킬 수도 있었겠다는 생각에 회상 없는 난데없음이 더 깔끔하게 느껴지기도 한다. 게다가 글래디올러스의 꽃말 '밀회'를 활용할 수도 있었으니 태풍 글래디스는 제법 괜찮은 선택인지도 모르겠다.

어쨌든 이 태풍이 서서히 다가오고, 응급실의 밤이 몰아치고, 비바람의 절정에서 18세 어린 소녀는 사망하고, 다시 아침이 되는, 그래서 태풍의 눈 한가운데 서 있게 되는 '나'로 끝이 나는 이 소설에서 태풍이라는 소재의 활용은 흥미롭다. 여기에 소설의 제목이 '태풍' 혹은 '글래디스'가 아니라 '장마'로 되어 있는 것도 눈길을 끈다. 길고도 지루했던 장마 끝에 몰려온 태풍인가? 그래서 태풍이 소멸되면 장마도 끝나는가? 6년 동안 지속되었던 명과의 사랑이 흔들리는 시점과 절묘하게 잘 맞아떨어지는 설정이다.

간밤 비바람이 몰아치던 하늘이 퇴근 무렵에는 이상하리만치 맑았다. 바람은 간데없고 청명 그 자체였다. (…) 늘 출퇴근하는 사십오 번 버스의 종점은 월미도이고, 명을 만나기 위해서는 종점에 두 정거장 못 미쳐 내려야 했다. 아무 생각도 들지 않았다. 그저 몰려오는 피로와 허기가 있을 뿐. 누구와 무엇을 할지, 어느 정거장에서 내려야 할지 생각하고 싶지 않았다. 감겨오는 눈꺼풀을 떨치려 애썼지만 연신 졸고 깨기를 반복했다. 어디에서 내려야 할까? 어디에 내린들, 쏟아지는 잠의 유혹을 떨칠 수가 없었다. 빗줄기와 바람을 몰고 오는 태풍의 눈 속에 내가 있었다. 아주 평온하고 따스했다.

명과의 연애를 지속할 것인가 아니면 강 선생과의 연애를 새로 시작할 것인가? 강 선생이 기다리는 월미도 정거장과 명이 기다리는 그 전 정거장 중에서 주인공 '나'가 어디에서 내릴 것인지 궁금하기도 하다.

그러나 어디에서 내려야 할까?라는 문장으로 끝낸 것이 아니라 간밤의 야근, 간밤의 폭풍우 뒤에 밀려오는 피로와 나른함이 누구를 택할 것인가라는 질문을 슬그머니 덮어버리고 있다. 바로 이러한 간극, 소설의 내용을 마무리하는 질문과 평온하고 따스하게 버스에서 잠에 빠져드는 주인공의 모습 사이의, 논리적인 설명으로는 도저히 연결될 수 없지만, 그동안 소설의 내용이 전개되었던 것을 되돌아볼 때 너무도 자연스럽고 매끄러운 결말 처리이다. 1991년 이야기면 어떠하랴, 모든 것을 뒤덮어버리는 아늑하고도 고요한 태풍의 눈 속에 잠시 머물면 그만인 것을….

환각과 스타일

게임의 법칙 – 김영민 〈종각역〉

　김영민의 단편 〈종각역〉은 익숙한 것과 낯선 것의 기이한 결합을 통하여 환상성을 적절히 구현한 작품이다. 제목이 가리키는 바와 같이 이 작품은 지하철 1호선 종각역을 공간적 배경으로 삼았다. 종각역 주변의 건물과 거리가 언급되기도 해서 소설을 읽다 보면 오랜만에 종각역 부근을 지나는 듯한 친근감을 느낄 수 있다. 그러나 소설에서 구체적인 배경이 되는 종각역 지하의 공간은 한 번도 보거나 들어보지 못한 낯선 모습으로 그려진다. 한편으로는 익숙하지만 동시에 전혀 익숙하지 않은 두 가지 상반되는 감각을 한 데 뭉쳐서 서술을 이끌어가고 있어 독특한 감각을 느낄 수 있다.
　작품의 상황은 비교적 간단하다. 낮에는 커피숍에서 밤에는 편의점에서 알바를 하면서 악착같이 살아가던 '나'가 일을 마치고 집으로 돌아가다가 사고를 당해 죽었다. '나'가 만난 권 할머니, 박 할아버지, 정씨 아저씨, 가죽조끼는 모두 죽은 사람들, 귀신, 혼, 유령쯤 되는 모양이다. 죽은 사람이 이승과 저승의 중간 지대에서 돌아다니는 이야기는 소설이나 영화, 드라마에서 종종 다루는 것이라서 아주 새롭지는 않다.

소설 초반부에는 주인공 '나'는 자신이 죽었다는 사실을 모른다. 일인칭 시점으로 전개되는 서술의 특성상 독자들도 그 사실을 모르기는 마찬가지다. 분명 종각역 지하라고 하니 한 번쯤 걸었던 그곳인 듯한데, 막상 '나'가 보고, 듣고, 경험하는 그곳의 분위기는 왠지 낯설어 자꾸만 의심이 든다. 낯선 곳에 던져져서 그곳이 어디인지, 주변 사람들은 어떤 사람들인지 눈치를 봐가면서 하나씩 알아가는 일인칭 시점 주인공은 독자들에게 호기심과 두려움을 충실히 전달한다. 자신이 죽었다는 사실을 모르다가 점차 그 사실을 알아차리게 되는 과정에서 발생하는 놀라움도 흥미로운 독서 체험을 이룬다.

특히 '종각역'이라는 공간 설정 때문에 독자는 서술을 따라가면서 자신이 가진 종각역에 대한 지식을 독서 과정에 자꾸만 개입시키게 된다. 어떤 대목에서는 자신이 알고 있는 정보와 소설 속에서 서술되는 정보가 일치하지만, 죽은 자의 집단을 다루는 대부분의 대목에서는 인지적 '불일치'가 뭔가 근질거리는 불편한 느낌을 지속적으로 만들어낸다. 만약 소설 속 공간 배경이 종각역이라는 정보가 없었다면 느끼지 않았을 낯섦의 감각이다. '종각역'이라는 공간 설정은 소설 창작의 측면에서 본다면 서술한 것보다 더 큰 맥락을 등에 업게 되는 효과를 발생시키니 상당히 영리한 선택이 되는 셈이다.

한편 환상적인 내용을 다룰 때는 작품 내에 통용되는 나름의 규칙을 설정하기 마련인데, 이 작품은 그러한 규칙을 자연스럽게 다룬다. 그곳에 있는 사람들은 식사 시간이 되면 한곳에 모이고, 그들이 먹는 음식은 냄새가 없다는 것, 음식을 먹기는 하지만 화장실을 간 적이 없다는 것, 모든 것이 귀신이나 혼령의 움직임을 연상하게 설정되어 있다. 어느 무리든 초짜, 신입은 눈치를 보고 분위기를 파악하면서 그 집단의 규칙을 습득해야 하기 마련인데, 이 작품에서는 일인칭화자 '나'의 시선을 그대로 따르면서 그러한 규칙을 소개한다. 절반쯤은 살아 있는 사람들 같으면서 나머지 절반은 죽은 자, 귀신의 습성인 듯한 모습을 계속 따라가다 보면 어느새 환상의 공간에 푹 빠져들게 된다.

소설의 결말 역시 이러한 환상성의 규칙을 이용한다. 사실 돌이켜 이 작품을 다시 읽어보면 작가가 치밀하게 규칙을 설정했음을 확인할 수 있다. 바로 '튕겨 나간다'는 암시이다. 잘못하면 그곳에서 튕겨 나가서 영영 돌아올 수 없다는 '금기'와 '경고'가 줄거리가 전개되는 내내 슬며시 언급되었다. 소설의 결말은 바로 그러한 금지를 역으로 이용한다. 환상성을 이용한 소설인 탓에 결말에서 여전히 모호한 상태가 유지되지만 종각역 지하 공간에 갇혀 있다가 금지를 위반하고 지상으로 뛰쳐나가는 극적인 상태 전환이 '놀라움'을 자아내는 소설적 클라이맥스를 이룬다. 죽은 자들의 세계에서는 그럴 수 있겠구나 싶은 감탄과 함께. 게임의 규칙을 친절히 안내해서 그것을 받아들인 독자의 입장에서 그 규칙을 산뜻하게 뒤집어 엎어버리는 데서 발생하는 놀라움과 감탄의 효과라고 할 수 있겠다.

고백과 유혹―다힘 〈레트로 사진관〉

다힘의 단편소설 〈레트로 사진관〉은 매력적인 문체로 쓴 작품이다. 화자는 일인칭 '나' 지금 사진 앞에서 말하는 중이다. 소리를 내지 않고 속으로 말하는 듯하다. 사진 속의 대상을 '당신'이라고 호명하고 있어 마치 말을 건네는 듯하다. 그리고 이 '당신'은 '나'의 입에서 발화하는 순간 독자에게 말을 건네는 듯한 착각을 자아내기도 한다. 그 결과 '나'가 건네오는 말은 평범한 진술이 아니라 뚜렷이 특정한 독자를 향한, 물론 실제 독자가 아니라 내포 독자겠지만, 은밀한 '고백'의 느낌을 자아낸다. 고백의 내용은 '불륜', '나'가 들려주는 비밀스러운 밀회의 이야기가 독자를 유혹하는 형국이다.

당신은 웃고 있군요. 엷은 미소라고 하나요. 그렇게 웃는 모양을. 내가 아는 당신보다 사진 속 당신은 젊습니다. 한 오 년 전쯤. 어쩌면 십 년 전쯤일지도요. 내가 당신과 당신의 남편인 그를 모를 때일 것 같아요.

소설 속에서 사진이라는 소재는 특별한 의미를 지닌다. 사진 동호회 〈스타일〉에서 '나'와 그는 만나서 불륜 관계가 되었다. 사진 동호회에서 같은 아파트에 산다는 이유로 가까워져서 마침내 서로의 옆자리를 차지하게 된 후, 그들은 사진 촬영을 연결고리로 만남을 이어간다. 17층과 19층에 사는 두 사람이 각자의 집 베란다에서 같은 시각에 동일한 하늘 사진을 찍는다는 것은 가운데 18층이 있어 떨어져 있지만 그 간극을 뛰어넘고 싶다는 결합의 갈망을 아찔하게 표현한다. 비밀스러운 두 사람의 사진 찍기는 불륜 현장에 관한 적나라한 묘사보다 훨씬 더 내면 깊은 곳에 도사리고 있는 은밀하고도 강렬한 욕망을 생생히 포착한다. 매우 참신하고 독창적인 사랑 표현이 아닌가 싶다.

소설 속 문장은 상당히 짧다. 단문의 반복이지만 단조롭지 않다. 뒤의 문장이 앞의 문장을 지지해 주고, 또다시 뒤에 나오는 문장이 꼬리를 물고 힘차게 지지해 주는 구조로 되어 있기 때문이다. 문장과 문장의 관계만이 아니라 문단과 문단의 관계도 비슷하게 되어 있어, 앞 문단을 받아서 뒷 문단이 이어나감으로써 의미는 증폭되고 한꺼번에 많은 의미를 함축하게 된다. 예를 들어 앞 문단에서 죽을 뻔했던 경험을 소개하면서 "죽기 전에 사라지기 전에 무엇을 하고 싶은가"라고 물었다가 다음 문단에서 '사랑'을 언급한다. 그것도 안나 카레니나, 메디슨 카운티의 다리, 잉글리쉬 페이션트 같은 불륜의 사랑을. 그 결과 '나'의 사랑은 도덕적으로 금지된 불륜이지만 한 존재로서 자신의 생명이 다하기 전에 온 생명을 걸어서 도전하는 순수한 열정의 산물이라는 복합적인 의미를 지니게 된다.

이 소설은 기본적으로 '당신' 앞에서 이루어지는 '고백'의 형식을 취한다. 그러나 그러한 고백은 자기 합리화도 아니고, 뉘우침도 아니다. 형식적으로는 '당신'을 향한 고백이지만, 당신은 이미 죽어서 그 고백을 들을 수 없는 상태. 결국 '고백'은 자신의 사랑을 되돌아보는 작업이 된다. "이 나무. 이런 풍경. 이 사람. 그런 건 내 의지로 되는 게 아니었어요. 끌림이요. 자석이요. 파장이요. 그에게서 시작된 물결은 결국 내게 닿았으니까요. 내 진동이 그에게로 향하는 것 같아요." "둑이 무너지는 느낌이 아마 그럴 거예요. 겨우 막고 있던 것이 터지고 말더군요." 의지로는 도저히 막을 수 없는 거센 사랑의 물결이었노라고 회상하는 목소리이다.

　소설의 결말은 다소 급격하게 흘러가는 듯한 느낌이 든다. 당신을 향한 질투, '나'의 집에 함께 있어달라는 요구, 침대에 남아 있는 머리카락 한 올 등은 감정의 격렬함으로 이어진다. 표면적으로 당신을 향한 '고백'의 형식이기에 감정의 격랑은 의외일 수밖에 없다. 3년이 지난 후의 내용을 다루는 부분도 급한 전개의 느낌을 주기는 마찬가지다. 그토록 금지된 것이 더 달콤해 보였다고 고백하였으면서 정작 그에 관해서는 무심한 채 당신을 향하고 있어서 중간에 많은 부분을 건너뛴 듯한 느낌을 준다. 죽은 사람, 그것도 사랑하는 남자의 아내를 향한 고백의 방식이 참신하고 매력적인 만큼 서사적으로 마무리하기가 쉽지 않은 과제임을 확인할 수 있는 지점이다. 물론 작중에 설정된 사진 동호회 이름 '스타일'처럼 스타일리시한 문체의 매력만큼은 오랫동안 독자의 머릿속에 남을 듯하다.

평화에 이르는 여정 – 이목연 〈바라밀〉

　작가가 자신의 태국 여행 경험을 바탕으로 소설을 쓰지 않았을까?

이목연의 〈바라밀〉을 읽으면 자연스럽게 떠오르는 질문이다. 태국에서 잭프룻도 구경했을 것이고, 왓도이캄 절에도 가봤을 것이고, 유명한 태국마사지로 받아봤을 것 같다. 태국을 여행하는 한국인 관광객으로 설정된 주인공 '나'가 소설 속에서 거쳐 가는 여행 경로는 평범한 여행자의 동선과 크게 다르지 않다. 특별한 모험이 있는 것도 아니고, 남들은 미처 알지 못하는 색다른 이국정취를 그리는 것도 아니다. 철저히 평범한 관광객의 눈높이에서 소설의 내용이 펼쳐지기 때문에 실제의 여행 경험을 옮겨놓은 것이리라는 추측이 따라오게 된다.

물론 약간의 소설적 설정도 있다. 예를 들어 주인공의 여행 동기 같은 것이 그러하다. 휴대폰 부품을 만드는 중소기업을 경영하다가 부도에 몰려 도망자 신세가 되었다는 것, 그래서 한밤중에 한국을 떠났다는 것, 하필 치앙마이행 비행기만 남아 있어서 태국까지 건너오게 되었다는 것이다. 그러나 주인공의 사업은 이 소설의 내용 전개에서 지극히 부차적인 역할밖에 수행하지 못한다. 태국에 도착한 첫날 아내와 문자 메시지를 주고받은 후 방치되어 있는 휴대폰이 상징적으로 보여주듯, 한국에서의 현실적 생활은 소설의 중심 서사에서 완전히 밀려난다.

남은 것은 여행지에서 얼마든지 겪을 수 있는 소소한 에피소드들이다. '팔로밀' 따라오라는 말인 줄 알고 따라갔더니 나중에 알고 보니 그 말이 과일 이름이었다는 에피소드가 이 작품에서 이야기다운 이야기의 대부분을 차지한다. 의사소통이 잘되지 않아서 생긴 일이야말로 여행지에서 일어나는 다반사가 아닌가. 그래서 그런 이야기를 들으면

입가에 가벼운 미소가 나오는 정도에 그칠 뿐 본격적인 이야기 전개에는 한참 못 미친다고 살짝 아쉬움마저 느끼게 된다.

그러나 이 소설은 '마음의 플롯'을 따르는 작품이다. 표면적으로는 태국 여행의 형식을 취하고 있지만 실제로는 '나'의 내면에서 조금씩 일어나는 변화가 서사의 중심이다. '팔로밀'이 한자로는 '바라밀'이라는 사실은 소설을 불교적 명상의 세계로 비약하게 이끈다. 반야바라밀다심경, 색즉시공 공즉시색. 이 소설에서 공이 무엇인지 설명하는 종교적이거나 철학적 내용은 없지만, 서울의 복잡했던 생활에서 벗어나 아무것도 하지 않는 텅 비어 있는 생활을 경험하게 되는 주인공의 태국 여행을 통하여 세속적 고민과 괴로움에서 벗어나는 자유로움에 관하여 이야기한다.

"아는 사람도 없고 말도 통하지 않는 이곳에서 오랜만에 자유라는 감정을 느꼈다." 아는 이 없는 이국땅이기에 평소라면 여자들 가방처럼 보인다고 쳐다보지도 않았을 천 가방을 턱 하니 메고 다니고, 젊어서 종종 상상했던 삭발도 용감하게 실행한다. "바람이 모자를 벗은 내 민머리를 쓰다듬었다. 부드러운 촉감이 좋았다. 이런 게 전생 기억일까. 딱 맞은 옷을 입은 것처럼 편안했다." 눈치도 보지 않고, 머리카락도 다 없애고 '자유'의 감정을 만끽한 '나'는 이윽고 '평화'의 감정에까지 이르게 된다. 태국에 오기 전 서울 생활을 가득 채웠던 온갖 번뇌와 괴로움은 어느새 잊혀진 것이다.

입을 닫으니 평화가 오고 눈을 감으니 세상이 고요해진다. 그래도 시간은 미끄러져 사원의 처마 그늘을 배꼽 언저리로 끌어올렸다. 옆의 빈자리에 사람들이 앉았다 사라졌다. 본래 이랬던 건 아닐까. 그저 내 주변에도 이렇게 누군가 앉았다 가고 또 다른 이가 와서 앉아 있는 것 아닐까. 그걸 느낄 새 없이 내가 먼저 일어나고 내가 먼저 세상 속으로 뛰어들었던 건 아닐까. 지금의 이 상황도 그저 이렇게 자리를 비켜 옮아가면 되는 게 아닐까.

절에서 눈을 감고 가만히 앉아 있는 것이 곧 명상이 아닐까. 이 순간 남아 있는 것은 누군가가 내 옆의 빈자리에 앉았다 사라지는 일의 반복이다. 숨을 쉬는 것처럼, 들숨과 날숨이 있는 것처럼 누군가 앉았다 가고 또 다른 이가 와서 앉아 있을 따름이다. 여기서 색즉시공 공즉시색의 깨달음을 예감하는 것은 지나치게 앞서 나감일까. 그런 깊은 생각까지는 모르겠지만 적어도 이 순간 평화가 찾아오고 온 세상이 고요하기만 하다. 태국에 처음 도착할 때 뒤죽박죽 엉망이던 상태를 상기하면 얼마나 큰 변화인가.

결국 이 소설은 혼란과 격정에서 차차 마음의 평정을 찾아가고 결국 고요한 평화를 맛보기에 이르는 정신적 여정을 형상화한 것이다. 서울로 돌아가기를 결심하는 소설의 결말에서 "거친 강을 건넌 것처럼 마음결이 고요하다"라고 말하고 있지 않는가. 단편의 외관을 취하고 있어서 심적 상태의 변화가 조금 더 상세하게 다루어지지 못한 것이 아쉽기는 하지만, '바라밀'이라는 과일 이름 하나에서 출발하여 마음의 평화에 이르는 가능성을 엿보았으니 이로 인해 독자들의 마음도 덩달아 평온해진다. 작은 규모의 작품이지만 선(禪)적인 분위기 속에서 상당한 내적 깊이를 확보한 작품이다.

사람과 사람 사이의 틈 – 최승랑 〈블루 하트〉

최승랑의 단편소설 〈블루 하드〉는 사람과 사람 사이에 있는 틈을 그려내는 데 집중한다. 일반적인 단편소설의 기준에서 한 발짝 떨어져 있는 듯한 모습을 보인다. 단일한 인물, 단일한 사건이라는 단편소설의 원론적인 차원의 기준 말이다. 그러나 작중 인물들이 서로를 향하는 표정이나 몸짓, 행동이나 말을 유심히 들여다보면 각각의 인물, 특정한 사건에 초점을 맞춘 것이 아니라 인물과 인물 사이의 보이지 않는 미묘한 심리적 긴장감에 초점을 맞추고 있음을 알게 된다.

예를 들어 '나'와 인영을 보자. 두 사람은 4년 전 문학 아카데미에서 만난 사이다. 두 사람 모두 작가가 되겠다는 목표와 열정을 갖고 있었다. 문학 콘서트에 참석하였지만 작가로 소개되지는 않은 것으로 보아 두 사람 다 작가로 등단하지는 못한 듯하다. 인영은 다른 업을 찾아 아카데미를 그만두었고, 어쩌면 나는 여전히 문학에 매달려 있는 상태일 수도 있다. 그런데 4년 만에 만나자는 인영의 연락에 '나'는 "어떤 북콘서트냐고 묻기는 했지만 그건 형식적인 것이었고, 어떤 내용이든 나는 인영을 만나기 위해 북콘서트에 갈 생각이었다."라는 반응을 보인다. 뭔가 평형추가 기울어져 있는 느낌이다. 왜 '나'가 인영의 요구에 끌려다니는 모습을 취하는지 궁금하다. 문학에 대한 열정이나 미련과 관련이 있는 부채감 같은 것이 '나'의 마음을 끌고 간 것이 아닐까? '나'와 인영의 관계에 대한 명확한 설명이나 해명은 아니더라도 암시나 실마리 정도를 좀 더 남겨놓았으면 좋았겠지만 그렇지 않은 채 인영이 더는 등장하지 않게 됨으로써 아쉬움이 남는다.

'나'와 김도균 사이의 틈도 흥미롭다. 그들은 15년 만에 만났다. 인영과 '나' 사이의 4년의 틈보다 배는 더 되는 틈이다. '나'에게는 같은 과 친구, 김도균에게는 한때 여자 친구인 혜령을 가운데 두고 연결된 두 사람 사이는 15년이라는 틈뿐만 아니라 혜령의 죽음이라는 공통의 상처가 놓여 있으며, 작가와 독자로 만난 사이 즉 문학에 대한 미련이나 아쉬움도 제법 깊은 골짜기처럼 파여 있다. 진심인지 지나가는 농담인지, 15년 전 미팅에서 처음 만났을 때 혜령이 아닌 '나'와 커플이 되기를 바랐다는 김도균의 말은 세월이 흐른 지금 쉽게 설명할 수 없는 복잡한 심사를 함축한다. 물론 이 소설은 그리 분명한 것을 추구하는 소설이 아니라고 했듯, '나'와 김도균 사이의 틈은 흐릿하게 남아 있고 혜령의 죽음이라는 누구도 부정할 수 없는 사실만이 두 사람 사이를 가로지른다.

이 작품에서 가장 중심적인 '사람 사이'의 틈은 당연히 죽은 혜령과 한때 남자 친구였던 김도균 사이일 것이다. 동문들 사이에서는 혜령의 죽음이 이 교수와 관련이 있다는 소문이 돌았지만, 지금 만난 김도균은 자책한다. 그가 의대도 그만둘 만큼 심하게 자책하였던 것으로 보아 떠도는 '소문'보다는 김도균의 '고백'이 더 신빙성이 있을 듯하다. 다만 캄보디아 의료봉사에서 만났다는 사람의 성별에 따라 해석의 갈피가 완전히 달라질 수 있도록 설정되어 있어 또다시 헷갈리게 한다.

또 하나의 틈, 김도균과 이찬영 사이의 거리가 유난히 가깝게 보이고, 손등에 손을 포갠 모습이 예사롭지 않아 보인다는 설정을 통해 동성애를 강하게 암시하는데, 이로 인해 혜령과 김도균의 틈은 단순한 연인 사이 흔히 있는 질투와 이별의 문제보다 훨씬 깊은 상처를 안고 있는 것처럼 보인다. 만약 '나'의 추측대로 동성애 이슈가 맞다면 해령을 따돌렸던, 혹은 따돌리는 데 침묵했던 '나'와 해령의 관계도 새롭게 정리되어야 할 것이다.

이처럼 이 소설은 다양한 인간관계의 틈을 들추고 보여주고 상상의 여지를 남긴다. 그리고 이러한 틈은 어느 하나 명쾌하게 설명되지 않은 채 모호하고 흐릿하게 남고 만다. 4년 전이든, 6년 전이든, 아니면 15년 전이든 시간이 흐르고, 그 흘러간 시간이 상처의 흔적을 흐릿하게 만들었기 때문인지도 모르겠다. 어찌 되었든 이 소설은 인간과 인간 사이의 틈, 좁히기 어렵고 무시할 수도 없는 그 틈에 관해서 계속 응시하도록 요구한다. 어쩌면 그러한 난감한 응시를 통해서 지난 시간 동안 놓쳐왔던 진실을 되찾을 수 있을지도 모르기 때문에….

착한 사람들 - 민영이 〈밤나무골 이야기〉

민영이의 중편소설 〈밤나무골 이야기〉에서는 선명한 도덕적 지향이 발견된다. 금숙이 희생당하는 착한 사람, 그녀의 남편 성식은 그녀에게 고통을 가하는 안타고니스트, 여기에 춘수가 가세하여 금숙을 돕고 그녀를 구출하고자 애쓴다. 금숙과 춘수가 선한 인물로 성식이 악한 인물로 뚜렷이 분리되어 있기에 서사의 중심 갈등은 비교적 단순한 편이다. 세 인물의 이야기는 부유함과 가난함이라는 대립항까지 겹치면서 전형적인 남녀 삼각관계를 이룬다. 가난한 남자 주인공이 아니라 부자 남자에게 시집간 여자 주인공이 자신의 선택을 후회하는 이야기로 정리될 수 있는 이 작품은 이수일과 심순애 이야기 〈장한몽〉의 기본 갈등 구도를 반복하고 있다.

단순한 갈등 구도는 누구에게 감정 이입을 해야 하는지를 더욱 명확하게 알려주는 효과가 있다. 금숙과 춘수가 서로 조금씩 가까워지는 모습을 지켜보면서 첫사랑 시절의 소년과 소녀를 떠올릴 수 있다. 특히 이 작품에는 원두막 장면이 몇 차례 나오는데 황순원의 〈소나기〉를 뚜렷이 연상하게 한다. 과거로 거슬러 올라가 유년 시절의 회상에 이르면 금숙과 춘수의 인연이 만만치 않음을 확인한다. 잠재의식의 차원에서 춘수가 금숙을 자신의 사랑으로 품었다는 과거 회상은 현재의 시점에서 그녀를 돕는 춘수의 행동을 충실히 해명하기에 충분하다.

또한 금숙과 춘수는 '착한 사람들'이기에 섣불리 도덕적 금기의 선을 넘지 않는다. 아무리 사랑의 이름이라 하더라도 선을 넘지 않는 범위에서 애정과 관심을 마음속으로 삭인다. 그래서 춘수가 몰래 금숙의 농사일을 도와주는 대목에서는 동네 사람들이 알아차리면 어쩌나 하는 걱정에 자연스럽게 동참하여 춘수를 응원하게 된다. 도덕적 선을 지키고 있기에 의심과 질투의 화신이 된 성식의 폭력 앞에 떳떳할 수 있다.

금숙과 춘수가 서로 껴안고 눈물을 흘릴 때 먼발치에서 성식이 지켜보는 장면은 극적인 흥미를 단숨에 끌어올리는 성공적인 장치임이 틀림없다. 두 사람의 사랑을 둘러싼 불안감은 결국 무자비한 학대로 이어지면서 플롯은 클라이맥스에 이르고, 혼절하는 금숙을 안은 춘수의 모습은 감상적인 비애의 색채를 최고조로 끌어올린다.

> 금숙은 힘없는 팔을 들어 처음으로 춘수의 목을 껴안았다. 그리고 춘수의 품에 안겨 진정으로 행복을 느꼈다. 지금까지의 모든 죗값은 이제 다 청산되었다고, 그래서 이제는 춘수에게 안겨도 죄책감을 느낄 필요가 조금도 없다고, 하기야 언제 춘수에게 안겨보기나 했었는가. 언제 춘수와 사랑다운 사랑이나 해 보고 이런 곤욕인가, 라고 금숙은 생각했다.
> "그동안 정말, 정말 고마웠어요. 당신을, 당신을, 진정으로, 진정으로 사랑했어요."
> 그리고는 춘수에게 안겨 그의 목에 두른 팔에 힘을 주더니 또 가물가물 정신을 잃어갔다.

그렇다고 〈밤나무골 이야기〉에는 사랑 이야기만 있는 것이 아니다. 사랑 이야기에 농촌 이야기가 덧붙여져서 매우 독특한 사랑 이야기를 만들어낸다. 대개 연애소설에서는 도시를 배경으로 삼은 경우가 일반적이다. 낭만적인 연애라는 소재 자체가 일상에서 벗어나 환상과 대리만족을 추구하기 때문에 농촌보다는 도시를, 평범한 일상보다는 최신의 유행이나 이국적 정취를 배경으로 설정하는 경우가 많을 수밖에 없다. 그런 점에서 본다면 〈밤나무골 이야기〉는 상당히 이례적인 작품에 속한다.

그런데 농촌 이야기가 상당히 구체적이고 탄탄하다. 농사일에 관한 서술을 보면 작가가 자료 조사에 엄청난 노력을 들였거나 평소 농사에 관한 지식이 상당함을 짐작할 수 있다. 섣불리 덤벼들어서는 도저히 쓸 수 없는 디테일이 이 작품 곳곳에 펼쳐져 있기 때문이다.

특히 배경이 되는 밤나무골을 홍수로 인해 큰 피해를 입은 상태로 설정한 것도 적절한 선택으로 보인다. 춘수는 밤나무골을 '복원'하려고 애를 쓰는데, 그러한 그의 노력은 어린 시절 첫사랑을 복원하려는 노력, 가난한 산지기의 아들로 천대받았던 과거의 상처를 극복하려는 노력과 연결되면서 서사적 긴장을 창출하고 있다.

땡볕 속을 마다 않고 땀 흘려 농사를 지어 보지 않은 사람은 곡식 낟알 하나하나가 얼마나 소중하고 사랑스러운가를 결코 알지 못한다. 자식만큼이나 사랑스럽고 대견하다. 농부의 눈에 잘 익은 곡식 알갱이는 어떤 보석보다도 영롱하고 아름답다. 어떤 예술이 이보다 더 심오하고 신성할 수 있을까. 어떤 예술이 이처럼 인류와 함께 시작하여 면면이 이어져 내려오며 인류를 지탱하며 지켜 왔겠는가.

농촌에 대한 예찬을 보면 이 작품의 참주제를 가늠할 수 있다. 단순한 남녀 간의 사랑이 전부가 아니라 땀을 흘려 농사를 짓는 성실한 인간성에 대한 사랑이 더 근본적인 차원의 주제로 마련되어 있는 것이다. 착한 사람들에게 고통을 주는 안타고니스트 성식을 보라. 그는 오만하고, 게으르고, 불성실하고, 그래서 무능하기만 하다. 춘수는 그러한 성식과 정반대다. 성실하고, 겸손하고, 노력하는 인물이다. 수해 입은 밤나무골을 복원하려는 노력, 어린 시절의 상처를 극복하려는 노력, 금순을 돕고 그녀를 지켜주려는 노력은 결국 땅이 들려주는 오래된 조언에 귀를 기울이라는 메시지로 수렴된다. 단순한 사랑 이야기를 넘어서 농촌과 고향과 순수함의 회복을 향한 간절한 소망이 있기에 이 소설은 특별하게 기억될 수 있다.

소설적 장치와 주제의 구현

연구하기와 소설 쓰기 – 양영수 〈서예 교실 여인네들〉

일상적 생활 세계 속 사소한 소재를 향한 관심의 표명이 양영수의 단편소설 〈서예 교실 여인네들〉을 가득 채운다. 소설의 이야기는 어느 시에서 지원하는 문화학교 서예 교실에서 일어난 소소한 사건들로 이루진다. 아니, 갈등의 굴곡을 빚어내는 흥미진진한 사건의 전개보다는 소설의 제목 그대로 등장하는 작중인물 몇 명 여인들의 성격 묘사에 초점이 맞추어진다. "보기 드문 희성인 석씨 성을 공유했다고 해서 나하고는 금방 언니 동생 사이가 된 여자"인 '금자 언니'와 금자 언니와는 초등학교 선후배 사이인 '오경숙 씨'가 초점의 대상이 되는 인물이다. 하나는 소설가로 다른 하나는 시인으로 등단한 경력이 있는 두 '여인네'를 일인칭화자인 '나'가 관찰하고 이야기로 옮긴 것이 주를 이루는 인물 스케치형 소설이다.

이 작품이 보여주는 인물 묘사는 주로 지적인 관찰에 의존한다. 그리고 관찰의 결과에 대해서는 항상 해석을 시도하고 설명을 시도한다. 앞서 이 작품은 세상의 작은 소재들을 향해 관심을 표명한다고 하였는데, 항상 묘사의 대상을 해석하고 설명하려는 의지가 작용하면서 결과적으로 현상 그대로를 소설 속에 옮겨놓으려는 게 아니라 현상의 이면에 있는 작동 원리나 구조에 대한 이해에 도달하려는 의도를 드러낸다. 무언가를 이론화함으로써 법칙이나 질서를 파악하려 하고, 다시 그 이론을 실제의 사례에 적용함으로써 검증하려는 모습은 연구에 몰두한 학자를 떠올리게 한다. "금자 언니의 부풀려진 서체론은 선뜻 믿어지지 않으면서도 하나의 시안처럼 나의 마음 한구석에 남아 있었고 나는 기회 있을 때마다 이 시간을 구체적인 인물들에게 적용해 보았다." 각자의 글씨 스타일이 저마다의 개성을 보여준다는 금자 언니의 서체론을 신기해하면서 그 '이론'을 실제 주변 사람들에게 하나씩 적용해 보는 '나'는 이론을 검증하는 작업에 나선 연구자의 모습니다.

사람들을 멀리하는 금자 언니의 성격이 남성들보다는 여성들에 대해 두드러진다는 점을 발견한 것은 비교적 뒤늦게였다. (…) 남자들 인원의 반가량이 되는 여자들은 거의가 여자들끼리 짝궁이 되어 동석하고 있었는데 남자들과 동석한 여자는 금자 언니와 오경숙 씨뿐이어서 나의 눈길을 끌었다. 그날 그 광경을 보고 오경숙씨도 금자 언니처럼 같은 여성과의 친교를 기피하는구나 하는 생각을 하게 되었다. 더구나 이들 두 여자는 같은 초등학교 출신이라고 하면서 차내에서 동석을 기피한다는 점이 매우 이상하였다.

위의 인용에서는 '나'가 현상을 독자적으로 관찰하고, 호기심을 갖게 되는 내용을 다룬다. 서체론을 설파한 금자 언니가 스승이라면 금자 언니의 가르침을 받고 성장한 '나'는 이제 스스로 관찰을 하고 분석을 시도한다. 제자인 '나'는 이제 '금자 언니와 오경숙이라는 두 여인네의 성격'을 연구 대상으로 삼아 분석을 시도하고 있는 것이다.

왜 그들이 그러한 행동을 하는 것일까, 그녀들의 사소한 행동 하나하나, '고독 속에 피어오르는 그윽한 향기' 운운하는 그녀들의 사소한 말 하나하나에 소설은 관심을 기울이고, '나'의 호기심은 고스란히 독자들의 호기심으로 이전된다. '나'가 금자 언니의 서체론에 영향을 받은 제자라고 하였지만, 서체론을 믿든 안 믿든 적어도 이 소설을 읽는 동안만큼은 독자들도 영락없는 제자가 되는 셈이다. 어느새 독자들도 금자 언니와 오경숙 씨, 즉 서예 교실 여인네들의 사연을 알아내려고 하는 연구자가 되어 소설을 읽어나가는 형국이다.

'나'의 설명과 해석은 알 수 없는 그녀들의 비밀 앞에서 한층 더 강화된다. 문자 메시지로 서예 전시 뒤풀이 행사 안내문을 발송하고 나서 생긴 일련의 사건들 앞에서 그러한 사건의 발생 이유를 두고 '나'는 이제 추리소설 속 탐정의 입장에 서서 궁금증을 해결한다. "나는 전후관계가 맞지 않은 말들을 놓고 어떤 해석을 해야 할지 며칠을 두고 당혹감에 빠지게 되었다." "나하고 가까이 지내던 두 여자가 사라지고 나서 나의 머리에 떠오르는 또 다른 의문은 어느 날엔가 내 앞에서 이들이 나눈 얘기가 어떤 의미였는가 하는 것이었다." "나는 한동안 이야기 앞뒤가 연결되지 않는 사고의 미궁 속을 헤맨 다음에 숨겨져 있던 이야기 연결 고리 같은 것을 겨우 찾아냈다." 이것은 사건을 마주한 탐정이 최초의 당혹감에서 벗어나 하나씩 증거를 수집하고 그 증거를 바탕으로 추론을 수행하는 모습에 가깝다.

> 나는 혼자 시간이 되자 금자 언니의 서체가 어떤 것일지 새삼 궁금해졌다. 지난번 전시회에 출품했던 작품의 도록을 다시 꺼내어 세심하게 들여다보았다. (…) 나는 금자 언니 서체론의 진실성을 믿지 않기로 했다. 서체 스타일에서 사람들의 성격을 읽다니. 이야말로 뜬구름 잡는 이야기일 터이고, 금자 언니가 서체형과 인물형의 상관관계에 대해 구름 잡는 유추를 해본 것은 그야말로 하릴없는 소설가들이 즐기는 상상, 공상, 망상에 불과하다고 결론을 내리자 속이 시원하였다.

소설의 결말에 이르러 서체론에 대한 믿음이 의심되는 대목에 이르면 독자는 약간 의아함을 느끼게 된다. 서체론은 그 이론의 창안자인 금자 언니의 당당한 성격의 일면을 단적으로 드러내는 효과적인 장치인 동시에 여러 작중 인물의 성격을 분석하는 데 활용된 비중 있는 소재이기 때문이다. 그런 중요한 소재가 결말에 이르러 의심된다는 것은 그 이전까지 이루어진 줄거리가 뒤집힌다는 것을 의미하기 때문에 자칫 상당한 혼란을 초래할 수밖에 없다.

그럼에도 불구하고 결말에서 서체론을 뒤집어버리는 모습은 세상에 관한 이론과 그것의 실제 적용이 그리 만만한 일은 아니라는 것을 뚜렷이 깨닫게 해준다. 범인을 잡아야 하는 탐정의 입장에서는 결말에 이르러 뒤집힌 의미는 혼란과 실패에 가깝지만 세상을 관찰하고 이해하려는 연구자의 입장에서는 모든 것을 다 알았다고 하는 자만에서 벗어나는 겸손의 미덕을 보이는 것으로 해석할 수 있는 것이다. 이 점에서 이 작품은 세상을 이해하는 방법에 관해 소설 속에서 말해진 것보다 더 많은 것을 말하게 된다. 짤막한 이야기지만 우리의 주변을 되돌아보게 만드는 힘을 가진 그런 작품이다.

신변잡기의 기록, 세태의 관찰 – 최성진 〈바리스타ㅁ의 일기〉

최성진의 단편소설 〈바리스타ㅁ의 일기〉에서는 제목에서도 언급된 '일기' 쓰기가 몇 차례 나온다. 하루의 일을 마치면서 그날에 있었던 일을 반성하는 묵직한 성격의 일기는 아니고 "어쩌다 생각나면 쓰는 신변잡기" 형식의 자유분방한 메모 정도가 되는 듯하다. 이러한 일기 형식의 도입은 몇 가지 흥미로운 소설적 장치로 활용되고 있어 눈길을 끈다.

먼저 소설적 시간의 조절 장치로 쓰인다. 주인공인 '나'는 꽤 오랫동안 그런 스타일을 일기를 써온 것으로 되어 있다. 재수학원 시절부터 지금까지, 그야말로 '어쩌다' 쓴 일기를 다시 펼쳐보고, 그때를 회상하는 내용이 이어진다. 일기를 펼쳐보는 것만으로 서술은 과거로 자유롭게 날아가고, 일기를 덮으면 다시 현재로 편안하게 돌아온다. 그 결과 재수학원시절부터 인연이 있었던 카페 형(사장)에 관한 성격화도 큰 무리 없이 수행할 수 있다. 또 주인공 '나'가 고교 졸업 후 대학에 진학하지 않고 바리스타가 된 내력도 압축적으로 전달할 수 있다. 한 명은 외모가 딸리고 경제력은 탄탄하고 반대로 다른 한 명은 외모가 출중하고 경제력은 부족한, 대비되는 형과 '나' 두 사람이 그동안 살아왔던 시간을 매우 효과적으로 부피를 줄이는 수단으로 일기가 활용되는 것이다.

다음으로 일기는 여러 가지 에피소드를 자유분방하게 펼쳐놓는 장치로 쓰인다. 처음부터 '나'는 '어쩌다 생각나면 쓰는 신변잡기'라고 선언했다. 이 작품이 소설의 장면 하나하나가 인과의 줄을 따라 선조적으로 이루어지지 않고, 여러 가지 에피소드들이 불쑥 튀어나왔다가 사라지는 방식으로 구성되어 있어도 애초에 메모에 가까운 일기로 되어 있기에 그런 것이라는 그럴 듯 변명이 성립한다. 소설론 수업에서는 단편소설의 미덕으로 단일한 인물, 단일한 사건, 단일한 인상을 강조하지만 이 작품의 제목 자체가 '일기'로 되어 있다는 사실을 다시 한번 상기하자. 매우 편안하게 이 이야기, 저 이야기를 옮겨 다니면서 서술을 이끌어가는 특유의 흐름은 바로 일기 형식에서 비롯한다.

이와 같은 일기는 흡사 SNS를 떠올리게 한다. '나'는 예전에는 수첩에다 일기를 적곤 했었다. 그러다 "언젠가부터 휴대폰 메모장에 저장"하는 식으로 일기 쓰기를 디지털화하였다. 늘 들고 다니는 휴대폰을 꺼내어 잠깐씩 글을 쓰는 방식, 긴 호흡으로 이루어지기보다는 반짝 떠오른 생각을 스냅사진 찍듯 담아내는 일상의 기록 방식이다. 술자리에서도 짬이 나면 일기를 쓰려고 메모장을 여는 '나'의 모습을 보면 그 일기의 내용이 어떤 것일지 대강 짐작이 간다. 아주 사소한 이벤트들을 적어놓고 간혹 형의 명언을 끄적이기도 한다.

예를 들면, 운동 후에는 음주를. 공복엔 요플레와 맥주가 최고. 주말은 그냥 보내기 아까워서 한잔 꺾는 날. 비 오는 날에 챙겨야 하는 건 우산이 아니고 술 약속. 술이 보이면 남기지 말고 멸종시켜야 한다. 등등이다.

페이스북보다는 트위터나 인스타그램에 어울릴 듯한 짧은 메모 형식의 글이다. 유머와 위트를 기본으로 만들고 여기에 다른 사람들의 관심과 공감이 얹히면 완성되는 SNS의 글쓰기. 이런 면에서 '나'의 일기는 SNS의 글쓰기와 다르지 않다. 물론 소설 작품 전체가 그렇다는 것은 아니다. 소설 내용의 곳곳에 그러한 SNS적 글쓰기의 흔적 같은 문장들이 배치되어 있고, 중심 소재가 되는 '원데이 클래스'와 참석 멤버들의 대화가 SNS에서 흔한 소재들이라는 점에서 SNS 글쓰기와의 친연성이 강화된다.

아직 여러 가지로 무능한 거 있잖아요. 경제적 여건도 그렇고 직업도 안정적이지 않은. 그 덕에 맘고생도 하고 결국 헤어지기도 하구요. 뚜렷한 목적도 없고 의지도 없이 한 달, 한 달 얼마 되지 않는 급여만 바라보고 쉴 여유도 없이 일해야 하는 거죠. 그러면서 작은 행복에 만족한다면서 세상일에는 달관한 척하는 그런 남자애들이 주위에 많아요.

원데이클래스 참석한 세 명의 여자가 나누는 대화, 한편으로는 오늘날 청년 세대의 한구석을 날카롭게 찌르는 듯한 논평이고, 다른 한편으로는 '조건'만 따지는 속물적 성격의 부각이다. 그것을 모르는 체하면서 다 듣고 속으로 분노와 쓰라림을 느끼는 '나'. "그렇다고 해도 나는 순전히 내 의지대로 주도적으로 일하면서 나름대로 인생을 멋있게 살고 있는 거라고 믿고 있다."라고 당당하게 말하는 모습을 보면 주인공의 젊음이 부럽게 느껴지기도 한다.

그러나 소설은 주인공 '나'가 뭔가 해결하거나 극복하는 상상의 모습을 보여주지 않는다. 오히려 주인공은 그런 말을 들으면 무척 화가 나기는 하지만 어쩔 수 없다는 듯 받아들이고 마는 모습을 보인다. 그가 유일하게 할 수 있는 일은 휴대폰을 꺼내서 오늘 있었던 분노와 수치심을 아무렇지도 않은 듯 담담하게 기록하는 '일기 쓰기'뿐일 듯하다.

무언가 뚜렷하게 주제를 구현해 내는 것도 아니고, 뚜렷한 인상을 표현하는 것도 아니면서 세태를 관찰하고 포착하는 데에만 집중하는 이 작품은 〈소설가 구보 씨의 일일〉을 연상하게 한다. 어쩌면 두 작품 모두에서 느껴지는 진한 커피향 때문인지도 모르겠다.

슬픔이 예정된 회상의 형식 – 황선락 〈원당역에서〉

황선락의 단편소설 〈원당역에서〉를 읽으면 한 편의 슬픈 로맨스 영화를 본 듯한 느낌이 든다. 현수와 경희 두 남녀 주인공이 어떻게 해서 만나게 되고, 서로 가까워지고, 사랑하게 되었는가를 서사 전개의 중심에 설정하고 잔잔한 이야기를 펼친다. 이렇게 줄거리를 뽑으면 평범한 사랑 이야기에 지나지 않지만 이런 평범한 이야기를 범상치 않게 만들어주는 소설적 장치가 두 개 있다. 하나는 회상이고, 다른 하나는 슬픔과 고독의 정서다.

　소설은 현수가 꿈속에서 경희를 만난 이야기로 시작한다. 경희와 이별한 지는 벌써 3년이 지난 시점, 꿈속에서나마 경희를 만난 현수는 그녀와의 추억을 되살리기 위해 지하철을 몇 번이나 갈아타면서 먼 옛날의 원릉역으로 여행을 떠난다. 그리고는 과거의 추억을 하나씩 회상한다. 공간의 이동과 시간의 이동이 병행되는 방식이다.

　회상은 회상이되 이별이 전제되어 있는 회상이라는 점이 특징이다. 어떤 소설은 결과를 향한 궁금증으로 모든 이야기를 풀어낸다. 살인사건의 범인을 찾아내는 데 온 신경을 쓰는 추리소설이 그렇고, 결말에서 반전을 노리는 스릴러나 해피엔딩을 꿈꾸는 연애소설 등이 대체로 그러한 부류에 속한다. 그러나 이 작품은 처음부터 이별이라는 결과를 펼쳐놓고 시작하고 있다. 결과가 중요한 것이 아니라 과정이 중요하다는 것, 여느 연애 이야기와는 전혀 다른 방식의 접근이다.

　이별이 전제된 회상 속에서 되살아나는 경희의 모습 또한 다른 보통의 연애담과는 큰 차이를 보인다. 회상 속에서 경희는 일산으로 통학하는 여중생이다. 군대를 제대하고 나서 사법고시나 행정고시를 준비하기 위해 한적한 간이역을 직장으로 선택한 현수와는 상당한 나이 차이가 있다. 아직 사랑이라고 부르기에는 한참 못 미친 친밀감 정도의 수준에서 시작한다. 요즘의 시선을 보면 미성년자와의 사랑이 위험스럽게도 보이는 상황, 그나마 안심이 되는 것은 남자주인공 현수가 다소 근엄하다 싶을 정도로 섬잖은 인물로 등장하고 있어서 사랑의 순수함이 지켜진다.

두 사람의 사랑은 열정적인 남녀 간의 사랑이 아니라 불운한 처지에 있는 경희에 대한 동정에서 시작된다. 부모의 따뜻한 관심과 사랑을 받지 못하는 경희는 어미의 품을 그리워하는 강아지처럼 원릉역 역사로 찾아든다. 특히 원릉역이란 교외선 간이역이라서 열차가 하루에 여섯 번밖에 지나지 않는 외로운 역이라서 고즈넉한 분위기를 고조시키기에 안성맞춤이다. 사방이 고독으로 둘러싸인 곳에서 현수와 경희 두 사람만이 서로의 체온을 느끼며 껴안고 있는 모습은 비현실적인 느낌을 자아낼 만큼 낭만적이다. 외로운 처지를 향한 동정에서 시작된 친밀감이 어느새 서로의 존재에게 모든 것을 기대는 절대적 사랑으로 발전하는 과정 역시 흡인력 있게 펼쳐진다.

이처럼 과거의 회상은 원릉역이라는 외로운 간이역을 무대로 고독과 사랑의 선명한 대비를 통하여 아름답고도 찬란하게 그려진다. 그렇기 때문에 그 이후의 이야기는 모두 사족이다. 시험에 합격하고 결혼 생활을 하는 이야기는 오히려 과거의 아련함을 현저히 약화시킨다. 지나치게 일기나 자서전 같은 느낌을 주고 있기에 더욱 그렇다. 병에 걸려 이별하게 된 과정도 뭔가 쫓기듯 요약해놓아서 앞부분 과거 회상의 애틋함과는 거리가 멀다. 다만 "아저씨. 나 아저씨 만나서 행복했어요. 고마워요."라는 경희의 마지막 말에서 그러한 애틋함이 약간은 되살아나기도 한다. 작품 후반부에서 마주하는 아쉬움이란 돌이켜보면 전반부의 회상 이야기가 그만큼 강렬하였다는 방증인 셈이다.

지금은 사라진 장소, 지금은 이별하여 다시 만날 수 없는 첫사랑. 슬픔이라는 결론이 예정된 회상의 형식을 통과하여 끝내 마주하게 되는 슬픔은 단순한 고통을 넘어서 한겨울 간이역에서 두 사람이 서로 체온을 나누던 그때를 그리워하는 아름다운 추억으로 승화되고 있기에 오랜 여운을 남기고 있다.

비유와 비판 – 최정주 〈노인과 쥐〉

최정주의 중편소설 〈노인과 쥐〉는 '쥐'의 비유를 사용하여 한국현대사의 부정적 측면을 통렬하게 비판한다. 여러 부정적인 인물들이 쥐에 비유된다. 얼굴이 비슷하게 닮은 경우도 있고, 하는 행동이 쥐를 닮은 경우도 있다. 쥐 같은 인간들을 등장시키고 그들의 패악을 정면으로 들추어내고 그것에 맞서려는 의지를 드러내는 이야기가 펼쳐진다. 〈노인과 쥐〉에서는 불의를 미워하고 용서하지 않겠다는 공분으로 가득 찬 저항의 에너지가 넘실거린다.

쥐를 향한 살의를 매개로 회상이 시작된다. 현재의 시점의 '나'는 천장 속에서 우글거리는 쥐 때문에 노이로제라고 걸릴 지경이다. 마치 인간을 농락하는 듯한 쥐들에게 살의마저 느끼는 상황이다. 이러한 부정적 감정은 고스란히 초등학교 3학년 시절의 사건으로 이어진다. 쥐상을 한 담임의 얼굴이 떠오르고 아이들의 킥킥거리는 웃음소리는 쥐 울음소리처럼 먼 과거의 기억을 거슬러 되살아난다. 구체적으로는 담임에게 체벌을 당할 때의 억울하고 울분에 가득 찬 바로 그 순간, 쥐를 향한 부정적 감정은 쥐를 닮은 담임에 관한 기억으로 이어지고, 소설의 이야기는 과거의 어린 화자가 왜 그토록 담임을 향해, 또 쥐를 향해 부정적 인식을 갖게 되었는가를 하나씩 끄집어내는 식으로 펼쳐진다.

초등학교 3학년 때 담임이었던 박기정 선생은 얼굴이 쥐를 닮았다. 그의 아들 박용대 역시 쥐상을 빼다 박았고, 박기정의 동생이자 박용대의 삼촌인 교련 교사 박기훈도 한 핏줄이라 그런지 쥐상이다. 쥐상의 세 인물은 주인공 '나'의 유년 시절 '나'의 주위에서 괴롭힘을 가한 '쥐'들이다. 지금은 금지되었지만 체벌이 훈육 수단으로 당연시되던 시절, 교사인 박기정과 박기훈은 자신의 권위를 이용하여 학생들을 짓밟았다. 특히 교련 교사 박기훈은 군사정권 시절 예비역 대위임을 내세워 학생들은 물론 동료 교사들에게도 폭압적인 위력을 휘둘렀다. 쥐상의 얼굴을 물려받은 박용대는 친구들을 이간질하는 못된 행동을 하는데 이것이 쥐의 간사함을 연상시킨다.

이 작품은 단순한 학교 내 폭력을 다루는 데 그치지 않고 더욱 확장되어 한국 정치사의 그림자를 비유적으로 그린다. 박기정 선생이나 중학교 수학 선생은 이승만을 연상시킨다. 원조물자로 들어온 우유 배급으로 아이들 위에 군림하는 교사, 자격도 없으면서 아니 훔친 자격증으로 뻔뻔스럽게 교사 생활을 하다 결국 쫓겨 나가는 수학 선생, 더구나 수학 선생이 외국으로 떠나려는 찰나 검거되는 모습은 하야 이후 하와이로 쓸쓸히 쫓겨난 전직 대통령의 행적을 떠올리게 한다. 또한 교련교사 박기훈의 등장은 수학 선생이 쫓겨나고 난 직후의 일이다. 검은 선글라스를 끼고 학생은 물론 교사들에게도 위협적인 박기훈은 박정희 군사 쿠데타와 연결된다. 작중 인물의 등장과 퇴장이 국가 최고 권력의 변동과 의미상 절묘하게 맞아떨어지도록 잘 구성된 작품이다.

쥐를 이용한 비유는 이처럼 정치권력과 연결되면서 비판의 강도가 점점 세진다. '나'가 K대학 신문사 편집국장을 맡고 있을 때 일어난 '10월 유신 선언'에는 큰 쥐와 그 큰 쥐의 비위를 맞추기 위해 안달이 난 작은 쥐의 비유로 비판한다. "이건 혼자 다 해 먹겠다는 소리 아닙니까? 쥐 아니랄까 봐 쥐 같은 짓만 하고 있네요."라는 비아냥거림은 독재 권력을 정면으로 겨냥한다. 동시에 "얼굴 생김이 쥐상인 데다 하는 짓이 쥐 같은 짓거리"만 하는 신문사 주간 박교수 또한 쥐에 해당한다. 정권의 비위를 맞추기 위해 기사를 검열하고, 수정·삭제하고, 찬양 사설을 쓰는 모습을 통하여 당시 지식인의 부끄러운 민낯이 폭로된다. 나아가 시골 막걸릿집에서 술을 마실 때 독재 정권을 옹호하는 취객을 향해 '늙은 숫쥐 두 마리'라고 혐오하는 대목에서도 내부의 분노는 점점 세차게 끓어오른다.

쥐의 비유는 한국 현대사의 격랑을 절묘하게 압축한다. 예를 들어 "18년 동안이나 국민들의 가슴을 야금야금 갉아먹던 독재자가 생을 마감"하고 나서는 "또 다른 쥐새끼들이 떼로 나타나 세상을 뒤집어 버렸다."라면서 박정희 정권의 종말과 전두환 신군부의 등장을 언급한다. 이러한 대목에 이르러 비유가 현실과 어떻게 연결되는지 따라가면 독자의 입장에서는 이제 그러한 연결에서 상당한 지적 흥미를 느낀다. 나아가 쥐 = 독재 정권을 향한 공분의 감정과 연결되면서 더욱 큰 감정이입으로 이어지기도 한다. 5.18 소식을 전해 들으면서 통음하는 젊은 지식인들의 고뇌가 절절한 울림을 주고, 오랜 친구 호준의 사망은 어두운 시절을 견뎌내야만 했던 당시의 절망을 생생히 그려낸다.

"저는 비겁한 놈입니다. 시를 쓸 자격이 없는 놈입니다. 앞으로는 시를 쓰지 않겠습니다."

"아프다. 참 아프다. 나도 당분간은 시를 못 쓸 것 같아."

고백하자면, 필자는 소설을 한참을 읽다 위의 인용 대목에서 잠깐 이 작품의 제목을 착각했었다. '노인과 쥐'가 아니라 '시인과 쥐'라고. 절망의 시절에 시 쓰기를 포기하는 시인의 처절한 분노가 너무도 강렬하게 다가왔기 때문일 것이다. 수십 년이 지나 '노인'이 되어 회상하기보다는 그 당시 젊은 시인들의 생생한 소리침이 생생하게 살아나는 그런 작품이기 때문일 것이다. 탄광 막장의 카나리아처럼 시대의 타락과 절망에 대하여 가장 예민하게 반응하는 존재가 시인이기에 그들의 통음과 눈물은 그들 개인에게 머물지 않고 사회 전체로 향하고 있다.

"사람이 없는 시는 시가 아니다."라는 시론은 이 작품 전체의 내용을 적절히 갈무리한다. 한때 "시에 대한 열정으로 가득 찼던 내 머릿속은 박용대 놈을 죽이겠다는 살의가 채워버렸다." 그러나 박용대가 사망하고 나자 "살의가 사라진 자리에 시혼이 들어왔다." 분노와 절망으로 인한 '살의'가 있었다면 이제 살의가 물러나고 다시 시혼이 소생하는 따뜻한 봄날의 희망이 이 작품 전체를 비춘다. 이 대목에서 쥐를 향한 살의도 슬그머니 사라지고, 그 자리를 이진을 향한 뒤늦은 사랑이 대체하고 있다.

　시혼의 소생과 함께 현실에서도 긍정적 기운이 감지된다는 것이 이 소설이 그리는 희망의 모습이다. 국정농단을 규탄하는 촛불집회에서 대통령 탄핵의 외침이 거세진다. 동시에 쥐들의 세계에서는 "쥐들이 여왕 쥐에게 일제히 덤벼들어 물어뜯고 있었다." "저건 반란이 아니라 혁명이야, 혁명." 소설의 결말은 시적인 분위기 속에서 마무리된다. "내겐 참 행복한 향기였다." 살의로 가득한 시간을 넘어서 시혼으로 가득한 시간을 예고하는 따스한 결말이다.

길 위의 운명

우울한 원시인의 초상 – 김근당 〈영산 가는 길〉

    김근당의 단편소설 〈영산 가는 길〉은 상당히 낯선 느낌을 주는 소설이다. 우선 주인공이 무척 낯설다. 이 소설에서는 주인공 '하칸'은 한국 사람이 아닌 듯하다. 그는 검은 곰을 사냥하는 부족 출신의 남자다. 중앙아시아의 눈 덮인 타이가 지대에서 수렵 생활을 하며 살아가는 그런 마을에서 태어나고 자랐다. 남자의 고향은 단지 공간적으로만 멀리 있는 것이 아니라 아직 문명화가 이루어지지 않았다는 점에서, 그리고 구비전승의 전설과 신화의 세계에 속해있다는 점에서 어쩌면 수십, 수백, 수천 년 전의 아득한 시간적 거리가 가로놓여 있는 것이 아닐까 생각되기도 한다.

    어느 날엔가 인간들은 고향을 잃어버리리. 밤에도 수많은 태양이 뜨고 낮보다 더 밝으리. 어느 날엔가는 빛나는 눈을 가진 마귀들이 인간의 영혼을 사냥하리. 거리에서 마귀들의 눈이 반짝이리. 남자는 가슴을 잃어버리고 여자는 사랑을 잃어버리리.

남자는 오래전에 들었던 할아버지의 노랫소리를 머릿속에 떠올리고 있다. 인간의 영혼과 그것을 노리는 마귀들이 공존하며 살아가는 곳의 이야기, 달이 사람의 정기를 깨우는 세계의 이야기, 나무에게도 혼이 있고 온갖 사물에 정령이 깃들어 있는 애니미즘이 지배하는 곳의 이야기다. 할아버지의 노랫소리를 떠올리는 남자는 여전히 수천 년 전의 세계에서 숨 쉬고 노래하는 원시인 같은 존재가 된다.

남자가 살고 있는 Z시는 더욱 낯설기만 하다. 빌딩 숲과 아파트 단지, 시 외곽의 신도시는 얼핏 한국의 대도시를 연상시킨다. 하지만 Z시는 아직은 실현되지 못한 고도의 과학 기술이 생활 곳곳에서 활용되는 미래도시다. 24시간 문을 닫지 않는 무인 점포, 운전대 없이 자동으로 운행되는 자동차, 최신 기술을 활용하여 도심의 빌딩에서 짓는 농사 등 근미래에 실현되리라고 신문이나 방송에서 소개했던 여러 아이템이 Z시의 곳곳에 배치되어 있다. 소설 초반부에 낯설게 소개되었던 남자의 고향이 과거로 거슬러 올라가는 공간이었다면 남자가 현재 살고 있는 Z시는 그와는 정반대로 미래로 앞서 달려가 있는 공간이다. 곧 Z시는 얼마 지나지 않아 우리가 마주하게 될 인간관계에서 감정이 메마른 삭막하고 건조한 미래상으로서 제시되는 셈이다.

거리의 사람들은 무표정하다. 아침부터 상점 안을 돌아다니고 있는 여자들은 유리벽 가까이 서 있는 마네킹과 구별이 되지 않는다. 남자는 십 년 넘게 살아온 Z시 사람들을 알 수 없다. 조각한 듯 차가운 얼굴에 인정이 없는 것 같지만 잘 만들어진 도시 규정에 따라 서로 소통하며 행복하게 살아가고 있다. 회사에서도 칸막이에 들어가 자판을 두드리는 것으로 자기가 맡은 일을 처리한다. 광통신망이 신속하게 업무를 연결해주고 결재까지도 앉은 자리에서 받는다. 일을 마치면 팀원끼리 얼굴도 마주치지 않은 채 퇴근하는 것이 다반사이다. 그래도 살아가는 데 불편한 것은 하나도 없다.

두 공간의 대조적 의미가 파악되자 이제 이 소설은 타이가 사냥꾼의 후예가 디지털 연결망으로 만들어진 Z시에서 살아가는 이야기가 된다. 한편으로는 야만과 문명의 만남으로, 다른 한편으로는 시골과 도시의 만남에 대한 비유로 이해될 수 있는 이야기다. 만남의 접점에는 주인공 남자가 있음은 물론이다. 그는 십 년 넘게 적응 중이지만 여전히 주변이 낯설기만 하다. 비록 살아가는 데는 불편함이 없지만 문제는 이해할 수 없다는 것이다. 이해할 수 없으니 그들 속으로 섞여 들어갈 수 없고, 그래서 겉으로는 평범한 시민처럼 생활하지만 실상은 정신적 공허에 빠진 영원한 이방인으로 살아가고 있다. 더욱이 이러한 적응의 어려움은 "점점 자신도 알 수 없는 사람이 되어가고 있다."라는 탄식처럼 정체성에 대한 질문까지 확장되고 있다는 점이 문제다.

소설의 플롯을 인물 외부의 사건 중심으로 전개되는 '몸의 플롯'과 인물 내면의 정신적 갈등 위주로 펼쳐지는 '마음의 플롯'으로 나눈다면 이 소설은 전형적으로 마음의 플롯을 따르는 작품이다. 남자는 표면적으로는 부하 직원에게 폭력을 행사함으로써 심각한 위기 상황에

처하게 되었지만 그러한 사건은 돌발적인 것이라기보다는 정신적인 피로와 혼란이 극에 달한 끝에 누적된 상처가 곪아서 터져 나온 것에 더 가깝다. "정신은 어디로 간 것일까. 맑고 똑똑하던 정신이 이 도시에 살면서 점점 변하여 내가 아닌 것 같은 느낌이 들 때도 있었다." 그렇기 때문에 소설의 전개는 폭력 행위를 둘러싼 법적 처벌의 문제라든가 실직 이후 새로운 생활 국면의 전개로 나아가지 않고 오로지 정신적 혼란을 극복할 수 있는 방법을 모색하게 되며, 고향으로 가는 꿈을 꾼 것을 계기로 영산을 찾아간다.

영산에 가서 자신이 누구인지 확인해야 한다. 애틋했던 사랑도 다정했던 감정도 풋풋했던 가슴도 잃어버렸기 때문이다. 남자는 자신이 누구인지도 모른다. 이 도시 사람도 아니기 때문이다. 수많고 정교한 규칙에 적응하지 못했고 세련된 매너에 길들여지지 않았고 냉정한 지성에 미치지 못했다. 십여 년 동안 도시에 적응하려고 노력했지만 점점 외톨아가 되어갔다. 회사에서 버림받고 아내에게 무시를 당하고 있다. 아내는 철저하게 이 도시 사람이 되어야 한다고 했다. 머릿속에 인공지능 칩을 넣어서라도. 그래야 이 도시 사람들과 소통하며 살 수 있다고 했다. 가슴도 필요 없으니 수술해서 떼어내자고 했다. 감정이 사람들을 자극해 쓸데없는 오해를 산다는 것이었다. 남자는 혼란스러웠다. 살다보면 자연히 알게 되든지 적응될 수도 있을 것이라고 생각했다. 그러나 살아갈수록 더욱 혼란스러울 뿐이었다.

영산은 지극히 모호하게 그려진다. 주인공 남자는 영산에 가기만 하면 지금까지의 정신적 혼란이 극복 될 것처럼 믿고 있다. 남자는 과거에도 휴식을 취하기 위해 가끔 영산에 갔었기에 그때의 기억을 떠올리면서 길을 걸어가지만 좀처럼 영산은 나타나지 않는다. 가는 길에 대학 동창생을 만나 영산에 관해서 대화를 나누지만 그 친구는 영산을 알지 못한다. 이 대목에서 영산이라는 것이 과연 실체가 있는 것인가 강한 의심마저 든다. 최첨단의 과학기술로 운영되는 Z시에 '신령스러운 산'이 어울리기나 한 것일까? 정신적 혼란 속에서 아직 붙잡고 있는 희망이 영산으로 표현되었을 뿐, 어쩌면 Z시에서는 처음부터 그런 곳이 없었는지도 모른다.

소설은 남자가 영산을 찾아가는 데 실패하고, 그 대신 정신연구소에서 정신 개조를 받는 것으로 끝난다. 여기서 '정신 개조'란 아마도 이성만을 남기기 위해 감정을 말살시키는 작업을 가리키는 듯하다. 시술을 받은 남자는 고향에 대한 그리움, 슬픔과 기쁨을 모두 잊어버린 채 도시로 다시 돌아간다. "이제 당신을 쓸데없는 꿈과 환상에 빠지지 않도록 할 것입니다. 현실을 살아가는 당신의 정신을 Z시의 신호체계에 맞도록 개조하여 편안하고 안락하게 살도록 해드릴 겁니다." 남자는 의사의 말대로 이제 아무런 갈등 없이 도시로 동화될 것이다.

그러나 이런 식의 해결은 독자의 마음에 불편함을 남긴다. 마음의 플롯에서 갈등과 대결 끝에 성공을 거두어 정신적 성장에 이르는 것이 일종의 해피엔딩이라면 이 소설의 결말은 지극히 비극적인 새드엔딩이 되는 셈이다. 바로 이러한 불편한 감정 속에 이 소설의 참주제가 담겨있다. 플롯은 주인공의 패배로 끝났지만 소설이 끝나고 나서 독자들에게 거대한 질문을 마주하게 된다. 과연 당신의 영산은 어디에 있느냐고? 또는 앞으로 닥쳐올 Z시에서 당신은 어떻게 살아갈 것이냐고?

또 하나의 증언 - 조규남 〈와타나베의 칼〉

조규남의 단편소설 〈와타나베의 칼〉은 위안부 문제를 정면으로 다룬 소설이다. 아흔 중반이 된 그녀와 그녀의 딸을 중심으로 많은 세월이 흘렀는데도 선명히 남아 있는 상처에 관하여 이야기한다. 고국으로 돌아온 후 주변의 냉대, 어디에도 드러내놓고 하소연할 곳 없이 수십 년을 살아오면서 쌓인 한에 관해서 다룬다. 그래서 이 소설은 소설이라는 허구적 서사의 한계를 넘어 과거의 상처를 기록하고 들여다보는 증언 문학으로서의 역할을 충실히 수행하고 있다.

처음에는 위안부가 아니라 치매 노인을 중심으로 다룬 소설로 보였다. 주인공 미영은 어머니를 차에 태우고 집을 나섰다. 그러나 소변을 보고 싶다면서 차를 세우기를 몇 번, 나중에는 기저귀까지 채우기도 하는데, 그러한 소동이 어머니의 치매 때문이라는 사실이 얼마 지나지 않아 소개된다. 방금 있었던 일도 깡그리 잊어버릴 정도로 때로는 딸도 못 알아볼 정도로 심한 증세를 보인다. 미영의 입장에서 느끼는 막막함이 '평화의 소녀상'이 언급되기 전까지 치매 증상에 관한 것이 전부처럼 보였다.

이 소설에서 치매 증상은 크게 두 가지 역할을 수행한다. 첫째 과거의 고통과 상처를 현재에 불러오는 역할이다. 치매 증세가 심해질 때 노인은 필리핀 위안소에서 하던 행동을 반복한다. 치매 증상이 심해질 때면 일본군 사내들에게 짓밟히던 소녀 시절이 떠오른다. "그녀는 아직도 필리핀 전선에서의 악몽에 허우적거리고 있는 모양이다." 심지어 가족을 포함한 주변 사람들의 냉대와 멸시를 참아가며 그동안 위안부 경험을 숨겨왔지만, 치매로 인해 애써 숨겨왔던 상처가 세상 밖으로 터져 나오게 되는 것이다.

둘째 치매로 인해 기억을 상실하게 된다. 얼핏 들으면 앞서 나왔던 과거의 기억을 현재에 되살리는 역할과 정반대인 듯하지만 꼭 그렇지는 않다. 상실되는 기억은 일본 제국주의자들의 만행을 고발하여 온 세상에 폭로하려 할 때 필요한 기억이다. 정신이 온전치 못하면 증언을 할 기회가 오더라도 소용이 없게 되지 않겠는가. 실제로도 위안부 희생자들의 상당수는 고령으로 인해 정신적 능력이 약화되기도 했다는 보도가 들린다. 더구나 아흔을 넘긴 고령이라 사망하게 된다면 앞으로 과거의 만행을 폭로하고 고통과 상처를 증언한 기회를 영영 잃어버릴지도 모른다. 이에 소설 속에서 치매에 걸린 노인이 기억을 잃어가는 설정은 위안부 문제에 관한 현재의 상황과 관련이 있는 것으로 보인다.

활짝 핀 벚꽃 그늘에 그녀가 앉아있다. 자신의 집을 올려다보고 있는 듯 뚫어져라 정면을 바라본다. 하얀 머리와 분홍 스웨터가 연분홍 꽃들과 어우러져 화사하다. 애초부터 그곳에 부착된 조형물처럼 차를 바짝 세워도 꼼짝하지 않는다.

소설의 첫머리에 나오는 이 대목은 처음에는 그 의미가 잘 파악되지 않는다. 그저 치매 증상이 심해져 멍하니 벚꽃 그늘에 앉아 있는 노인의 모습이다. 움직임 없는 그 모습은 일종의 '조형물'처럼 보인다. 그런데 기이하게도 어떨 때 90중반의 노인은 소녀처럼 보이기도 한다. "그녀의 웃음이 참으로 청순하고 싱그럽게 느껴진다. 겨우내 꽁꽁 얼었다 따사로운 햇살로 피어난 봄꽃처럼." 치매 증상이 발현될 때 과거의 고통이 떠오르지만, 때로는 과거의 순수했던 시절이 떠오를 수도 있겠다. 이제 '조형물'과 '소녀'의 이미지는 서로 단단히 결합되어 결국 '평화의 소녀상'으로 합쳐진다.

소설 속에서 미영은 노인의 회고록 출판을 준비 중이다. 이 회고록은 필리핀 위안소에서 있었던 일을 노인이 직접 대학노트에 적어놓은 메모를 바탕으로 한다. 치매에 걸리기 전 노인이 틈틈이 적어놓은 메모는 분산적이며 파편화되어 있고, 이제 치매에 걸린 상태에서 딸인 미영이 그 기록을 하나씩 분류하고 정리하는 일을 하고 있다. 치매에 걸린 노인이 도움을 줄 수는 없으니 필리핀에서 함께 지냈다는 정순이 모의 말도 떠올리면서, 역사책에 나오는 내용도 찾아가면서 미영은 혼자 힘으로 질서 없는 메모를 정리하고 있다. 미영의 작업은 지난하지만 진실을 알려야 한다고 용기를 북돋워 주는 출판사 사장의 응원 덕에 계속 이어진다.

출판 작업을 하는 미영은 위안부 문제를 대하는 오늘날 우리들의 모습을 떠올리게 한다. 처음에는 외면하였고, 나중에는 일종의 의무감에 불타오르기도 했으며, 간혹 "여태껏 묻어놓았듯 그리 살면 그만인데 굳이 까발릴 게 뭐냐는 생각이 문득문득 고개를 들었다." 우리 사회에서 위안부 문제를 대하는 다양한 시각이 혼란스러워하는 미영의 심리와 고스란히 겹친다. 그리고 소설 속에서 그러한 미영의 정신적 방황을 지켜보는 우리 독자들에게는 위안부 문제를 어떻게 대해야 할 것인지에 관해서 질문이 던져진다.

단편소설 〈와타나베의 칼〉을 읽고 나면 뭔가 이야기가 덜 끝난 느낌이 든다. 어쩌면 연작의 형태로든 아니면 더 큰 장편 중 일부의 형태로든 구성이 되어야 하는 것이 아닐까 싶은 생각이 든다. 소설 속에서 반복적으로 나왔던 '와타나베 중사'가 도대체 어떤 인물인가? 또 '여시굴'은 어디인가? 소설에서는 명료하게 떠오르지 않는 과거의 기억으로 인해 고통스러워하는 인물을 보여주었는데, 결국에는 과거의 상처를 소설의 표면에 끌어올리는 '증언'의 작업이 추가적으로 필요하지 않을까 싶은 생각이다. 어쩌면 이미 작가가 이런 기획을 준비 중인지도 모르겠다. 그러나 그러한 추가적인 작업과는 별개로 이 소설 작품 자체만으로도 과거의 기억을 현재화하는 작업의 의의와 당위는 충분히 강조될 수 있었다는 데 충분한 의의가 있다.

바람이 들려주는 이야기 – 황영경 〈열린 문〉

황영경의 단편소설 〈열린 문〉은 아름다운 문장이 한껏 돋보이는 작품이다. 이 소설의 소재는 지극히 평범한 일상적 내용에 머무른다. 적극적인 긴장의 고조 없이 어떻게 보면 약간은 밋밋한 이야기 전개가 이어진다. 그러나 그렇게 평범하고 밋밋한 이야기지만 그것을 다루는 문장의 섬세하고 유려한 손길이 닿으면 이야기는 꿈결 같은 활기를 지니게 된다. 그렇다고 화려한 미문은 아니다. 지나치게 꾸몄더라면 오히려 역효과가 났으리라 싶다. 오히려 잔잔하면서도 정확하게 짚어내고 있는 소박하면서도 명확한 문장이 독자로 하여금 자연스럽게 이야기에 귀를 기울이게 한다.

일인칭화자 '나'를 주인공으로 내세운 이 소설은 오래전 살았던, 또 일했던 곳을 방문하여 그때의 일들을 떠올리는 내용으로 이루어진다. "그 빠듯한 삶의 예각"에서 서 있었던 그 시절에 관한 회상은 어느 한 가지 이야기로 수렴되기보다는 출판사 동료 순, 미혼모 조카 진영, 무엇보다 점을 쳐주던 보살에 관한 이야기로 가지를 뻗어나갔다가, 나중에는 운명의 흘러감이란 하나의 주제로 다시 모여드는 형국을 이룬다. 결코 돌아갈 수 없는 시간의 흐름을 확인하면서 과거를 향한 미련과 죄책감, 또는 부채 의식이 한데 모여 독특한 정서를 구축하는 작품이다.

재개발의 광풍이 불어 역세권이라고 주위의 상가와 아파트들은 훤칠하게 들어서는데, 융통성 없이 생겨먹은 만무방처럼 버티고 서있는 구축물 앞에서 나는 옛 사무실의 건물 자리를 가늠해 보았다.
근무 중에 살며시 빠져나와 찬거리며 간식거리를 사왔던 슈퍼마켓과 과일가게. 김밥과 떡볶이, 순대를 팔던 김떡순네 분식집. 군색하고 누추했던 만큼 질펀하고 흐벅지던 골목길의 정경들. 폼페이 최후의 날처럼 모든 것들은 부지불식간에 사라졌을까. 굳은 잿더미의 흔적조차도 한 점 남지 않은 이곳에서 내가 정말 존재하기나 했단 말인가.

예민하고 섬세한 '나'에 비해 한결 무던한 성품의 부하 직원 순에 대한 감정은 무엇일까? 모처럼 야근 없이 퇴근할 때 집에 들어가기 싫다는 '나'의 말 한마디에 대뜸 자기 집으로 초대해서 음식을 대접하고자 했던 일화를 떠올리는 것을 보면 따뜻한 인간미를 향한 그리움이 전해진다. 그러나 '나'는 그녀가 건네오는 손을 뿌리쳤다. 어떻게 보면 사생활에 대한 지나친 관심이라 여겼는지, '나'는 순이 더 이상 가까이 다가오지 못하도록 '독하고 모진 상사'로 대했고 그로 인해 순 역시 침묵해야만 했었다는 일화를 회상하는 대목에서는 후회와 자책이 느껴진다. 결국 정리해고가 시행될 때 아직 어린아이들의 엄마인 순이 회사를 나가고, 부양가족 없는 '나'는 회사에 남게 되었던 일을 돌이켜보면 남아 있는 자가 내쫓기는 자에 대해 느끼는 부채 의식이 확인된다.

조카 진영에 대해서도 순에 대한 감정과 비슷한 감정이 떠오른다는 점이 흥미롭다. 고등학생 때부터 서른이 다 될 때까지 고모에게 기대어 살았던 진영과 그녀보다 7살 많은 독신 여성 '나'는 막냇동생과 큰언니 같은 자매 관계에 가깝다. 조카 진영은 대담하게도 고모가 야근 중일 때 남자친구를 불러들일 만큼의 연애에 불이 붙었고, 고모인 '나'는 연일 이어진 야근 때문에 연애에 대한 관심이 사라진 상태로 두 사람은 대조적이다. 이것저것 재기보다는 일단 저지르고 보는 조카는 어쩌면 순처럼 인간미 넘치는 인물인 듯하고, 이에 반해 '나'는 자로 잰 듯 생활하려는 이지적이고 내성적인 인물인 듯하다. 아마도 조카는 순처럼 '나'를 향해 손을 건넸고, '나'는 그 손을 잡아주지 않았다. "차라리 수경이를 내 앞으로 올려놓았더라면"하는 뒤늦은 후회에는 조카 진영을 향한 죄책감과 부끄러움이 뒤엉켜 있다.

"고모 집 나와서 바로 새라가 생긴 걸 알았어. 그 자식은 거두절미하고 떼라고 하더군."

진영이 만났던 남자는 모두가 실직을 하거나 파산했다. 최악의 남자는 아무래도 진영에게 새라를 선물해준 그 면도기의 남자가 아니었을까. 갓난쟁이 딸을 데리고 쫓기던 진영. 문밖에서 열리지 않는 견고한 문을 두들겨야 했던 그 애를 나는 그때 외면하고 말았다.

나 역시도 어린 한 생명을 유기한 공범자였던 셈이다. 남의 밥줄 끊는 일. 소위, 자신의 손에 직접 피를 묻히지 않으려는 사장으로부터 도망치는 게 급선무였던 나는 진영에게는 더없이 잔인하고 완전한 타자가 되고 말았다.

조카에게 문을 열어주지 않았고, 순이 문을 열고 기다릴 때 들어가지 않았던 '나'의 행동은 결국 '나'라는 인물의 성격화로 이어진다. 그런 행동은 조금은 냉정하고, 이지적인, 그러나 시간이 흐른 후 미련과 부채 의식에 마음이 흔들리는 인물과 자연스럽게 연결된다. 평범하고 밋밋한 이야기 속에서 펼쳐지는 사건과 인물은 세련된 문장에 실려서 독자의 눈앞에 아련한 향수를 환기시킨다.

또 다른 열린 문, 순의 단골 점집이자 '나'가 수경의 작명 때문에 찾아갔던 그 점집의 문이 소설의 시작과 끝에 배치된 것도 눈여겨볼 포인트다. "언제나 들어오라는 듯 빵긋이 열려있던 그 대문 집은 어디쯤이었을까." 작품의 제목이 가리키는 '열린 문'이란 운명을 알려주는 천궁보살의 점집. 순간 오랜 시간을 건너 미련과 후회와 부채 의식과 죄책감과 무엇보다 '그리움' 속에서 옛 사무실과 옛집, 그리고 순과 조카 진영의 얼굴이 떠오른다. 그동안 회상되었던 추억은 결국 어디론가 사라진 점집의 열린 문에서 비롯된 것이다.

점심을 거른 순이 기쁜 점괘를 받아왔는지, 치솟는 엔도르핀을 손가락 끝에 모아 자판을 튕겨내는 소리가 잘 볶은 콩처럼 수다스럽고, 막내 민경이가 언니 몫이라고 남겨놓은 은박지에 싼 피자 한 조각을 순의 책상 위에 놓아두었던 옛 사무실. 갓난아이 새라를 안고 아래층 찻집에서 내 야근이 끝나기를 기다리던 진영에게 "고모, 오늘 밤샘 작업할 거야."라며 가불액 몇 푼을 쥐어주며 돌려보내야 했던 그 마지막 밤 뒷골목의 착잡했던 불빛들.

소설의 결말에서 '나'는 각양각색의 만국기들이 나부끼는 풍경을 보면서 열린 문 한쪽 옆에 세워진 장대 끝에서 휘날리던 깃발을 추억한다. 삼각형 오방색 깃 천들은 '바람의 말'이라고 했던가. 결국 이 소설은 바람이 들려주는 이야기가 아닌가. 순과 진영에 관한 추억은 이제 운명의 바람결에 날려 보내야 할 것 같다. 더 이상의 할 말을 줄이고 대신 긴 운명의 시간에 모든 것을 내맡기는 결말의 선택은 제법 긴 여운이 남게 만드는 적절한 소설적 선택이다.

따뜻한 마음으로 – 최문항 〈골목대장〉

최문항의 단편소설 〈골목대장〉은 읽으면 마음이 훈훈해지는 소박한 이야기다. 주제는 부인과 사별하고 혼자 사는 주인공 '나'의 일상에 찾아온 작은 기쁨이다. 이웃집 꼬마 조나단과 만나서 친해지고 나중에는 도움을 받기까지 이어지는 일련의 이야기들이 자연스럽게 서술된다. 부풀리거나 치장하는 일 없이 편안한 문체로 담아내고 있다.

그러나 이 작품이 선사하는 이야기의 편안함은 소설 창작 교과서에 나옴 직한 모범적인 플롯 전개를 결과에 가깝다. 자세히 들여다보면 구성에 공을 들인 흔적이 나타난다. 독자에게 인물에 관한 정보는 적지도 않게 그렇다고 많지도 않게 필요한 양만큼 제한하여 제시한다. 이야기가 어느 정도 전개되면 적당한 위치에 반전(전환)의 포인트를 배치해 놓음으로써 이야기 전개의 변화를 시도한다. 작품 속에서 펼쳐지는 이야기는 독자의 머릿속에 선명한 장면을 그려주는데 마치 영화의 씬을 떠올리게 한다. 장면은 다시 다른 국면으로 전환되면서 이야기의 단계는 점차 발전해 가는 전형적인 3막 구조의 공식을 따른다. 자연스러운 서사 전개가 이어진 끝에 심근경색으로 플롯의 절정을 마련한 것도 무리 없는 설정이었다.

대체로 무난하게 이어지는 이야기 덕택에 소설 속 내용은 무척 편안하게 전달된다. 작품 초반부 '나'의 감정 변화 표현이 그러하다. 처음에는 유리창 너머로 물끄러미 내다보면서 "저놈이 우리 마당에서 넘어져 다치기라도 하면 어떡하지?"라면서 약간 걱정을 하기도 한다. 차고 앞을 막아버리고 나서는 "혹시 내가 줄을 쳐놓아서 안 나오는 걸까? 은근히 녀석이 궁금해졌다." 창밖에서는 다시 '따라락따라락 소리'가 들려오고 "나는 뭔가 기다리던 소식을 받은 것 같은 반가운 마음이 들면서 얼른 창가로 달려갔다." 어느새 작은 호기심을 넘어서 관심과 반가움으로 감정이 점차 발전하고 있는 과정이 잘 표현되고 있다.

매일 할 일이 없어서 라디오나 끼고 살던 나는 꼬마가 이 골목에 나타난 다음부터는 녀석이 학교를 끝내고 집에 돌아오기 전까지 내가 해야 하는 일들을 대강 끝내놓고 창가에 끌어다 놓은 의자에 가 앉아서 녀석을 기다리곤 했다. (…) 나는 어린애를 저렇게 혼자 있게 하다가 무슨 일이라도 생기면 어쩌나 하는 공연한 걱정까지 하게 되었다. 그래도 외톨이 같지 않게 혼자 잘 놀고 있는 것을 보면 아주 기특하다는 생각이 들었다. 이제는 아주 능숙하게 밧줄 밑을 지나서 다시 스케이트보드에 올라서는 재주를 부리는 녀석을 보면서 나 혼자 박수를 치곤 했다.

이 대목에 이르면 꼬마 조나단의 등장 이후 일상이 바뀌고 있음을 확인할 수 있다. 아예 창가에 의자를 가져다 놓고 녀석을 기다리는 모습은 김연아의 스케이팅을 지켜보는 관람객을 떠올리게 한다. 마당에서는 작은 김연아가 스케이트보드 위에서 갈라쇼를 보여주고 있고 창가에서 '나'는 감탄하면서 지켜본다. 이제 하루라도 녀석의 공연이 없으면 섭섭해질지도 모르겠다. 자연스럽게 독자들도 '나'의 시선을 따라서 어느새 그 공연을 즐기게 된다. 이처럼 조용하게 때로는 쓸쓸함도 느껴지는 노년의 평온한 일상이 우연히 찾아온 불청객으로 인해 서서히 변화해 가는 과정은 눈길을 끄는 사건이나 화려한 등장인물 없이도 무척 흥미롭게 느껴진다.

더 흥미로운 부분은 그다음이다. 조나단은 스케이트보드를 타다가 넘어진 것이다. 조나단은 나동그라져 얼굴을 찡그린 채 주저앉아 있고 눈에는 눈물이 맺혀 있다. '나'는 깜짝 놀라서 황급히 밖으로 나가서 상처를 확인하고 "우선 꼬마 녀석을 집 안으로 데리고 들어왔다." 여기서 주목할 부분은 '집 안'이라는 대목이다. 창문을 사이에 놓고 집안과 집 밖으로 분리되어 있던 것에서 이제 하나의 공간으로 집안으로 데리고 들어오면서 이야기의 단계는 또 다른 국면으로 발전된다. 이름을 물어보고 아이 엄마의 전화번호를 물어보면서 비로소 '대화'가 시작되는 것이다. '나'는 엄마가 늦게 퇴근할 때까지 조나단을 돌봐주고, 한국말을 잘 알아듣는 조나단은 '나'의 고향 이야기, 옛날이야기를 잘 들어주는 훌륭한 말동무가 되어줌으로써 두 사람이 '친구'가 되는 과정이 따스하게 펼쳐진다.

한 가지 아쉬운 점은 심근경색 이후 내용이 다소 급하게 마무리된다는 점이다. 그 앞까지 '나'의 감정의 변화나 '나'와 조나단이 점점 가깝게 지내는 과정, 스케이트보드 경기장 나들이, 심근경색의 징후와 발생 등이 차근차근 펼쳐진 데 비해, 비교적 짧은 분량이고, 조나단도 등장하지 않아서 그런 느낌이 생기는지 모르겠다. 그럼에도 결말 이후 소설이 끝나고 나서도 '나'와 조나단이 계속 좋은 관계를 이어갈 것이라고 예상할 수 있다. "힘내라 조나단! 이 할아버지가 여기서라도 응원하고 있을 테니까 말이야!"라는 소설의 마지막 문장처럼 두 인물의 행복을 응원하게 되는 훈훈한 결말이기 때문이다.

상호텍스트적 서사의 세 가지 예시

겨울보다 더 쓸쓸한 – 김용매 〈꽃샘추위〉

　김용매의 단편소설 〈꽃샘추위〉는 요즘 신문 방송에 빈번히 오르내리는 금융사기를 중심 소재로 하였다. 비상장주식에 투자하면 큰 수익을 얻을 수 있다는 달콤한 말에 속아 돈을 날린 것. 문제는 이런 소재를 어떻게 처리할 것인가이다. 자칫 잘못 접근한다면 시사 잡지의 기사 비슷한 것이 되고 말 성질의 소재이다. 실제로 작품 내에서 사건 취재 기사를 연상하게 하는 내용이 빈번하게 나오기 때문에 더욱 그러하다. 그러나 이 소설에서는 시간 역전을 채택함으로써 신문 기사와 거리를 두면서 소설적 색깔을 만들어낸다.

　'그 일'만 생각하면 몸을 쥐어짜는 고통과 분노가 치밀어 올랐다. 가슴이 천 갈래 만 갈래 찢어지는 것 같았다. 그녀는 자리를 박차고 일어났다. 잠옷을 벗어 방바닥에 패대기쳤다. 속지 말았어야 했다는 자책에 괴로웠다.

'그 일'은 이미 벌어진 상태. 사기를 당한 주인공의 진경이 자신의 실수를 뼈저리게 후회하면서 과거의 일을 되돌아보는데 이것이 이 소설의 기본적인 태도를 결정한다. 바둑에서의 복기가 이런 비슷한 것이 아닐까. 어떤 수를 잘못 두었기에 결국 패배로 이어졌을까 되짚어보는 일. 이 소설의 기본적인 태도는 한 수 한 수 되짚어보는 복기에 가깝다.

그러나 이 소설의 태도는 바둑기사들이 스스로를 냉철히 돌아보는 복기의 방식과는 엄연한 차이가 있다. 오히려 정반대로 후회와 미련이라는 인간적인 감정이 많이 개입된다는 것이 특징적이다. 가령 잠에서 덜 깬 아들을 바라보면서 "수정이와 잘 풀렸다면 삼대가 함께 살았을 것이다."라고 생각하는 대목을 보자. 여기에는 수정이와 잘 풀리지 않았다는 정보를 제공하면서 궁금증을 유발하고, 소설이 좀 더 전개되고 난 뒤 바로 그 수정이 때문에 이 사달이 났다는 사기 사건의 진상을 알게 되면 수정이에 대한 가정법에 담겨 있는 후회와 미련을 엿보게 된다. 복기는 복기이되 지극히 인간적인 감정으로 뒤범벅이 된 복기인 것이다.

그래서인지 이 소설의 관심은 주인공 진경의 감정에 집중되어 있다. 금융사기 사건이 중심 소재이긴 하지만 이 소설은 사건의 진상을 파헤치는 데 주력하지 않는다. 그보다는 사기를 당한 주인공의 주변을 스케치하고 그러한 생활 속에서 주인공이 느낀 감정을 소설 속에 담아내는 데 더 많은 노력을 기울인다. 동료 김 선생을 향한 미묘한 감정 역시 그러한 예시이다. '까르띠에 다이아몬드 장식 안경'으로 표현된 김 선생을 향한 양가적 감정, 진경은 김 선생의 속물성에 대하여 경멸의 시선을 보내지만 동시에 질투와 선망의 감정을 완전히 부인할 수 없다.

김 선생을 향한 양가적 감정은 결국 돈을 향한 진경의 감정과 일치하는 것이 아닐까 싶다. 한편으로는 큰 욕심 내지 않고 선량하게 살아가는 소시민이다. 그러나 다른 한편으로는 적어도 남들만큼만 이익을 내고 싶다는 생각에 욕심을 냈다가 사기꾼의 먹잇감이 되고 말았다. "자라한테 토끼가 속았어요. 남의 말을 함부로 믿으면 안 돼요. 토끼가 욕심을 부렸어요." 유치원에서 동화 구연을 하는 진경의 귀에 들리는 아이들의 말은 결국 진경 자신의 내부에서 솟아난 목소리와 일치하는 것이 아닐까.

그렇다고 모든 문제의 원인을 주인공 진경의 욕심 탓으로만 돌릴 수는 없다. 아들의 취업 실패, 사업 실패, 결혼 실패가 그녀의 마음을 약하게 만들었기에 그런 속임수에 넘어간 것이 아닐까. 남편이 없다는 교집합으로 어려울 때마다 의지하던 이장과 그녀의 딸 수정이가 결국에는 독으로 돌아온 것이 아닌가. 어쩌면 비상장주식으로 대박이 나서 외제차로 변신한 김 선생의 자동차를 보았기 때문에 판단이 흐려진 것은 아닐까. 어느 하나를 원인으로 지목하기보다는 진경 주변의 온갖 상황과 조건이 모두 한데 합쳐져서 이런 일이 일어났다고 소설을 말하는 듯하다.

검찰청 밖은 방울토마토만 한 우박과 돌풍이 몰아쳐서 따발총 소리가 요란을 떨고 있었다. 주차장까지 가는 동안에 우산이 여러 번 뒤집혀 간신히 붙들었다. 부러진 나뭇가지들과 임자 잃은 우산이 뒤섞인 채 바람에 나뒹굴고 있었다. 펼침막들이 찢어져 미친 여자의 머리칼처럼 사방으로 날리고 있었다. 진경의 '설마 경차'는 곰보빵이 되어버렸다. 길거리는 거대한 주차장으로 변해 있었다. 인도에는 사람이라곤 코빼기도 보이지 않았다. 진경은 겨울보다 더 앙칼진 꽃샘추위 속에서 그만 방향을 잃고 말았다. 어디로 가야 할까. 도대체 어디로 가야 한단 말인가.

사기꾼은 잡혔지만 돈을 돌려받을 길은 요원하다. 돈을 되찾지 못한다는 것은 결코 과거로 되돌아갈 수 없다는 말과 다를 바 없다. 위험성을 알고도 투자를 권유했던 수정을 다시 며느릿감으로 받아들일 수는 없다. 수정이 끼어있으니 이장과의 관계 회복도 바랄 수 없다. 아들에게 보태줄 아파트나 사업자금이 날아갔으니 아들은 여전히 백수 생활을 계속할 것이고, 수정과 같은 며느릿감도 이제는 찾기 어려울 듯하다. 겨울보다 더 앙칼진 꽃샘추위 속에서 길을 잃은 주인공 진경의 모습은 그녀의 감정 상태를 잘 포착하였다. 아무리 복기를 해보아도 묘수를 찾을 수 없는 당혹스러움이 잘 표현된 결말이다.

패러디의 참신함과 자료 조사의 깊이 – 정광모 〈견습생 풍백〉

 정광모의 단편소설 〈견습생 풍백〉은 신화적 상상력을 바탕으로 또 하나의 그럴싸한 가상 세계를 빚어내는 데 성공한 작품이다. 기본적으로는 상호텍스트성, 구체적으로는 패러디의 수법을 활용한다. 패러디란 원본과 끊임없는 비교 작업이 필수다. 원본과의 상호텍스트적인 관계 속에서 의미가 생성되고 작품이 해석될 수 있다. 이 때문에 패러디 작가에는 두 가지 과제가 주어진다. 하나는 원본에 대한 철저한 이해, 또 하나는 원본에 대한 철저한 배반. 이러한 두 개의 상반된 과제 중 하나라도 어긋나면 아주 쓸모없는 결과가 나오고 만다. 이 작품은 두 개의 과제를 동시에 완수했다는 점에서 주목을 요한다.

> 신시에 소문이 쫙 퍼졌다. 환웅이 동물 중 하나를 골라 여자로 변신시킨다는 소문이었다. 소문은 서쪽 성문을 따라 들어와 마을과 상가를 한 바퀴 돌아서 재빠르게 신단수 우듬지와 궁전 담을 넘어 풍백 집무실로 건너왔다. 신시는 성벽이 없는 열린 도시였다. 사각형인 외곽을 따라 도로가 나 있고 동서, 남북으로 네 개의 성문이 서 있었다. 성문에는 아예 문이 달려 있지 않았다. 성문을 따라 들어오면 마을이 이어지고 내부 순환도로가 중심가를 둘러쌌다. 30길이 넘는 신단수가 중심가 동쪽에 자리 잡았고 그 옆에 환웅의 궁전이 있었다. 신단수는 매일 자신의 존재를 알리는 거대한 그림자를 신시에 던졌다.

 이 작품의 시작 부분을 읽어보면 단군신화를 가리키고 있음을 한번에 알아볼 수 있다. 환웅이 언급되고 동물을 여자로 변신시킨다는 단군신화의 기본 모티프가 언급되기 때문이다. 또한 신시, 신단수 등 세부적인 디테일에 관한 정보는 단군신화와 일치한다. 아니, 오랫동안 전승되어 온 단군신화보다 한층 더 세밀하게 신화 세계를 묘사한다. 이로써 독자의 머릿속에는 이미 알고 있는 단군신화에 관한 지식이 강하게 활성화된다.

그러나 첫 대목부터 배반은 준비되어 있다. 이 작품은 '소문'에 관한 이야기로 시작한다. 환인의 서자 환웅이 하늘에서 내려오는 것부터 시작하는 것이 아니라 이야기의 허리를 뚝 끊어서 신시에 쫙 퍼진 소문에 집중한다. 모든 신화가 그러하듯 단군신화 원본의 관심은 신과 영웅이다. 소문을 듣고, 소문을 옮기는 존재는 신이나 영웅이 아니라 범속한 인간들이라는 것. '소문'을 운운하는 순간 이 작품은 신성한 존재들에 관한 이야기가 아니라 평범한 인간들에 관한 이야기 곧 소설이라는 것을 천명하는 것이다.

소문을 들은 자는 누구인가? 주인공인 견습생 풍백 탁이다. 풍백, 우사, 운사는 본래 단군신화에 등장하는 조연급 인물이지만 풍백의 견습생은 원본에는 없는 설정이다. 더구나 풍백, 우사, 운사들이 휴가를 갔다는 설정은 원본과는 상당히 다르다. 실은 수천 년 전의 신화 속 이야기가 아니라 업무와 휴가가 뚜렷이 구분되는 오늘날 회사나 조직 생활을 견주어서 이야기한 것이다. 원본을 뚜렷이 가리키지만 동시에 그것에서 벗어나 또 다른 의미층을 덧씌우는 수법, 전형적인 패러디의 수법을 따르고 있음을 확인하게 된다.

작품 속에서는 애니미즘의 세계관이 펼쳐진다. 동물은 마치 인간처럼 생각하고 말하고, 급기야 변신까지 한다. 하도 변신을 많이 해서 언제부터인가는 변신을 금지할 정도이다. 단군신화에 배경처럼 깔려있는 애니미즘 전면적으로 발전시켜서 주요 상황으로 만들고 있다. 작품에서는 여러 동물 부족이 존재하고 부족 내에서 의견을 조율하고 결정하는 일이 이루어지는데 인간 부족이라고 해도 별반 다르지 않을 듯하다. 판타지 소설이나 영화 속 이야기처럼 신기하고도 그럴듯한 거짓말이 자연스럽게 펼쳐지는 것이 이 작품의 묘미이다.

한편 여기에 이르면 고대에는 동물들이 변신을 하는 일이 빈번했고, 웅녀의 변신 이야기도 그런 흔한 변신 사건 중 하나에 불과한 지극히 평범한 일이 된다. 적어도 작품 속 인물들은 그렇게 생각하여 동물이 인간으로 변신하는 일을 대수롭지 않게 여긴다. 풍백이라는 직업의 특성상 그런 일을 일상다반사이고, 그러니 주인공 풍백은 동물의 변신에 주목하는 것이 아니라 상급자가 휴가를 가서 번거로운 일을 맡게 되었다고 한숨을 쉰다. 업무 담당자가 자리를 비워서 자신이 맡게 되는 일이 늘어났을 때의 불평, 이것은 고대인이 아니라 현대인의 생활과 연결되어 해석될 때 재미있다. 전형적인 뒤틀기, 패러디의 수법이고, 이를 통하여 유머의 효과가 발생한다.

변신족들의 자손들은 가축을 잡는 일을 했다. 장례와 관련된 일도 도맡았다. 신시가 탄생한 초기에는 성안에 두께가 세 치인 박석을 깔다가 많은 변신족이 박석에 베이거나 손을 다쳤다. 한겨울에는 동상에 걸렸다. 노임도 많지 않았다. 신시 주민은 그 일을 변신족이 맡은 고유 업무로 치부하고 아무도 박석 일을 하지 않았다. 박석광산에서 돌을 캐오는 일도 변신족이 전담하는 일로 돼버리고 말았다. 박석이 층층이 쌓인 광산에서 돌을 캐다 죽거나 다치는 변신족도 많았다. 신시에서 뻗어나가는 도로에 까는 박석 일도 변신족들 자손 일이었다. 험한 일을 하면서 변신족의 자손들은 점점 죽어 없어져 그들 무리는 찾기 어려웠다.

위의 인용은 인간 사회의 계급 형성에 관한 이론과 패러디적 상상력이 결합된 결과다. 여기에 이르면 역사학과 인류학에 관하여 작가가 지닌 지식이 어느 정도 수준인지 감탄하게 된다. 동물이 인간으로 변신하고, 변신한 인간의 후손이 다시 자손을 낳아 무리를 이룬 것이 백정의 기원이 되었다고 흥미로운 제안을 하고 있기 때문이다.

결국 이 작품에서는 우리가 알고 있는 웅녀에 관한 이야기를 뒤틀어서 전복시키는 데 성공한다. 동굴 안에서 호랑이와 곰이 싸움을 벌였고, 두 차례가 실패했다는 이야기도 그럴듯하다. 여기에 여우족 미호가 제안을 해오는 것도 앞선 내용을 따라갈 때 그리 어색하지 않다. 더욱이 여우가 사람으로 변신한다는 전설이 강하게 뒷받침하고 있기에 자연스럽게 개연성을 확보할 수 있기도 하다. 환웅은 곰이 아니라 미호를 택함으로써 이 작품은 원본을 배신하는데, 어쩌면 "환웅이 절색인 미호를 염두에 두고 변신 일을 벌인 게 아니었을까 하고 의심"하는 대목에서 이 작품의 창작 의도가 슬쩍 내비치기도 한다. 원본의 빈자리를 비집고 들어가서 흔들어놓고, 그 균열을 통하여 새로운 상상력을 발휘하는 것.

작품 전체가 다 이와 같은 식이다. 세부적인 묘사와 상황 설정은 단군신화를 철저하게 이해하고 관련 자료를 꼼꼼히 뒤지지 않고서는 나오기 힘들다. 그뿐만 아니라 주변의 여러 지식들, 역사학, 인류학, 민속학, 종교학 등에 관련된 여러 지식을 두루 활용하여 변신 모티프와 연결시킬 때 이와 같은 그럴싸한 이야기가 나올 수 있다.

    웅녀는 단군왕검이 통치하기 시작한 9년 후에 죽었다.
    탁은 웅녀의 기록을 남겼다. 웅녀는 거대한 신화가 되었고 여러 책
 이 기록을 인용했다.

작품의 결말은 다시 원본으로 향한다. 결말 부분의 내용은 흡사 역사서의 한 대목을 떠올리게 한다. 탁이 웅녀에 관한 기록을 남기고, 그 기록은 후대에 전해져서 인용되었다는 설명은 기원에 관한 해명인 동시에 전승 과정의 오랜 시간을 헤아리게 하는 진술이다. 전승의 과정에서 최초의 기록자인 견습생 풍백 탁의 이름이 슬며시 잊히게 되는 것도 자연스럽고, 또 여우가 변신한 여자가 곰이 변신한 여자로 수정이나 위조, 변조되는 것도 그리 이상하지는 않다. 그래서 결국 곰이 웅녀로 변해서 단군왕검을 낳았다는 원본의 내용으로 회귀한다. 한참 동안 패러디의 상상력을 작동시켜 마음껏 뛰놀다가 결말에 이르러 다시 원본으로 되돌아간 것이다. 원본에 대한 철저한 이해와 원본으로부터의 철저한 배반이 적절히 조화를 이룬 작품이다.

연극과 소설의 상호텍스트성 - 정건영 〈가을날의 변주곡〉

정건영의 중편소설 〈가을날의 변주곡〉은 연극 작품과의 상호텍스트성이 강조된 작품이다. 소설 속에서 인용되는 희곡은 미국의 극작가 테네시 윌리엄스가 1947년 쓴 〈욕망이라는 이름의 전차〉이다. 소설의 시작부터 희곡의 한 대목이 인용된다. '욕망'이라는 전차를 타고 가다가 '묘지'라는 전차를 갈아타서 여섯 블록이 지난 다음, '극락'이라는 곳에 내리라고 하더군요. 처음부터 이 소설을 제대로 감상하려면 연극부터 보고 오라고 선언하고 있는 셈이다.

연극은 이 소설의 줄거리 흐름을 이끌어가는 역할을 한다. 〈욕망이라는 이름의 전차〉가 이처럼 당당하게 얼굴을 내밀고 있는 이유는 소설을 읽어보면 금방 알아차릴 수 있다. 소설의 두 주인공이 대학 시절 극예회에서 공연한 〈욕망이라는 이름의 전차〉에 같이 출연했었고, 이를 계기로 서로 운명적인 이끌림이 펼쳐졌다. 그로부터 수십 년의 시간이 흘러 두 사람은 다시 만났고, 지금 덕수궁에서 만나 과거를 회상하면서 서로의 마음을 탐색한다. 두 사람은 서로 엇갈린 길을 걸었으나 연극 공연의 추억과 인상에 여전히 사로잡혀 있다. 사실상 그 연극 작품이 두 사람의 운명을 장악하고 있다고도 할 수 있겠다.

연극은 이 소설에서 인물 성격화에 빠질 수 없는 기능을 한다. 특히 연극에 출연했던 두 주인공의 성격화에는 그들이 연기했던 연극 속 인물의 성격이 결정적인 영향을 미친다. 예를 들어 석훈은 외모와 분위기가 〈욕망이라는 이름의 전차〉에 등장하는 스탠리와 닮았다. 강렬한 남성적 매력으로 여성의 욕망을 자극하는 스탠리의 성격이 석훈에게 그대로 이어졌다고 해도 과언이 아니다. 이렇게 놓고 보면 연극이 먼저 있고 그것을 참조하여 소설을 쓴 것이 된다. 이러한 상호텍스트적 관계 때문에 이 소설을 제대로 이해하려면 연극부터 알아야 한다.

아, 그 테네시 윌리엄스의 희곡 '욕망이라는 이름의 전차'? 미국 남부의 썩어가는 위선과 야만스럽지만 생동하는 성적인 힘의 대립이 나에게는 참 충격이었지. 그래서 열심히 썼을 거야. 석훈이 너는 시골에서 뼈가 굵은 촌놈 아니냐. 피부가 검고 운동으로 다진 체격이 근골이 꽉 찬 데다, 얼굴에도 진한 수컷 냄새가 펑펑 풍기잖아. 이번 정기공연에 그 '욕망'을 올리기로 했는데 스탠리 역은 더 찾아볼 필요가 없다는 결론을 내렸다. 너만큼 작품을 잘 이해하고 작중인물에 딱 맞는 인간은 없어. 테네시가 살아있어도 너라면 박수를 쳤을 거야.

시골 출신으로 건장한 체격에 남자다운 얼굴을 하고 있다는 정도는 그리 개성적이지 않다. 그러나 〈욕망이라는 이름의 전차〉라는 유명 연극 작품 속 등장인물을 참조하면 인물에 생동감이 부여된다. 남자답게 생긴 남자 정도의 의미보다 한층 더 특징적인 의미 맥락이 덧씌워지는 것이다.

여자 주인공 은주에 대한 인물 묘사 역시 석훈의 경우와 비슷하다. 은주는 연극을 영화한 작품에 블랑시 역으로 출연한 배우 비비안 리를 닮았다고 설정된다. 은주의 경우 석훈의 경우와는 달리 구체적인 외양 묘사 분량이 한층 더 적은데, 그 빈자리를 비비안 리로 대체하고 있는 형국이다. 영화로는 〈욕망이라는 이름의 전차〉보다 더 유명한 〈바람과 함께 사라지다〉의 주연을 맡은 배우이니 이 소설을 읽는 독자 중 모르는 사람은 거의 없을 터, 이 정도로 설정해도 은주에 대한 외모가 독자의 머릿속에 대강 그려진다.

특히 은주는 연극의 등장인물 블랑시와 비슷한 인생 경로를 걸어간다. 블랑시는 쇠락한 남부 명문가 출신이고 은주는 딸을 우아한 귀부인으로 만들려는 가부장적인 아버지의 애정과 보호 아래 평탄하게 성장하였는데, 둘 다 남들이 부러워할 만한 환경에서 성장했다는 공통점이 있다. 블랑시는 결혼 실패, 부모의 죽음, 집안의 몰락 등으로 정신적 타격을 입는데 은주 역시 비슷한 상처들을 경험하면서 힘겨워한다. 무엇보다 정신 착란 증세를 겪어 정신 병원에서 치료를 받게 되는 고통은 두 사람이 운명의 차원에서 묘한 동질성을 갖고 있음을 보여준다. 물론 블랑시를 참조한 결과가 은주이며, 이는 상호텍스트적 관계 속에서만 은주라는 인물이 해석될 수 있다는 것을 의미한다.

연극은 작품의 주제 차원에도 결정적인 역할을 한다. 석훈과 은주에게 연극이란 젊은 날의 꿈과 열정을 의미한다. 그리고 연극 공연을 계기로 두 사람은 서로를 향한 강한 이끌림을 느꼈었다. 그로부터 수십 년의 시간이 지나서 두 사람은 다시 덕수궁에서 만나 그때의 연극 공연을 회상하는 것이 이 소설의 줄거리이다. 과거를 꿈과 열정을 추억하고, 이루지 못한 사랑에 대한 미련을 다시 한번 확인하게 하는 계기가 연극인 것이다.

석훈은 처음에는 장난기 섞어 은주의 지시와 대본에서의 지문에 따라 대사와 동작을 시작했으나, 조금씩 극예회의 공연 무드가 살아나오고 어딘가에 숨겨져 있던 당시의 대사와 동작이 몸에 붙어 손에 든 대본을 아예 내려놓았다. 블랑시의 대사가 끝나면 바로 연기가 매끄럽게 이어졌고, 점점 더 당시의 감정 속으로 몰입해 들어갔다. 그러면서 은주가 왜 이런 해프닝을 공들여 연출하는지 의문을 떨칠 수 없었다. 지금 자신의 모든 것, 기대했던 인생 모든 것을 잃었다는 허탈감이 한시적 무대에서나마 당시의 행복을 되찾아 위안받고자 하는 치밀한 기획인가. 그러면서 석훈 자신도 그 연극 속으로 빨려 들어가는 것이 기이했다. 감정이 복받치고 숨소리가 높아지고 이마에 땀이 흘렀다.

소설의 결말에 이르러 은주의 집에서 두 사람만이 참가한 연극 공연은 소설의 주제를 응축시키는 장치로 기능한다. 연극의 10장, 스탠리 또는 석훈이 블랑시 또는 은주를 겁탈하는 장면, 연극의 클라이맥스다. 은주는 이렇게 말한다. "이 모든 것은 우리의 '욕망' 공연 후, 지금까지 긴 세월 동안 머릿속을 지배해오던 것을 오늘 실행으로 옮겼을 뿐이야." 소설 속 두 사람의 연극 공연에서 수십 년 동안 잊고 지냈던 대사와 연기가 되살아났다. 꿈과 열정, 그리고 사랑도 젊은 시절의 추억 속에서 되살아났으리라. 동시에 클라이맥스 이후 블랑시의 파멸처럼 상처의 시간 속에서 살아온 은주의 인생이 터지는 울음 속에서 재연된다. 과거로의 회귀, 이루지 못한 사랑에 대한 미련, 불행으로 점철된 운명에 대한 비애가 이 한 장면에 집중된다. 그렇기에 원본 연극의 클라이맥스의 소설적 전환은 성공적이고, 또 상호텍스트성을 부각시킨 이 소설의 기획도 성공적이라 할 수 있다.

가족이라는 이름으로

익숙한 불편함-강명희 〈65세〉

미세먼지는 하루 이틀 일이 아니다. 미세먼지가 하늘을 뒤덮는 '미세먼지 나쁨' 수준 날씨에는 숨쉬기가 버겁다. 게다가 마스크까지 쓰면 답답하고 불편한 느낌은 더 심해진다. 제법 오래전부터 지속되어 이제 어느 정도 익숙하지만, 여전히 불편하기 그지없는 느낌, 강명희의 단편소설 〈65세〉는 바로 이러한 '익숙한 불편함'으로 시작한다.

모퉁이를 돌아 차가 보이지 않자 나는 그때서야 숨을 크게 내쉬었다. 하늘은 미세먼지로 옅은 은회색이다. 아파트 전광판에서 미세먼지 나쁨이란 글씨가 깜박거린다. 아버지와 함께 있는 것은 미세먼지 나쁨 수준의 날씨같이 숨쉬기가 버겁다. '요양원으로 모시세요.' 요양원 원장의 말을 끄집어내 본다. 비록 아버지 수발은 내가 하지만 처갓집 덕한번 보지 못한 남편 보기도 불편하다. 마스크로 얼굴을 뒤집어쓴 여자가 지나간다. 불편해 보인다. 난 늘 마스크를 뒤집어쓴 사람처럼 어딘가 불편하게 살고 있다. 아버지가 집에 오고부터다.

일인칭화자인 '나'가 느낀 익숙한 불편함이란 가족을 향한 감정이라는 점은 두 가지 측면에서 놀라움을 유발한다. 자신의 아버지를 불편해하는 모습을 보면 자식의 도리 운운하는 관점에서는 자연스럽게 부정적으로 접근할 수밖에 없다. 전통적인 효의 차원을 떠나 핏줄의 문제로 보아도 부모에게 불편함을 느끼는 모습은 상당히 껄끄럽기만 하다. 그러나 동시에 경험하는 사람의 처지를 생각해보면 그러한 불편함에 대해 수긍도 가고 동정도 간다. 오랜 기간 힘든 병수발로 인한 피로감에다가 남편에 대해 미안함까지 겹치는 상황에서 불편한 감정을 느끼는 것은 어쩌면 솔직함의 발로이리라.

문제는 이러한 '나'의 모습을 지켜보는 독자들의 판단이다. 한쪽으로는 '나'에게 못마땅해할 수도 있지만 다른 한쪽으로는 무작정 '나'를 비난할 수도 없는 곤란함의 상태. 그 누구도 섣불리 긍정하거나 부정할 수 없다. 더욱이 독자 자신의 실제 가족을 머릿속에 떠올리기라도 한다면 곤란함은 더욱 증폭될 수밖에 없다. 애초에 가족이라는 존재는 이러한 양가적인 의미로 다가오는 것이 아닌가, 라고 이 소설은 독자들에게 질문을 던지고 있다.

이 소설에서 익숙하지만, 여전히 불편함으로 다가오는 것은 아버지만이 아니다. 아들, 며느리를 생각할 때도 비슷한 감정 상태가 된다. "아들은 일 년에 서너 번 손주를 데리고 집에 온다." 그러나 그 아들의 방문은 '나'에게 상당한 불편함으로 다가온다. 아기 식탁 사용을 놓고 인터넷으로 주문한 새 식탁을 쓰게 할 것인가 아니면 '나'의 사정을 듣고 친구가 준 헌 식탁을 쓰게 할 것인가, 어찌 보면 별 대수롭지 않은 일이지만 아버지 대부터 물려 내려온 오랜 절약 습관의 가치관을 지킬 것인가 아들과 그 뒤에 있는 며느리의 눈치를 보아야 하는가 등을 둘러싼 심적 불편함. '나'의 내면에서는 세상 어떤 결정보다 더 어렵고 복잡한 심적 갈등으로 다가온다.

이처럼 아버지와 아들 사이에서 이러지도 저러지도 못하는 처지에 놓인 '나'의 심리상태가 이 소설의 기본적인 갈등 구도를 형성한다. '나'는 가족들에게 불편함을 느끼지만 그 불편함을 계속 감수해야 할 것인가, 아니면 극복해야 할 것인가를 두고 혼자서 속으로 끙끙 앓는다. 대학 동창들과 하는 등산모임에서 은근히 위안을 기대하기도 하지만 친구들은 지극히 이성적으로 대답한다. "넌 아직도 네 아들인 줄 아는데 네 아들이 아니고 며느리 남편이야." 그래도 모두 자기 일처럼 분개해주는 친구들과의 수다 덕분에 불편함에서 잠시 벗어난다. 그러나 그러한 위안은 일시적일 뿐이다. 이야기가 한창 무르익었지만, 아버지가 올 시간이 다 되어서 수다를 중단하고 일어서는 모습은 결국 그 익숙한 불편함을 대면할 수밖에 없다는 사실을 다시 한번 상기하게 할 따름이다.

한편 주인공 '나'는 자신에게 불편함을 주는 아버지와 아들 사이에서 어느 편도 들지 못하고 어정쩡하게 서 있는 존재라는 점도 흥미롭다. 6·25 참전 용사이자 "말끝마다 빨갱이 타령을 하는 아버지"와 "입만 벙긋하면 사회 정의니 민주니 떠드는 아들"은 정치적 문제에 관해서 정반대의 입장에 가깝다. "그런 아버지와 아들을 보며 난 언제나 중립을 유지한다." 아버지와 아들 사이에 서 있기는 남편도 마찬가지지만 '나'는 남편의 입장과도 다르다. "아버지가 전쟁 직후에서 벗어나지 못하는 것처럼 남편은 70년대에서 벗어나지 못한다." 비교적 객관적인 위치에서 아버지와 아들, 남편을 관찰하고 선뜻 어느 한 사람에게 다가가지 않는 '나'는 결국 자신의 목소리를 내지 않고 판단을 유보하고 있을 따름이다. 소설의 시작부터 전면에 제시되었던 마스크 쓰는 일에 빗댄 불편함이란 결국 자신의 목소리를 내지 못한 채 침묵을 유지할 때 느끼는 답답함인 셈이다.

안 가신다고 해도 떠밀어 보내드려. 누군가 속삭인다. 퍼뜩 정신이 났다. 너도 노인이야. 남은 삶을 멋지게 꾸려봐! 마지막 노년을 노을처럼 아름답게 불살라 보라고! 누군가 계속 내 귀에 대고 속삭인다. (…) 이제부터는 무슨 일이 있더라도 아들 며느리 눈치 보지 않고 당당해질 것이다. 며느리가 맘에 들지 않지만 내가 데리고 살 것이 아니지 않나. 함께 사는 아들이 좋다고 하니 그것만도 다행이다. 어차피 자식은 자기들이 아쉬우면 곁에서 서성거리게 되어 있다. 저렇게 고자세인 것은 부모가 아쉽지 않아서다. 자기들이 살만해서 그러니 그것만으로도 고맙지 않은가?

소설의 결말에 이르러 '나'는 비로소 자신의 목소리를 되찾기로 한다. 그동안 익숙한 불편함을 못 본 척 애써 외면하였다면, 이제 그 불편함을 정면으로 바라본다. 이와 같은 '나'라는 인물의 태도 변화가 다소 갑작스럽게 전개되고 그러한 변화의 이유가 덜 제시된 것은 사실이다. 그러나 소설 전편의 내용이 그간 익숙한 그 감정이 사실은 불편함 이었음을 분명하게 인식하는 하나의 정신적 발견의 과정이었다고 본다면 이제 결말에서 새로운 모험을 시작하는 전개는 자연스러운 결과이다. 더구나 가족들을 향한 양가적인 심적 굴레에서 벗어나 온전한 자신을 찾겠다는 다짐은 오랫동안 이어지던 머뭇거림과 불편함을 통과한 끝에 붙잡은 것이기에 충분히 박수받을 만한 것이기도 하다.

가족의 발견-양원옥 〈미혼〉

양원옥의 단편소설 〈미혼〉은 장가계 여행을 서사의 전면에 내걸었다. 소설의 시작과 끝이 장가계 여행의 시작과 끝에 포개져서 일면 장가계 여행을 주제로 한 작품처럼 보이지만 정작 장가계 여행은 큰 의미가 없다. 천하절경, 중국인이 가장 좋아하는 여행지, 천하제일의 무릉도원 등, 온갖 미사여구로 수식하고 있지만 장가계 여행은 그저 '왕복 항공요금밖에 되지 못한 저가 여행상품'에 불과하다. "두 사람의 여행 비용을 혼자 감당해야 하니" 저렴한 가격대 여행상품 중에서 장가계 여행을 골랐을 뿐이다.

그 대신 형님과의 동행이 진짜 알맹이다. 이번 여행은 주인공 '나'의 즉흥적인 생각에서 시작되었다. '나'는 은퇴 후 갑자기 생긴 시간적 여유를 주체하지 못하다가, 갑자기 어디라도 좀 다녀오고 싶은 생각이 들었고, 하필 형님 생각이 났던 것이라 밝히고 있다. 그러나 이는 어디까지나 진짜 여행 동기를 은폐하기 위한 회피책인지도 모른다. "형님과의 사이는 아직도 서먹하지만 이제 사는 날이 얼마 남았을지 모르니 뭔가 해야 할 일이 있을 것만 같았다." 형님과 함께 뭔가를 해야 한다는 생각, 그 무언가가 꼭 여행일 필요는 없지만 제일 만만한 게 여행이기도 하다. 일종의 부채감에 가까운 생각이 이번 여행을 시작하게 한 것이 아닐까? 3달 전 이모가 돌아가실 때 만나게 된 형님에게 무슨 말이라고 건네고 싶어서, 혹은 무슨 말이라도 듣고 싶어서 여행이라는 그럴듯한 핑계를 고안했다는 말이다.

형님과의 동행은 형님이 이종사촌 간이면서 동시에 이복형제라는 어두운 가족사의 비밀을 경유하면서 의미화된다. 해방 일 년 전 정신대로 마을 처녀들이 끌려가던 때, 아버지는 강제 징발을 피한다는 명목으로 어린 이모를 임신시켰다는 것, 수십 년이 지나도록 아버지와 이모를 용서할 수 없었던 어머니는 사망 직전에야 자식들에게 진실을 들려주었다는 것, 뒤늦게 진실을 알게 된 자식들은 자신들이 무엇을 해야 할지 몰라 당혹감을 감추지 못했다는 것이다. "아버지의 일이었으니 나와 상관없는 일이라고 거리를 두고 그냥 내버려두고 싶었던 것이다." 그러나 주인공 '나'는 그냥 내버려두지 않고 형님과 같이 장가계 여행을 떠났다. 그러므로 이 여행은 가족사의 비밀을 들여다보기 위한, 또는 형님과 한 핏줄임을 확인하기 위한 목적을 지닌 하나의 정신적 탐색의 과정이다.

〈아바타〉의 촬영지 원가계는 말이 없는데 인간이 제 중심으로 많은 이름을 붙였다. 어필봉, 오지봉, 금편계곡, 비파계, 삭계, 백룡, 황룡, 적성대(Star-Picking Platform) 등등…. 개중에는 미혼대

(ENCHANTING TERRACE)라는 이름도 있는데 어디 혼을 빼앗는 것이 기암절벽 경치뿐이랴. 살면서 하찮은 일에 미혹되고, 미망 속에서 헤매는 사람들이 얼마나 많은가.

스포트라이트는 미혼대에 집중된다. 이종사촌이면서 친형제라는 형님과 '나'의 관계란 '미혼(迷魂)' 그 자체가 아닌가. 아버지와 이모 사이의 일이란 제정신이 아닌, 넋을 잃은 미혼의 상태에서 벌어진 것, 그로 인하여 태어난 형님의 존재란 미혼 속의 과거를 상기시킨다. "이모보다 더 어린 소녀가 정신대로 끌려가던 날" "어린 동생이 외돛배를 타고 선창을 떠나는 모습을 못 본 체했"던 어머니도 수십 년간의 미혹과 미망 속에서 헤맸을 터. 막상 형님과 여행을 하고 나서도 그와 무슨 말을 해야 하는지, 앞으로 어떻게 관계를 맺고 살아야 하는지 알 수 없기는 마찬가지다. 수십 년의 미혼이 그리 쉽게 사라질 리가 없기 때문이다.

이에 이제라도 성을 바꾸겠다는 형님의 발언은 자기 나름대로 미혼을 벗어나려는 몸부림으로 읽힌다. 사실 형님은 여행을 떠나는 날 아침 걸려 온 전화에서 자기 생각을 넌지시 던졌고, 여행하는 도중 '나' 역시 형님이 말을 꺼내기를 기다리고 있다. "저어, 거시기… 그거 내 성 고치는 거 말인디, 그냥   던 걸로 할랑께 잊어부러. 생각해봉께 다 거시기한 일 같어. 죽고 나믄 이름 석 자도 욕심이여 욕심." 어쩌면 형님은 이번 여행 내내 성을 바꾸는 일을 두고 고민을 거듭하지 않았을까. 화자인 '나'를 중심으로 진행되었던 서술이라 형님의 내면에 대해서는 조명이 덜 되었지만, 작품 결말에 이르러 툭 내던지는 형님의 말을 통해 그동안의 고민과 망설임을 익히 짐작할 수 있다. 무학에 경제적으로나 사회적으로 내세울 것 하나 없는 시골 노인인 '형님'이 장가계에서 호접몽을 떠올리며 미혼에 관하여 이지적으로 사색하던 '나'와 다를 바 없었던 것이다.

형님은 나를 모른다. 이번 여행이 어린 시절 내가 누나들이 아니라, 나를 보호해줄 든든한 형이 있었으면 하고 바랐던 감정의 한 파편이 아니었는지 하는 생각이 들었다. 되돌릴 수 없는 게 어디 한둘인가. 형님도 나도 달리 태어났기에 달리 살고 다르게 죽을 것이다. 내가 형님보다는 더 배우고 더 가진 사람이어서 형님에게 무슨 죄의식이나 측은한 마음을 품고 있었던 것은 아니었을까. 굳이 확인하지 않아도 될 감정의 골이었다. 아무래도 형님에게 다시 여행을 권할 일은 없을 것 같다.

여행은 끝났으나 '나'는 여전히 미혼 속을 헤매는 듯하다. 여행을 통하여 형님을 이해하고, 가족의 끈끈함을 회복하려는 것은 처음부터 실현 불가능한 한 조각의 꿈이었는지 모른다. 환각 속의 나비처럼 두 형제의 여행이라는 몸부림은 결국 아무것도 얻지 못한 사실상의 실패로 끝난다. 미혼과 같은 운명의 손아귀에 휘둘린 철저한 패배이고 어둡고도 진한 씁쓸함이 느껴지는 환멸이다. 개찰구로 들어가는 형님의 팔자걸음걸이에서 아버지의 잔영을 확인하는 이 소설의 결말은 아무것도 해결하지 못하고 어떠한 위로도 건네지 않지만, 역설적으로 그러한 환멸을 거침으로써 인생이란 결국 미혼 속에서 헤매는 여행이라는 소설적 진실을 우리에게 알려준다.

가족과의 수다 – 이진 〈코로나 시대의 싱글 라이프〉

　이진의 단편소설 〈코로나 시대의 싱글 라이프〉는 제목만 보면 주간지 심층 탐사 보도 기사 같은 느낌을 준다. 코로나 시대에 대한 통찰을 확보하고 싶어 하는 독자들을 위한 보고서 같은 느낌. 그러나 막상 소설을 읽어보면 르포류의 글에서 보이는 무미건조한 문장이 아니라 경쾌하고 유쾌한 문장들이 춤을 춘다. 일인칭화자 주인공 '나'가 이혼녀이고 소설의 시간 배경이 코로나 시대인 것만은 분명하지만, 그렇다고 해서 '나'를 통해서 이 시대의 싱글에 대한 통찰이 확보되지는 않는다. 표지만 보고 가졌던 기대나 인상이 실제 책의 내용과 다를 때 느끼는 당혹감이라고 보는 것이 맞겠다.

　소설에서는 주인공 '나'의 소소한 일상이 소개된다. 직장에 출근했다가 일을 하고, 퇴근해서는 집으로 가는 지극히 평범한 일상. 다만 소설 속 내용은 평소와는 달리 오랫동안 서먹하게 지냈던 파트장과 카페에서 이야기를 나누고, 돌아가신 어머니의 3년 차 기일이라서 아버지가 평소와는 다른 모습을 보인다. 사건다운 사건은 발생하지 않고, 대부분 내용은 '나'가 상대방과 대화를 나누거나, 회상하거나, 문자 메시지를 주고받는 것으로 처리된다. 특별한 일 하나 발생하지 않는 지극히 평범한 일상에서 주인공의 수다스러움이 소설을 이끌고 가는 중심 동력으로 작용한다.

　그래서일까? 주인공의 말투가 이 소설의 분위기를 전적으로 좌우한다. 주인공의 말투에는 탄산음료처럼 톡 쏘는 가볍고도 짜릿한 맛이 있다. 정곡을 찌르는 듯하면서도 능청스럽게 넘어가기도 한다. 약간 번다스럽기도 하고, 수식과 상황 설명이 상세한 디테일을 갖추고 있는, 유행이나 사회 분위기에 결코 둔감하지 않은 30대 여성의 목소리가 생동감 있게 펼쳐진다. 제목만 보고 예상했던 것들이 뒤집힌 데에는 이러한 주인공의 개성적인 말투가 큰 몫을 했다.

> 내게 휴직을 강압한 건 그의 부모였다. 내 인생에 대한 간섭이 그들의 당연스러운 권리인 것처럼 당당하게. 임신과 출산이 내 삶의 최대 목표가 되어야 한다는 듯 거침없이.

주저리주저리 가볍게 수다를 떨다가 어느 한 대목에 가서는 훅 치고 들어가는 것이 이 소설의 주인공이 지닌 말투의 특징이다. 위의 인용에서는 주인공이 이혼에 이르게 된 사정이 여기에 펼쳐진다. 이것은 단순히 시부모와의 갈등이 아니다. 최근의 페미니즘 분위기도 물씬 풍기는 내용이다. 회상 속에서 그때는 미처 몰랐던 것이 지금 돌이켜 볼 때 한 여성을 옭아매는 강고한 굴레였음을 폭로하는 증언의 분위기. 웃음 속에 숨어있던 날카로움은 경력 단절의 문제까지 확장된다.

> 우리의 선배들 대부분이 거쳐간 길. 시집가고 애 낳더니 프로 정신이 사라졌어, 손가락질받으며 찌그러졌다. 영영 보이지 않게 된 이들이 지나쳐 간 길. 별다른 저항도 없이 흔적조차 남기지 않고 황황히 떠나간 길.

여기에 이르면 이 소설은 주인공 '나'의 현재 일상뿐만 아니라 결혼, 승진 심사 탈락, 임신과 유산, 시부모의 압박, 휴직, 남편과의 이별, 회사 업무 복귀 등 과거의 상처에 관해 이야기하고 있음을 알게 된다. 물론 '나'는 그것을 일러 상처라고 부르지 않는다. '나'는 그런 일을 그저 과거에 겪은 일 정도로 취급하고 다시 경쾌하고 짜릿한 말투로 수다를 떤다. 물론 이때는 다른 사람과의 대화의 방식이 아니라 자신 내부에서 맴도는 내적 독백의 방식을 택한다. 이로써 겉으로 보이는 발랄함과 속에 들어 있는 아픔이 대조를 이룰 수 있다.

차가운 바람이 가슴팍을 후리고 지나갔다. 집 안이 순간 휑해졌다. 아버지가 떠나간 것인가? 어머니가 떠나고 내 아기들이 떠나고 그가 떠나고, 내 모든 이별들의 완충지대로 남아 있던 아버지마저 떠났는가? 난 홀로 남았는가?

가족이 떠나가고 혼자 남게 되는 결말이 펼쳐지자 앞서 경쾌하게 울리던 주인공의 목소리는 차분히 가라앉는다. 수다라는 것은 상대방이 있어야 성립할 수 있으니 가족들이 떠난 빈자리에 홀로 남겨진 '나'로서는 더는 수다를 이어갈 수 없다. 심지어 내일이면 추모 공원으로 보낼 어머니의 영정 사진을 보면서 '안녕, 엄마!'라고 마지막 인사를 건네고 싶지만, "작별 인사는 소리가 되어 나오지 못했다." 가족들의 빈자리를 수다가 끊긴 '침묵'으로 표현하는 것이다.

주인공은 침묵을 깨기 위해 설거지를 시작한다. 수돗물을 틀자 쏴

아쏴아 물이 쏟아지는 소리가 들린다. 덜그럭덜그럭 그릇이 부딪히는 소리도 들린다. 뽀드득이는 수세미 소리도 가세한다. "집 안이 온통 소리들로 꽉 찼다"라는 소설의 마지막 문장에 이르러 침묵을 깨려는 의지, 떠나간 가족의 빈자리를 견뎌내려는 의지를 엿볼 수 있다. 아직은 쓸쓸하고 구슬프지만 머지않아 다시 경쾌하고 짜릿한 수다스러움이 되살아날 것 같은 희망을 기대한다.

고향으로 가는 여정 – 윤혜령 〈가족을 빌려드립니다〉

'가족을 대여하는 일' 윤혜령의 중편소설 〈가족을 빌려드립니다〉는 '가족대행업'(?)이라는 신종 직업에 관한 이야기다. 가족 구성원 중 누군가가 부재하는 상황에서 그 빈자리를 대신하여 가족처럼 연기하는 일, 가령 아빠가 없는 아이를 위해 같이 신나게 놀아주는 아빠 혹은 삼촌 역할을 제공하는 신종 서비스 직종이다. 한 번 정도는 호기심을 가질 수 있는 신기한 소재다.

이 소설은 초반부만 보면 이러한 소재상의 새로움에 집중한 작품처럼 보인다. 밀린 방값을 독촉하는 집주인과 빚을 청산하고 다그치는 K에 의해 등을 떠밀려 가족 대여 사업을 시작하고, 첫 번째 손님, 두 번째 손님, 그리고 그다음 손님을 차례로 소개되면서 여러 가지 에피소드가 펼쳐진다. 일인칭화자이자 주인공인 '나'는 고교 시절 내내 연극반 활동을 했고 지방 극단에서 한때나마 잡다한 역을 맡았던 경험이 있어서인지 일을 제법 능숙하게 처리한다.

가족이 아닌 가족이 되어주는 일. 가짜지만 진짜인 척 부모나 자식이 될 수 있고 삼촌이나 조카 또는 연인이 될 수도 있다. 고객에게 꼭 필요한 역할을 제공함으로써 그들에게는 이미 사라져 버린 옛 추억을 되살리게 할 수도 있을 것이고, 현실적으로 불가능한 가족의 형태를 만들어주기도 할 것이다. 서비스를 제공한다기보다 뭔지 모르게 베푸는 듯한 느낌마저 들었다.

세 번째 고객 또는 의뢰인에 관한 이야기가 펼쳐지면서부터 소설의 관심은 크게 변화한다. 높은 담장이 있는 집에서 분재를 가꾸면서 스릴러 영화를 보는 '영감'에 대한 일이다. 영감은 가짜 '아들' 역할을 의뢰했다. 막상 영감에게 아들 역할을 하면서 '나'는 자신의 아버지를 떠올린다. 이제부터 진짜와 가짜, 아버지와 아들, 과거와 현재 등등 거듭되는 대립항들이 쏟아지고, 독자들은 일인칭화자이자 주인공인 '나'의 내면을 드나들면서 함께 혼란스러워한다.

마치 진짜 아들을 후려치듯 영감의 사나운 눈길이 계속 나를 따라오는 것을 느꼈다. 후덜덜, 그가 나를 모욕할 리 없는데 영락없이 독안에 든 쥐 꼴. 이상하다면 영감의 언행이 아주 낯설지만은 않다는 거다. 제발 인간이 되라고 후려치던 아버지를 상기시켰으니.

그렇다고 '나'의 아버지에 관한 회상으로 전환되지는 않는다. 아버지에 관한 정보는 단편적으로 주어질 뿐이다. 아버지의 존재는 쉽게 단일한 의미로 포착되지 않는다. 폭력적이고 억압적인 독재자에 가까웠다는 단편적인 정보는 상세한 설명이 아니라 '후려치듯'한 감각을 통해서 전달될 따름이다. 하지만 일단 영감과 아버지가 등치 관계를 형성하였기에 영감에 관한 사소한 정보들은 아득한 기억 속의 아버지에 관한 정보와 단단히 결합한다. 깐깐한 어투, 꼬장꼬장한 비판, 일방적인 견해의 피력, 거칠고 냉정함 등 영감에 관한 특성의 상당 부분이 아버지에 관한 이미지로 직결된다. 그렇기에 아버지의 이미지는 선명하고 강렬하기만 하다.

'나'는 영감에 관해 "그는 나의 세 번째 고객에 불과하다."라고 말한다. 그러나 영감에게 아들 역할을 하면서 '나'는 불편함을 느끼고, 나아가 불안감까지 느끼게 되었다. 직업의 차원에서는 그저 가짜로, 연기로 아들 역할을 수행하면 되는 것인데, 자신의 맡은 역할에 너무 몰두한 셈이다. 영감에게 아들 역할을 해주면서 실제로는 영감이 자신의 아버지 역할을 맡았던 것이기 때문이다. 그리고 가짜 행세만 하기로 했던 '나'가 막상 부재하는 영감의 진짜 아들이 되고자 했기에 그렇다. 정체성의 문제를 건드렸기에 '나'는 이처럼 불안에 떨고 있다.

다섯 번째 고객인 한 여사와의 만남에서는 어머니와 아들 사이의 혼란이 펼쳐진다. '나'는 한 여사를 통해 보리수나무가 서 있던 옛집 마당이 떠오르고 거기에 서 있던 어머니를 생각한다. 한 여사가 어머니와 바로 직결된 것은 아니다. 한 여사의 화려하고 강렬한 인상 뒤에 숨어있는 초라하고 나약한 늙은 여자의 모습이 슬며시 감지되고 나서 비로소 한 여사는 어머니와 연결된다. 독재자를 연상하게 하는 영감이나 아버지와는 정반대의 존재, 작고 초라한 존재라는 공통점이 두 여인을 단단히 묶고 있다.

지금쯤 어디선가 가짜 웃음을 웃고 있을 어머니 생각을 하자 기분은 더 엉망이 되어버렸다. 그랬다. 나는 오랜만에 어머니의 눈물과 웃음을 떠올렸다. 동시에 한 여사에게 가족의 역할을 하고 있다는 사실을 상기시켰다. 고객에게 없거나 부족하거나 부재중인 것의 역할을. 아무튼 그녀에게는 많은 것이 없거나 부족하거나 부재중인 것은 틀림없었다.

'빈 곳', '부재중'이라는 어휘도 이 소설에서 여러 차례 반복되는 중요 키워드다. 남부러운 것 없는 재력을 갖추고, 사회적으로 이만큼 성공했노라 기세등등한 한 여사이지만 그녀에게는 정작 '가족'이 부재중이다. 그녀의 허세와 허영은 마음속의 공허함을 채우려고 일부러 과하게 행동한 결과라는 것이 '나'의 분석이다. 겉의 화려함과 속의 공허가 빚어내는 대조, 이러한 대조는 트롯가수의 팬클럽에서도 이어진다. 팬클럽 회원들은 가수에게 열광하고, 같이 열광하는 분위기에서 '가족' 같은 소속감을 느끼지만 그것은 저마다 느낀 맹렬한 외로움의 결과라는 것을 '나'는 꼬집는다. 그들은 진짜 가족보다 더 끈끈하게 맺어진 또 다른 가족을 염원하지만, 결국 가족의 부재로 인한 외로움과 공허감의 반증일 뿐이다.

사람들에게 가짜 아들을 진짜 아들인 양 소개하는 한 여사도, 그저 연기일 뿐이라며 가족 역할을 대행해 주는 '나'도 결국 같이 눈물을 흘린다. 동시에 '나'는 어머니의 눈물을 기억하면서 고통스러워한다. 무엇 하나 분명하게 설명되는 것은 없지만, 거듭되는 대립항의 연쇄 속에서 감정의 응축과 폭발이 이루어지는 대목에 이르면 이 소설은 더 이상 신기한 소재에 초점을 맞춘 것이 아니라 인간 존재의 본질적 차원에 닿아 있는 가족의 문제에 놀라울 정도의 집중력을 갖고서 천착하고 있음을 알게 된다.

'고객 매뉴얼에는 절대 해서는 안 될 위반 사항', 한 여사에게 '저녁을 사주실 수 있겠느냐?'라고 묻는 순간 그동안 지속되었던 대립항들의 균형은 일시에 무너진다. 소설 초반부에서 '나'는 가족을 향한 사람들의 애착과 갈망을 비판하면서 가족이야말로 서로를 외롭고 괴롭게 만드는 비정상적인 관계라고 K를 향해 말했다. 그러나 가짜 가족 연기를 하면 할수록 처음의 생각은 바뀌었고, 어디까지나 가짜 가족을 연기할 뿐이었는데 어느새 자신의 어머니를 그리워하며 눈물을 흘리게 되었다. 이처럼 '나'의 내면에서 일어난 심리적 변화의 과정이야말로 이 소설이 추구한 참주제에 해당한다.

결말 부분에서 영감 = 아버지와 만나는 대목에서도 변화의 가능성은 선명하게 확인된다. 아들을 폭압적으로 옥죄고 억눌렀던 아버지의 독재적 행동이 영감의 취미인 분재 가꾸기로 비유되는 것은 약간 상투적이다. 그러나 화분에 심겨 있던 분재를 마당에 옮겨 심으면서 이제 철쭉나무는 더는 분재가 아니게 되는 변화는 감탄을 자아낸다. 가짜 가족과 진짜 가족 사이의 경계를 넘는 일이고, 아버지와 아들의 반목이 화해로 전환하는 일이다. 더욱이 영감은 처음으로 나에게 도움을 요청하였고, 나는 영감을 도와 함께 무언가를 해나간다. "그는 한때 꿈꾸었던 아름다움을 포기하고, 나는 말벗도 지켜봐 주는 이도 아닌, 비로소 그의 아들 역할을 하게 된 것이다."

사실 이러한 극적인 변화는 소설의 초반부에 어느 정도 예고되어 있었다. K는 가족의 가치를 불신하는 '나'를 향해 "헛소리 집어 쳐. 진정한 가족은 태어나는 것이 아니라 만들어지는 거야"라고 말한 바 있다. 소설은 그가 서른아홉 번째 고객을 만나러 가는 것으로 끝난다. "가짜가 아닌 진짜 나를." 이것은 경제적 실패로 인해 단칸방에 자신을 스스로 유폐하고 의기소침하였던 정신적 파산 상태에서 완전히 벗어남을 의미하며, 과거 가족과의 반목과 불화로 인한 상처의 결과로 가족을 불신하였던 데서 벗어나 다시 가족의 힘과 가치를 그리워하고 그들과 화해를 시도할 것이 암시되는 결말이다.

곧 이 소설은 가족이란 무엇인가에 관한 진지한 성찰이며, 가족이야말로 정신적 공허와 혼돈을 벗어나는 길이 될 수 있음을 설득력 있게 펼쳐 보인 작품이다. 이처럼 가족을 되찾기 위해 벌이는 '나'의 정신적 탐색의 과정은 가족 = 고향으로 돌아가려 모험을 벌인 '오디세우스의 여정'의 현대적 판본인 것이다.

사람과 사람 사이의 거리

스타일리시함과 연대의 손길―김주욱 〈생선 썩은 내가 나지 않는 항구〉

김주욱의 단편소설 〈생선 썩은 내가 나지 않는 항구〉는 여러 면에서 스타일리시한 모습을 보여준다. 하나로 딱 고정하여 이것이 독특한 스타일의 실체라고 지적하기는 어렵지만, 소설을 읽다 보면 한 편의 공연을 관람한 듯, 또는 갤러리나 미술관을 돌아본 듯, 혹은 이태원이나 홍대의 거리를 걸으며 힙한 곳의 분위기를 맛본 듯한 느낌이 저절로 든다. 작품 곳곳에 그러한 스타일리시한 향을 은은하게 뿜어내는 향초가 배치되어 있는 듯한 생각마저 든다.

이러한 독특한 분위기는 작중 인물들이 주로 예술 분야에서 활동한다는 소설의 인물 설정과도 일정한 관련이 있다. 국립현대미술 서울관 공연을 하는 민은 현대무용 분야에서 상당한 입지를 굳힌 인물이다. 서술자이자 주인공인 '나' 역시 미술 쪽에서 활동하고 있으며, 민처럼 유명하지는 않지만 계속해서 창작 활동을 하는 현역 미술가이다. '나'의 대학 선배인 관 역시 미술 분야에 오랫동안 몸담은 인물로, 현재는 이태원에서 갤러리 겸 카페를 운영하면서 주변의 예술가들과 지속적으로 교유하는 인물이다. 이들 예술가들은 창작의 고민은 물론이고 코로나19로 인한 예술·문화계의 침체에 대한 고민, 창작 활동과 생계유지 사이의 고민 등 예술가들이 겪게 마련인 여러 고민을 소설 속에서 보여준다. 넓게 보면 예술가 소설의 범주에서 다루어질 수 있는 이런 이야기 속에서 작중 인물의 사소한 행동 하나하나에 예술적 색채가 씌워져 작품 전체의 스타일리시함으로 이어졌다.

　이 소설은 이러한 예술가 인물을 과거와 현재의 시간 축을 끼워 넣어 '나'의 부채 의식으로 연결시키는 방법을 사용하고 있다. 과거에는 민과 '나', 현재에는 관과 '나'가 연결되어 있고, '나'는 각각 민과 관에게 부채 의식을 가진다. 약간 도식적인 측면도 없지는 않지만, 세 인물이 과거와 현재의 시간 축에서 갈등을 연출하는 소설의 짜임새는 매끄럽게 마련되어 있어서 소설이 고통과 미련에 관해서 이야기하지만, 질척이는 것이 아니라 제법 쿨하게 처리된다.

　20년 전 고교 시절에 발생한 폭행 사건 당시 '나'는 민과의 사랑을 부인하였다. 동성애를 공격하는 패거리의 폭력 앞에서 '나'는 거짓말의 수준을 넘어서 자신과 민 사이의 관계를 전면적으로 부정하였고 이것이 민에게 씻기 힘든 상처를 주었다. 서울에서 출발하여 목포항을 돌아다니는 이번 여행은 20년 전 과거로의 시간 여행을 분명하게 비유하는 것이며, 이 과정을 통하여 '나'는 민을 향한 부채 의식 혹은 죄책감을 확인하고, 민에게 20년이 지연된 사과를 하기에 이른다.

> 내가 서 있는 지점과 민이 우뚝 선 바위와의 거리는 한걸음에 다가갈 수 있는 거리였다. 하지만 민이 아주 멀리 있는 것 같았다. 나는 큰 소리로 민을 불렀다.
> "미안해, 사과할게. 네 말이 맞아."
> 민이 빨간 날개를 펄럭이며 내게 날아왔다. 나는 다시 사과했다.
> "미안해, 그날 놈들이 무서워서 내가 발작을 한 거야."
> 민이 내 코앞에서 다가서서 두 팔을 벌렸다.
> "나는 너를 너 자체로 좋아했어."
> "정말?"
> 민이 두 팔을 더 벌렸다. 나는 민에게 안겼다. 거센 바람이 불었다. 민과 나는 가볍게 날아올랐다. 민은 나를 안고 바다로 날아갔다. 나는 스턴트맨이 된 것 같았다.

부채 의식의 극복은 동시에 사랑의 확인이다. 너를 너 자체로 좋아했다는 말은 너를 좋아하지 않는다고 했던 20년 전의 말을 번복하는 것이면서 오랫동안 참았던 사랑 고백이다. 이처럼 20년의 세월 동안 마음 깊숙이 가라앉아 있던 사랑과 증오의 감정은 조수간만의 차이가 심하여 생선 비린내도 나지 않는다는 목포항의 거센 물살을 배경으로 그야말로 '뒤집어진다'. 감정의 급변, 일종의 환희는 무용 공연의 한 장면처럼 바다를 무대 삼아 생생하게 펼쳐진다. 바다 위를 날아간다는 상상, 서울에서 출발할 때 갖고 있었던 무겁고 갑갑한 마음이 뒤집어져 자유롭고 시원한 상태가 되는 동시에 20년간 쌓여 있던 오래된 부채 의식이 일시에 소멸되고 두 사람이 다시 가까운 사이가 된다.

현재 시간대에 속하는 관에 대한 부채의식도 이번 목포행을 통해서 뒤집히는 가능성을 발견한다. 아버지의 병을 핑계로 투자금을 회수함으로써 관이 어려움에 처하게 되었다는 것은 '나'에게 상당한 마음의 짐으로 작용한다. 아니, 관의 사업이 그리 전망이 밝지 않기에 투자금을 회수해야겠다는 생각이 먼저 있었을 터, 어려움이 예견될 때 혼자서 도망쳤다는 것, 20년 전 폭력 앞에서 민을 외면했듯이 현재는 관을 외면하였다.

목포는 항구다. 그것도 썩은 내가 나지 않는 항구다. 지구와 달 사이의 거대한 만유인력이 작용하여 생선 비린내 하나 나지 않도록 뒤집어 버리는 곳이다. 서울에서는 비겁하게 관의 어려움을 외면하였지만 이곳 목포에 와서 '나'는 비로소 힘을 얻을 수 있었다. 강제집행을 잘 막아냈고 내일 저녁 예정대로 갤러리 앞에서 플라멩코 공연을 연다는 문자 메시지를 받았을 때, 이미 '나'는 비겁한 부채 의식을 던져버리고 관에게 힘을 보태고 응원해 주어야 하겠다는 결심을 하게 된다. 목포에 와서 민을 향한 부채 의식이 뒤집히고 관계가 다시 회복되었듯이, 관을 향한 부채 의식도 썩은 내가 나지 않는 항구의 힘에 의해서 극복되고, 관계가 다시 회복될 가능성이 열린 것이다.

"나 지금 막차타고 서울에 가야겠어."
"왜?"
"친구가 많이 다쳤어."
"내일 아침에 가면 안 돼?"

"내일 가게 앞에서 플라멩코 공연을 한다는데 내가 무대를 만들어 줘야겠어."

"나도 같이 올라갈래."

"넌 며칠 바람 좀 쐬다 올라와."

"됐어, 오늘 실컷 바람맞으며 구경 많이 했어."

나는 길바닥에서 라틴댄스를 흉내 냈다. 손뼉을 짝짝 치면서.

"맞다. 너 내일 저녁에 시간되면 와서 춤추지 않을래?"

"입고 갈 드레스가 없는데."

"내가 사줄게 빨간 드레스로. 옛날 생각난다. 너 그날 엄청 예뻤는데."

"말해 뭐해."

나는 바로 모텔 예약을 취소했다. 우리는 목포역을 향해 걸었다.

'나'는 서울로 올라가 관에게 도움의 손길을 건네리라. 여기에 민도 합류하여 힘을 실어준다. 예술가들이 서로에게 힘이 되어주는 연대가 형성되는 모습이다. 소설은 어느새 스타일리시함의 분위기에서 벗어나 사람과 사람 사이의 연대가 만들어내는 따뜻한 온기에 관해 이야기한다. 서울에서 그들 예술가들은 거대한 자본의 힘에 맞서 같이 대항하게 될 것이다. 과연 그들의 대항이 성공할 것인지에 관한 관심을 떠나서 서울에서 올라가는 기차를 탄 그들은 이미 많이 뒤집히고 변했다는 점이 중요하다. 그리고 모든 것을 뒤집어버리는, 그래서 생선 썩은 내가 나지 않는다는 항구 목포에서 그러한 용기와 응원이 솟아났다는 점이 또한 중요하다.

신비의 이야기 또는 이야기의 신비 - 박경숙 〈묵주〉

묵주는 가톨릭에서 기도를 드릴 때 사용하는 성물이다. 가톨릭 신자가 아니라면 목걸이라고 생각할 수도 있겠고, 불교 신자라면 알이 작은 염주 비슷한 것이라 생각할 수도 있는 물건이다. 소설 속 주인공도 묵주를 처음 보았을 때, 팔찌라고 하기엔 좀 길어 보여 반짝이는 목걸이로 생각했다. 주인공은 그 반짝이는 구슬 꾸러미가 도대체 무엇인지 궁금해한다. 소설을 읽기 시작하는 독자들도 주인공과 마찬가지다 (물론 가톨릭 신자들은 묵주가 무엇인지 이미 알고 있겠지만). 나아가 (묵주가 무엇인지 아는 가톨릭 신자들도 포함하여) 묵주를 가지고 어떠한 이야기를 풀어낼까 잔뜩 궁금증을 갖고 읽기 시작한다.

소설은 전형적인 액자 서사의 형식을 취한다. 액자 서사와 그 안에 있는 삽입 서사가 들려주는 이야기는 그리 복잡하지 않다. 액자 서사는 대강 이러하다. 주인공 '나'는 요양원에 봉사활동을 갔고 90이 넘은 노파의 말벗이 되어준다. 작가임을 내세워 고집스러운 모습을 보이는 노파에게 '나'는 조금씩 호기심을 느끼고 그녀의 이야기를 듣는다. 출판사에 취직하면서 한동안 노파를 잊고 있던 '나'는 노파가 사망한 후 다시 요양원을 찾아간다.

노파의 회상을 통해 전달되는 삽입 서사 역시 단순한 편이다. 노파의 젊은 시절부터 시작되는 삽입 서사는 노파가 묵주를 갖게 된 사연, 또 묵주를 잃어버리게 된 사연, 그러면서 묵주가 사람이 되어 딸로 태어나고, 다시 아이가 세상을 떠나게 된 사연 등으로 구성된다. 죽음을 앞둔 노파가 자신의 인생 역정을 회고하는 내용에서 크게 벗어나지 않는다.

주목할 점은 액자 서사와 삽입 서사에서 묵주라는 소재를 활용하는 방식이다. 삽입서사에서 묵주는 세상의 신비와 인생의 고통을 노파에게 알려주는 장치다. 노파의 이야기에서 묵주는 인생의 주요 변곡점에 나타났다가 사라지는데 노파는 이것을 '신비'라고 부른다. "묵주가 사람으로 왔어. 그 아홉 달 뒤 나는 딸을 낳았거든. 그때는 그 아이가 내게 묵주로 왔다는 걸 알지 못했어. 어른들이 지어오신 그 애의 이름이 구슬을 잇는다는 한자어 뜻이었는데도 말이지. 아이는 늘 아프며 마디게 성장했고, 나는 다시 기도를 시작할 수밖에 없었어."

다소 아쉬운 점은 삽입 서사가 노파의 인생 전체에 걸친 이야기인지라 짧은 단편소설의 분량에서는 생략되는 부분이 많이 생긴 듯하다. 그 결과 사건과 사건의 연결이 매끄럽지 못한 부분도 없지 않다. 노파가 묵주에 관한 사연을 이야기하면서 '영혼'과 '신비'의 문제임을 강조하지만 짧은 분량으로는 영혼과 신비를 설득력 있게 펼치기에는 다소 역부족이다. 또한 노파는 자신이 작가라는 사실을 여러 차례 강조하는데, 노파가 어떤 작가인지 소설 속에서는 불분명하게 처리되어 있어 아쉬움을 남긴다.

"그러게. 모든 것이 끝났는데 나는 허전함을 견딜 수 없더군. 마침 로마 여행을 떠나려는 지인에게 부탁했지. 내가 지녔던 것과 똑같은 묵주를 사다 줄 수 없느냐고. 그 이웃은 아주 비슷한 것을 사와 내게 선물했지. 똑같은 것은 구할 수가 없었다고 하더군. 불과 1년의 세월인데 왜 똑같은 걸 구할 수 없었던지. 이 세상에서 똑같은 생은 아무도 없는 거란 뜻일까. 나는 이 묵주에 내 생의 모든 걸 새겨 넣는 기도를 지난 세월 해왔네. 그러니까 이 묵주는 내 소녀시절 처음 가졌던 묵주의 대치물이야. 세례 전날 술 취한 오빠를 통해 느꼈던 그 뼈저린 고독감 뒤에 네게로 왔던 최초의 묵주, 내가 끊어버렸던 묵주…. 내 영혼이 오죽 방종했으면 묵주가 사람이 되어 내 딸로 태어났겠나. 아픈 일이었지만 돌아보면 참 은총의 일이기도 했네. 아가씨는 이 모든 걸 이해할 수 있겠어?"

하지만 죽음이 임박한 사람이 들려주는 인생의 총결산이라는 점에서는 '영혼'과 '신비'의 의미 맥락이 비교적 쉽게 수긍이 간다. 삽입 서사는 일종의 유언에 가까우며, 자신의 전 인생 앞에서 가장 솔직해지는 순간 발화되는 거짓 없는 순수의 이야기라는 아우라가 씌워진다. 이것은 설명이나 논증의 영역을 벗어날 수밖에 없다. 특히 죽음 앞에서의 유언은 가톨릭의 성물 묵주와 연결되면서 자신의 죄를 참회하는 고백성사의 형태 비슷한 것이 된다. 자신의 삶을 돌아보니 이 모든 것에 신의 섭리가 있었음을 고백하고 신에게 귀의하겠다는 강한 종교적 분위기가 삽입 서사에 씌워지고 있다. 이처럼 신비스러운 종교적 분위기를 창출하는 데 결정적 역할을 하는 것이 바로 묵주이다.

또한 묵주는 액자 서사와 삽입 서사를 연결하는 장치로 기능한다. 묵주는 삽입 서사에도 있고 액자 서사에도 있다. 삽입 서사의 이야기 시간 속에 존재하였던 묵주가 세월이 지나 액자 서사의 이야기 시간 속에 여전히 존재하고 있음을 확인하는 방식은 여러 소설이나 영화에서 즐겨 사용하는 연결 장치다. 특히 '나'의 입장에서 노파가 들려주는 영혼과 신비에 관한 이야기(삽입 서사)는 쉽게 믿기 어렵지만 그것이 실제로 있었던 이야기임을 증명해주는 일종의 증거로 묵주가 사용된다. 노파의 이야기를 들은 '나'의 머릿속에서는 계속해서 묵주가 떠오르는데, 이를 통해서 삽입 서사와 액자 서사의 강한 연결 상태를 확인할 수 있다.

> 집에 돌아온 나는 그날 밤 잠을 이루지 못하고 몸을 뒤척였다. 눈을 감으면 그 가느다랗고 반짝이는 묵주가 자꾸 떠올랐다. 어린 소녀가 울며불며 묵주를 끊어버리는 장면, 이어진 구슬이란 한자어 뜻 이름으로 짧은 생을 살다 갔다는 노파의 딸 인간 묵주, 그녀가 떠나자 하늘로 함께 돌아갔다는 묵주, 지금 노파의 손에 쥐어진 묵주…. 머릿속에서 묵주란 단어가 끝없이 이어졌다.

이처럼 삽입 서사 속 묵주에 관한 사연은 외부의 액자 서사에 지속적인 영향력을 행사하는데, 소설의 결말에서 '나'가 묵주를 훔치는 대목에 이르러 그 영향력이 절정에 이른다. '나'가 묵주를 훔치는 대목은 소설 전체에서 극적 긴장이 절정에 달하는 순간이다. 여기서 '나'는 묵주를 훔쳐가면서 '당신의 생애를 훔쳐가요'라고 말한다. 이것은 노파의 인생을 더 깊이 알고 싶다는 호기심 또는 지식욕의 결과인 동시에 인생의 신비에 관한 매력적인 한 편의 이야기를 자기 것으로 전유하여 작가가 되고 싶다는 창작욕의 결과이기도 하다.

결말에 이르러 한 가지 상상이 추가될 수 있다. 소설을 읽으면서 지금까지 들었던 노파와 묵주에 관한 이야기가 결국 인생의 신비가 담긴 묵주를 훔친 '나'가 들려주는 이야기임을 알게 될 때, 그 이야기는 진짜 주인은 '나'가 아니라 묵주라는 상상 말이다. 이것은 묵주의 이야기와는 또 다른 별개의 이야기, 한 작가의 탄생에 관한 새로운 이야기를 출발시킨다. 이때 작가는 묵주가 들려주는 이야기를 받아 적는 필경사와 같은 존재. 곧 묵주는 모든 소설가들이 염원하는 뮤즈에 관한 하나의 비유가 되며, 노파가 일러준 '신비'란 에피파니와 동격이 된다. 곧 단편소설 〈묵주〉는 예술가 소설의 오래된 주제를 다시 한번 환기시키는 작품으로 읽을 수 있다는 것이다.

영월은, 그리 먼 곳은 아니니까 - 전영민 〈카페 비루〉

산 좋고 물 맑은 고장, 동강 레프팅, 단종의 유배지, 김삿갓 김병연이 태어나 살던 동네. 선배는 서울을 떠나 영월에 내려갔다. 부인과 아이들은 서울에 남겨두고 선배 혼자 내려간 것. 그는 영월에서 병맥주를 파는 가게를 열고 '비루'라는 간판을 걸었다. "말로는 장사도 별로 안 된다고 했는데 그의 표정을 보아하니 영월에서 카페 주인의 삶이 퍽 편안하고 만족스러운 듯했다."면. 이것이 언제 한번 놀러 오라는 상투적인 말에 따라 서울에서 영월로 버스를 타고 내려가 만난 선배의 모습이다.

전영민의 〈카페 비루〉에서는 서사성이 현저히 약화되어 있다. 버스를 타고 영월에 갔다가 다시 서울로 돌아오는 내용이 고작이다. 두드러진 사건은 없다. 이것은 다분히 의도된 서술적 전략으로 보이는데,

서사성의 약화는 시간 진행을 더디고 흐릿하게 하는 대신 배경으로서의 공간에 대한 감각 또는 인식의 확대를 이끌어 내고 있기 때문이다. 먼저 시간 감각이 흐려지고 공간 감각이 특이하게 변화하는 대목을 보자.

> 이미 시간은 늦어 작은 도시의 밤은 내려앉을 대로 내려앉아 있었다.
> 그러나 내 시계나 시간 감각이 틀렸나 싶은 생각이 들 정도로 창밖으로 바라본 영월의 밤은 초저녁인 양 청량했다. 원래 서울의 그것과는 공간의 밀도 자체가 다른 건지, 아니면 흔히 말하는 시간의 상대성 때문인지 몰라도 아직 반쯤 둥근 달의 모습은 하늘 한가운데 사뿐히 걸려 있었다. 자신의 시간이 한참 남았다고 말하는 듯 맑은 밤하늘이었다.

영월에 내려오기 전 서울에서는 어땠을까? 바쁘게 돌아가는 일상적인 생활 탓에 시간 감각이나 공간 감각에 관해서는 조금도 신경 쓰지 않았으리라. 소설 속에는 그런 것이 언급되지 않았는데 어떻게 그것을 알 수 있느냐고? 소설 속 영월 여행은 일상적인 생활 세계에서 일시적으로 탈출하는 의미를 지닌 여행이다. 대개의 여행이 그러하듯 평소에 놓치고 있던 것을 새롭게 인식하고, 못 보았던 것에서 흥미와 위로를 받는다. 평소 시간 감각이 다르게 느껴진다고 예민하게 파악하고, 공간의 밀도 또한 다르다고 감지하는 것은 바로 일상의 탈출로서의 여행에서 발생하는 전형적인 현상이다.

영월에서는 감각이 살아난다. 일상에서는 잠시 잊고 있던 감각이다. 그래서 초저녁 하늘을 바라보면서 '청량함'을 느낄 수 있다. '반쯤 둥근 달'을 보면서 그것이 사뿐하다 느낄 수 있다. 서울에서는 늘 답답했다. 또 서울에서는 달이 둥글게 생겼는지, 사뿐한지 쳐다보지도 않았다. '나'는 '자신의 시간이 한참 남았다고 말하는 듯'하는 밤하늘과 대화를 나누기도 한다. 밤하늘의 달과 별이 건네는 말, 서울에서는 들리지 않았던 달과 별의 목소리가 영월에서는 들리기 시작할 때 비로소 마술적인 시간이 펼쳐진다.

　서울에서는 시각이 위주였다면 영월에서는 후각이 우위를 점한다. 인간의 감각 중 이성적 판단과 연결되는 것이 시각이라면, 상대적으로 감성적인 감각에 해당한다. 시각에의 의존이 약해지고, 대신 후각에 대한 의존이 강해지는 모습은 서울 종로 뒷골목 지하에 있던 맥주 바, 산타페에서 경험했던 바이다. "어두컴컴해서 앞의 사람 얼굴도 잘 안 보이고, 음악 소리가 하도 커서 옆의 사람 말소리도 잘 안 들"린다. "대신 옆 사람 살냄새 딴 냄새는 잘 느껴진단 말이야. 어둡고 시끄러우니 후각에 집중하게 되거든."

　선배는 후각만 남아 있는 그곳 산타페가 좋았다고 회고한다. 그래서 산타페를 본따서 영월에다 카페 비루를 만들었다. "그렇게 별말 없이 붙어서 맥주만 마셔도 뭔가 되게 편안하고 따뜻해지는 것 같았는데. 하다못해 추운 겨울 늦은 밤에 거길 들어갈 때 후욱하고 코로 느껴지던 그 쾌쾌한 지하실 냄새도 좋았다니까." 서울살이에 지쳤던 선배가 산타페에서 맛보았던 것은 단순한 냄새가 아니다. 눈을 감고 귀를 막은 채, 물론 산타페의 조명과 음악소리가 만들어준 것이지만, 살냄새와 땀 냄새를 통해 자신 옆에 사람이 있다는 사실을 확인하고 나서 느끼게 되는 안도감이다. 사람과 사람 사이의 거리가 무화되는 순간 찾아오는 편안하고 따뜻한 느낌, 각박한 서울 생활에서 지친 사람들을 향한 무한한 위로. 영월의 밤하늘에서 마법이 펼쳐졌듯, 산타페와 카페 비루에서는 밤마다 마법이 펼쳐지고 있던 것이다.

내일 출근을 하지 않아도 되어 다행이다. 중요한 약속이나 꼭 기억해야 할 경조사도 없다. 아니 할 일 자체가 없다. 그냥 지금 낯선 작은 도시의 작은 술집에서 시간을 죽이며 얼음에 비친 맥주병의 빛깔이나, 옆자리에 앉은 누군가의 매니큐어 색깔을 바라볼 수 있는 한가로움이 있어서 다행이다. 그 누군가가 마시는 맥주의 상표는 왠지 중요한 그 무엇보다 오래 내 기억에 남을 것이라는 생각을 하면서. 세상을 살다 보면 중요한 일들이 가장 먼저 기억나는 것은 아니다. 지나고 나면 별로 중요하지 않았던 누군가의 머리 색깔이나 옷매무새, 또는 바람에 날리던 스카프의 무늬 같은 작은 모습들이 먼저 떠오르고 기억되기도 하는 법이다. 문득 가슴 설레며 사랑했던 추억도, 눈물을 다해 이별했던 기억도 아닌 이런 일상의 소소한 이야기들로만 내 기억이 가득 찼으면 좋겠다는 생각이 들었다. 나는 그런 생각들에 잠긴 채 충분히 시간을 들여 천천히 맥주를 하나 꺼내어 뚜껑을 땄다. 맥주만 파는 카페이니 이것저것 선택할 필요 없이 그것이면 충분하리라.

시간의 흐름이 느려지고, 사건의 전개가 흐릿해질 때, 평소에는 눈에 띄지 않던 사소한 것들이 하나씩 발견된다. 얼음에 비친 맥주병의 빛깔, 옆자리에 앉은 누군가의 매니큐어 색깔. 그런 것을 관찰할 수 있다는 것은 그만큼 한가롭다는 것을 의미한다. 맥주병을 따는 행동을 보라. 충분히 시간을 들여 천천히 움직인다. 누가 재촉하는 사람이 없기에 누릴 수 있는 여유이고, 그런 완만한 움직임 속에는 온갖 일상의 소소한 이야기들이 떠올라 음미된다. 아름다운 추억에 잠길 수 있고, 그래서 영월의 밤은 아름답다.

서울에서 사람들은 그야말로 서로에게 닿을 수 없는 섬이었다. 섬과 섬 사이가 너무나 아득해 닿을 수 없으리라 진작에 기대를 접었다. 그러나 영월의 밤을 통해서 살냄새와 땀 냄새를 풍기는 또 하나의 사람이 바로 옆에 앉아 있다는 사실을 확인할 수 있었다. 혼자가 아니라는 것, 사람과 사람 사이가 생각보다 멀지 않다는 것을 알게 되는 것이다. 선배와 '나'도 제법 가까워질 수도 있겠고, 버스에서 스쳐 지나갔던 동승자도 생각보다는 가깝게 느껴지기도 한다. 무엇보다 서울과 영월이 그리 멀지 않다는 사실을 새삼 깨닫게 된다.

그 사이 버스는 서울을 향하고 있었다. 곧 도착하리라. 영월은, 그리 먼 곳은 아니니까.

투우장에서 싸우다 지친 소가 숨을 고르며 힘을 회복하는 피난처, 안식처를 스페인어로 쿼렌시아(Querencia)라고 부른다. 소설 속에서 그려진 영월 혹은 카페 비루는 바로 쿼렌시아의 한 예시이다. 영월은 눈을 감고 살냄새와 땀 냄새를 맡으며 자신의 곁에 누군가가 있다는 따뜻한 위로를 받을 수 있는 곳이다. 쿼렌시아에서 힘을 다시 비축한 소는 다시 서울로 올라가 열심히 뛰어다닐 수 있으리라. 그리고 쿼렌시아가 그리 먼 곳에 있는 것은 아니니 언제든 지칠 때면 다시 그곳에 돌아갈 수 있으리라. 이 소설은 언제나 옆자리에 있는 사람이 진정한 안식이라는 단순하면서도 선명한 진실을 알려주고 있다.

희망의 노래

모란시장에 부는 봄바람 - 권채운 〈봄이 온다면〉

작가에게 인물과 사건 중 하나만 선택하라고 한다면 어떤 대답이 돌아올까? 작가의 소설관에 따라 혹은 작품의 테마에 따라 제각각의 대답이 나오리라. 인물이 더 중요하다, 아니다 사건이 더 중요하다, 다양한 답이 있겠지만 〈봄이 온다면〉의 작가는 아마도 인물 쪽을 택한 듯하다.

〈봄이 온다면〉은 철저히 인물 중심의 소설이다. 주인공 역척 할매에 관한 인물 묘사에 온 힘을 기울인다. 기획 부동산 사기 사건이 중심 사건으로 마련되어 있지만 그런 사건은 신문이나 방송에서 심심찮게 접했던 것이라 그리 참신하지는 않다. 이 소설에서는 사건보다는 인물, 즉 역척 할매가 어떠한 삶을 살아온 인물인지, 그리고 그 인물의 욕망은 무엇인지가 양적으로나 질적으로 더 큰 비중을 차지하고, 중심 사건 또한 결과적으로 역척 할매의 인생과 욕망을 드러내는 효과적인 장치로 작용한다.

> 구름 한 점 없다. 선풍기 바람도 후끈하다. 가게 앞의 한길에서 아지랑이가 피어오른다. 저러다가 아스팔트가 녹아내릴까 싶다. 억척할매는 100년 만의 더위도 아랑곳없이 가게 앞의 쇠의자에 꼿꼿이 앉아 있다. 방금 찬물에 헹궈서 목에 두른 젖은 수건도 금세 뜨뜻해졌다. 연일 기록을 경신하는 최고 기온이 오늘은 38.5도라고 한다. 그렇지만 여기 온도는 언제나 발표되는 온도보다 3도는 높을 것이다. 펄펄 끓는 가마솥에서 내뿜는 열기는 30년이 지나도록 익숙해지지 않는다. 복중 한철 장사해서 한 해를 버티는데 올여름은 매상이 영 신통찮다.

위의 인용은 소설이 시작되는 첫대목이다. 소설의 배경인 모란시장의 풍경이 펼쳐진다. 서술자는 구름 한 점 없이, 선풍기 바람마저 후끈한 여름날의 시장을 묘사한다. 여기서 38.5도라는 100년 만의 더위는 객관적 사실이지만, 그 사실은 젖은 수건이 금세 뜨뜻해지는 주관적 감각으로 변하여 전달된다. 더위가 한창인 여름날 목에 건 수건이 뜨뜻해지는 것을 경험해 본 적이 있는 독자들은 온도계가 없어도 그 더위의 정도를 상기하면서 생생히 대리 감각하게 된다. 이와 같은 주관화를 통하여 독자들은 자연스럽게 서술 속으로 빨려들게 되는 것이다.

그런데 그러한 감각이란 사실은 억척 할매의 감각과 정확히 일치한다는 점에 주목해야 한다. "펄펄 끓는 가마솥에서 내뿜는 열기는 30년이 지나도록 익숙해지지 않는다."라는 문장은 누구의 목소리인가? 표면적으로는 전지적 서술자의 목소리지만 30년 동안 열기를 견뎌왔던 존재는 다름 아닌 억척 할매다. 그다음 문장도 비슷하다. 올여름 매상이 영 신통찮다고 아쉬워하는 존재는 서술자일 수도 있지만 장사에서 재미를 못 본 억척 할매의 생각에서 크게 벗어나지 않는다. 결국 서술자는 사실상 억척 할매의 생각과 반응을 독자에게 전달한다. 더위에 대한 감각과 그것에 대한 반응, 즉 서술자—독자—억척 할매의 심정적 공감대가 자연스럽게 형성되는 모습이다.

이처럼 이 소설에는 곳곳에서 서술자의 목소리 속에 억척 할매의 생각과 심리가 슬쩍 얹혀진다. "작은아들이 몇 번씩 불러대지만 억척 할매는 꿋꿋하게 앉아 있다." 이것은 3인칭 서술자의 중립적인 서술이다. 하지만 "기다려야 손님이 온다는 걸 장사 초년생인 녀석이 알 턱이 없다."는 어떤가? 표면적으로는 전지적 서술자의 서술이지만 작은아들의 부족한 장사 경험을 아쉬워하는 존재는 억척 할매일 수도 있다. 더구나 작은아들을 '녀석'이라고 친근하게 부를 만한 사람이 누구일까 생각한다면 중립적으로 서술하는 서술자보다는 서술의 대상인 억척 할매 쪽으로 기운다.

여기에 모란시장 개고기 장수에 관한 상세한 소개도 억척 할매에 관한 생생한 인물 묘사에 한몫한다. 개고기를 사고파는 업무의 절차에 관한 서술, 몇십 년 동안 살아 있는 개를 판매하던 것이 이제는 법적 규제로 인해 바뀐 사실 등에 관한 언급은 소설을 쓰기 위해 치밀하게 취재를 한 작가의 노고를 짐작하게 한다. 가까운 거리에서 깊이 들여다보지 않으면 쉽게 알지 못하는 정보들이 소설의 디테일을 이루고 있어 생생함을 창출하고, 억척 할매라는 독특한 인물은 성공적으로 묘사된다.

실버 에어로빅은 또 어떤가? 어떻게 보면 모란시장의 개고기 장사보다 더 상세하고 분량도 더 많다. 특히 행정복지센터의 에어로빅 강좌에 관한 내용을 따라가다 보면 신바람 이 박사의 노래라든가 강남스타일, 아모르파티 등 에어로빅 음악이 머릿속에서 자동 재생되는 듯한 착각마저도 든다. 또 소설의 제목이기도 한 안예은의 〈봄이 온다면〉도 인터넷에서 찾아보기도 한다. 그리고 억척 할매가 느끼는 '야릇한 설렘'을 함께 만끽한다.

사느라고, 꿈이라는 말마저 잊고 살았는데 어디론가 멀리 떠났던 꿈의 조각들이 하나둘 그녀를 향해 두둥실 떠오는 것만 같았다. 손을 맞잡고 만세를 부르리라. 봄이 온다면.

부동산 투자로 일확천금을 노리던 억척 할매의 헛된 꿈, 그것을 쉽게 비웃을 수는 없다. 40을 갓 넘어 남편이 사망하고, 두 아들을 키워내기 위해 선택했던 개고기 장사, 남들이 혐오하는 일, 혹시라도 개 비린내가 날까 봐 열심히 샤워하는 모습, 꿈이라는 말마저 잊고 살았던 억척 할매에게 그 정도의 달콤한 꿈은 충분히 허용될 수 있지 않을까.

닷새 동안 앓아누웠던 억척 할매가 다시 실버 에어로빅팀에 합류하는 소설의 마지막 장면은 짜릿함마저 느껴진다. 따뜻한 봄날이 한 번도 없었던 그녀의 일생은 누군가의 시선에는 처량하고 불쌍하게 여겨질 수도 있겠지만, "아직 오지 않았으니 언젠가 올 것이다"라는 발상의 전환과 함께 다시 힘을 내는 그녀를 지켜보면 저절로 환한 미소가 지어진다.

언젠가 불어올 봄바람을 기다리는 억척 할매의 뒷모습은 아무리 험한 일이 있더라도 절대 희망을 잃어서는 안 된다는 따뜻한 응원을 선사한다. 이것이 아마도 이 소설이 사건보다는 인물을 선택한 이유일 것이다.

우린 한 형제잖아?-김경 〈너에게〉

김경의 단편소설 〈너에게〉는 이번 4월호에 수록된 여러 작품 중에서 가장 흥미로운 형식적 시도를 감행한 작품이다. 그러한 형식적 시도는 적절한 효과를 발생하여 작품의 주제적 차원에서 뚜렷한 성과로 이어진다. 이 소설에서 인상적으로 두드러지는 몇 가지 형식적 시도를 살펴보자.

너는 미쁜 형이고, 나는 사고뭉치 동생이다. 너는 자기가 입양 자식이라는 걸 알고 있으며, 그 사실을 내가 모르고 있는 줄 안다. 네가 알고 있는 두 가지 사실에 나는 크게 만족한다. 더불어 나는 내 목숨이 끊어지기 전까지, 너는 물론 그 누구에게도 이러한 정황을 절대로 발설하지 않을 작정이다.

첫째, 서술자의 독특한 목소리 실험이다. 이 소설에서는 '너'라는 2인칭 대명사를 주어로 하는 문장이 빈번하게 등장한다. 어떻게 보면 2인칭 시점의 가능성을 실험하는 듯한 모습도 감지된다. 이러한 독특한 서술은 참신하면서도 동시에 상당히 자연스러운 전개로 이어지면서 어느 정도 성공적인 듯 보인다.

물론 좀 더 자세히 들여다보면 이 소설은 전형적인 일인칭 시점을 사용하고 있음을 확인할 수 있다. 제목부터 '너에게'라고 되어 있듯, 소설의 서술은 기본적으로 '나'가 너를 향해 메시지를 보내는 형식이기 때문이다. 즉 메시지 송신과 수신의 형식에서 '너는 ~'이라고 말하는 목소리의 주체는 '너'에게 메시지를 보내는 '나'일 수밖에 없다.

둘째, 고백체의 실험이다. 이 소설이 사용하는 일인칭 목소리의 주인은 심각한 교통사고를 당하여 지금 죽음의 문턱에 가까이 있다. 어쩌면 곧 목숨이 끊어질지도 모르는 절박한 상황에서 '나'는 '너'를 향해 메시지를 보낸다. 이것은 사실상 유언에 가깝다. 동시에 자신의 죄에 대해 털어놓는 고백성사다. 어린 시절부터 지녀왔던 '너'를 향한 질투심, 경쟁의식, 죄책감 등 복잡한 감정이 가장 순수한 증류 상태의 고백체를 통해서 터져 나온 것이 이 소설의 서술이다.

셋째, 선명한 이항 대립을 통한 심리적 갈등의 실험이다. 이 소설의 특징 중 하나가 여러 개의 대립 쌍을 설정해 놓은 것이다. 소설의 제목에서부터 '너'와 '나'의 관계가 암시되어 있는데, 소설을 읽다 보면 '너와 나'는 '형과 동생', '진짜와 가짜'로 변환되어 미묘한 갈등을 빚어낸다. '나'는 부모의 친자식이고, '너'는 입양된 자식이라는 것이 진짜와 가짜 사이에서 발생하는 갈등의 핵심이다. 이것은 역전된 신데렐라 이야기 또는 콩쥐팥쥐 이야기가 아닌가.

'미인도' 그림, 알아?

내가 그림에 문외한이란 걸 뻔히 아는 너의 천연덕스런 물음이었다. 너는 벼린 실력으로 은근히 나를 무시하는 태도를 보였다. 목소리를 낮게 깔면서 '미인도'에 얽힌 얘기를 술술 풀었다. '가짜'와 '진짜'라는 단어를 구구절절 섞어가면서 열변을 토했다.

작가가 가짜라는데, 왜 사람들은 안 믿지? 왜 진짜라고 우기면서 가짜에 탐닉할까?

천경자 화백의 미인도를 둘러싼 위작 논란은 진짜 아들, 가짜 아들에 관한 '나'와 '너'의 갈등에 간접적으로 연결된다. 왜 사람들은 가짜를 자꾸 진짜라고 우길까, 왜 아버지는 가짜인 '너'에게 모든 것을 물려주었을까? 췌장암에 걸린 아버지는 6개월 시한부 삶을 이어가면서 당신의 그림 30여 점을 '너'에게 남겼다. 화가라는 직업을 아들에게 물려주는 후계자 지정의 의미, 가장 아끼던 재산을 아들에게 물려주는 재산 상속의 의미이다. 아버지는 왜 진짜인 '나'가 아니라 가짜인 '너'에게 모든 것을 물려주었을까? '나'는 이 질문에 대한 해답을 찾지 못해서 지금까지 그토록 방황했는지도 모른다. 그리고 이러한 정신적 방황은 부모를 향한 반항과 '너'를 향한 비뚤어진 경쟁심과 질투심으로 변하여 지금까지 이어진다.

추가로 안경알 없이 안경테만 있는 공갈 안경 같은 소재도 진짜와 가짜의 대립이라는 테마에 적절히 부합한다. '너'의 초록 뿔테 안경을 몰래 쓰레기통에 버렸던 철없던 시절 '나'의 행동과 이제 시력을 잃어 더는 안경 따위는 필요도 없게 된 상태에서 '너'에게 다시 초록 뿔테 안경을 선물하는 행동 등은 이항의 대립이 단순한 이분법을 넘어 '너'를 향한 죄책감까지 얹어지면서 복잡 미묘한 갈등으로 발전되었음을 보여준다.

마지막, 갈등의 해결에 관한 소설적 시도이다. 수신자를 너로 한 고백체의 형식적 특성상 소설에서 사건 전개의 비중은 상대적으로 적을 수밖에 없다. 더구나 병원에 입원해 있는 '나'는 다른 사람들과 의사소통도 할 수 없는 상황, 의식 불명의 상태이며, 소설의 서술은 외부와 차단된 상태에서 '너'에게 전달되지 못한 '너'를 향한 고백이 된다. 즉 갈등이 있되 사건을 통해서 해결되기 어려운 상황이라는 말이다. 이런 조건을 극복하고 갈등 해결의 가능성을 열어놓는 것이 바로 아스라한 의식 저 너머로 들려오는 '너의 목소리'이다.

기어이 대형 사고를 쳤네.
너였다. 낙심한 네 목소리가 가물가물 꺼져가는 내 의식을 돌이켰다. 나는 온 힘을 다해 숨을 모았다. 낙심한 한마디가 매듭지으려는 내 생명줄을 틀어쥔 것이다. 너는 내 마음을 온전히 알아채기라도 한 듯, 양손으로 내 얼굴을 쓰다듬었다. 부들부들 떨리는 네 손에 온기가 흘렀다. 아니 네 손은 타오르는 불이었다.

아스라이 반사광을 토해내며 물결이 출렁거린다. 어렴풋이 물소리가 들려온다. 아, 산소호흡기다. 산소호흡기의 규칙적인 물소리에 누군가의 음성이 실린다.
우린 한 형제잖아?
한없이 살가운 그 말을 독백처럼 내뱉은 이는 누구인가. 너의 부릅뜬 눈, 안광이 형형한 눈이 어느 틈에 내 시야를 가린다. 나는 도저히 너를 바라볼 수 없어 눈을 질끈 감아 버리지만, 아내 눈꺼풀이 올라간다. 금세 네 눈동자에 물기가 어려 있다. 정신이 번쩍 든다.

이 소설이 '너'를 향한 고백체의 형식을 취하고 있음을 상기하자. 게다가 지금 고백적 목소리의 주체인 '나'는 의식 불명의 상태라서 '나의 목소리'는 외부로 나아갈 수 없다. 일방적인 '나의 목소리'는 마음을 다한 고백이되 수신자인 '너'에게 닿을 수 없는 안타까운 외침에 불과하다. 이처럼 소통 불가능한 상황은 '너'를 향한 질투심과 경쟁의식, 그리고 죄책감이라는 심적 갈등이 풀리지 않고 있음을 상징적으로 보여준다.

그러던 것이 깨어지는 계기가 바로 어렴풋이 들리는 '너의 목소리'다. "기어이 대형 사고를 쳤네."라는 낙심한 목소리, "우린 형제잖아?"라는 살가운 목소리가 의식 불명의 상태를 깨트리고 서서히 동요를 일으킨다. '너의 목소리'가 의식을 뚫고 나에게 들려온다는 것, 소통이 재개되었음을 의미한다. '너에게' 보내는 나의 일방적인 목소리가 '나에게' 들려오는 너의 목소리로 전환될 때 갈등은 극복되기 시작한다.

이 순간 나와 너는 진짜 아들, 가짜 아들의 대립을 넘어서 형과 동생으로 전환된다. 아마도 80퍼센트 손상된 간을 이식해 주고 같이 병실에 누워서 회복 중인 듯한 이 장면에서 '나'는 '너'를 진짜 형제로 받아들인다. 진짜 가짜 아들의 구분이 없어졌으니, 모든 사랑과 유산을 가짜 아들에게만 물려주었다는 아버지를 향한 원망도 사라지는 것은 당연하다. 일탈의 늪에 빠져 허우적대던 나를 네게 맡긴 것이었음을 깨닫는 것은 너를 진짜 형제로 받아들였음을 다시 한번 확인시켜 주는 의미가 있다. 의식 불명 상태에서 의식을 회복하는 그 순간, 너와 나 사이에 소통이 다시 시작되고, 진짜와 가짜의 대립과 갈등을 넘어 변화의 조짐이 감지되는 작은 떨림을 예민하게 포착하는 데 성공한다. 이 소설이 보여준 여러 형식적 시도는 결국 너와 나의 진정한 소통의 형상화를 향해 있는 것이다.

긴장과 반전 – 김민혜 〈북 리뷰어〉

범인은 누구일까? 누가 악평과 험담으로 가득한 북 리뷰를 올렸을까? 북 리뷰를 올린 아이디 '다크호스'의 정체는 무엇일까? 김민혜의 단편소설 〈북 리뷰어〉는 비교적 간단하고 단순한 질문 하나로 상당한 긴장감을 조성하고 긴장의 끈을 이어나간다. 소설을 읽다 보면 리뷰를 올린 범인을 찾는 '나'에게 동화되어, 어느 순간 '나'와 함께 범인 찾기에 동참한다. 웨이브, 모자, 손톱 중에서 누가 범인일까? 흥미로운 소설의 이야기 전개 방식이다.

"수북님은 소설만 써도 가족 생계를 책임진다는 얘기군요. 나는 대학 강사인데 이번 강사법 개정으로 채용되지 못했어요. 하는 수 없이 저녁에 대리기사를 뛰고 주말에는 농장에 가서 일을 하여 겨우 생활비를 벌고 있지요. 아, 너무 동정 어린 눈으로 보지 말아요. 곧 다음 학기가 돌아오니까요."

모자는, 얘기하는 동안 찌푸린 자신의 표정을 펴고 미소를 지었다. 모자의 억지 미소에서 억눌린 분노가 느껴졌다. 그의 길어 보이는 콧대 위 눈동자는 누구를 바라본다기보다 도전과 항변의 빛이 스며 있었다. 그는 자신의 음습한 표정을 가리기 위해 모자를 쓰는지도 모른다. 모자가 리뷰를 올린 것인가?

'나'는 탐정 역할을 맡는다. 한 사람 한 사람을 심문하듯 그들과 대화를 나누면서 그들의 발언과 행동을 분석한다. 모자는 '나'에게 부러움을 표시하는 동시에 질투를 느끼고 있군. 그렇다면 그러한 부러움과 질투가 범행의 동기가 될 수 있지 않을까? 또한 '나'는 회원들의 표정을 자세히 살핀다. 모자는 이야기하는 동안에는 찌푸리고 있었다가 이야기가 끝난 다음에는 표정을 펴고 미소를 짓는다. 그런 억지 미소란 억눌린 분노를 숨기기 위한 술책이 아닐까? '나'에게 분노를 품고 있었다면, 혹은 '나'와 비교되는 자신의 열악한 처지에 분노하고 있었다면, 그 또한 범행의 동기가 될 수 있지 않을까? 탐정처럼 작은 단서들을 수집하는 '나'의 관찰과 추리는 고스란히 독자에게 전달되고, 독자들은 '나'와 함께 범인을 찾고 싶은 생각이 들게 된다. 독자를 '나'에게 감정이입하게 만드는 솜씨가 능숙하여, 추리소설적 전개에서는 별다른 이질감이 느껴지지 않는다.

'나'를 포함하여 네 사람이 모인 바닷가 전원주택의 분위기 또한 독자를 소설 속 내용에 끌어들이는 중요한 장치다. 추리소설은 대개 용의자들을 한곳에 다 모아놓는다. 모인 사람 중에 범인이 있게 마련이다. 자연스럽게 용의자들이 모인 그 공간은 긴장이 점차 고조된다. 자기소개를 하면서 편안하게 심리적 무장해제가 이루어졌기 때문에 처음에는 화기애애한 분위기였다. 물론 '나'는 계속해서 범인 색출에 몰두하고 있었고, 영문을 모르는 다른 세 사람의 분위기가 그랬다는 말이다. 하지만 시 낭송이 시작되고 나서 그들 세 사람의 분위기는 조금씩 변한다. 손톱과 웨이브가 사소한 이유로 말다툼을 벌이고 긴장이 고조된다. 급기야 '나'의 소설에 대한 언급이 나오는 대목에 이르러서는 최초의 화기애애함은 현저히 약화되고 '작가의 의도가 대체 뭔지 헷갈리더군요'라는 말이 튀어나올 정도로 미묘한 신경전이 벌어진다. 소설의 전개는 하나의 공간에 네 인물을 가둬놓고 서로 조금씩 부딪히게 만들어 점차 긴장을 고조시키는 과정과 일치하고 있으며, 이처럼 공간을 닫아놓기 때문에 분위기의 변화가 한층 더 선명하게 전달될 수 있다.

그런데 이 소설에서 특히 주목해야 할 점은 후반부에서 이루어지는 분위기의 전환이다. 무엇보다 서술자가 '신뢰할 수 없는 서술자'임이 밝혀지면서 그동안 있었던 서술이 뒤집힌다. 소설의 전반부에서 '나'는 자신이 정말 하고 싶은 일을 찾아 안정된 직장을 뛰쳐나와 작가의 길을 걷고 있는 용기 있는 인물로 미화되었지만, 소설의 후반부에 이르러 사실은 '나'가 불륜 때문에 직장에서 쫓겨난 셈이라 소설 창작의 길을 선택한 과정이 그리 아름답지 않았다는 내용이 폭로된다.

같은 맥락에서 주인공이 행하는 범죄 수사의 정당성도 크게 훼손된다. 소설의 전반부에서 '나'가 악평을 쓴 리뷰어 '다크호스'를 색출하겠다 나설 때만 해도 근거 없이 부당한 모함을 바로 잡아야겠다는 일종의 정의감을 전면에 내세웠고 독자들도 그러한 범인 수사 과정에 적극적으로 동참했다. 그러나 서술자의 신뢰성에 의문이 제기되고 자연스럽게 범죄 수사의 정당성에도 의구심이 드는 순간 다크호스의 평가가 어쩌면 제대로 된 평가일 수도 있겠다는 의심이 생기게 된다. 즉 사실은 '나'의 작품이 원래 형편없는 것일 수도 있다는 말이다. 이렇게 된다면 이상한 인물은 '나' 한 사람이다.

"백 여사님이 그림으로 재테크를 할 줄 몰랐네요. 개인적 사담을 금하더니, 자신의 치부가 드러날까 봐 그런 것 아닙니까? 대체 수북님과 백 여사의 관계는 뭐죠? 그것도 밝혀요."
모자가 노기를 띤, 허탈한 표정을 지으며 말했다.
"백 여사님의 남편은 가끔 집에 온다면서요. 그러면서 60평 아파트에 산다는 것도 좀 이상하지 않나요?"
웨이브가 나를 보며 각을 세워 말했다. 눈을 살짝 감고, 이 상황을 어떻게 모면해야 할지를 궁리했다. (…) 나는 진땀을 흘리며 설명했다. 모자는 리뷰를 안 올렸고 세 분 모두에게서 리뷰 작성자라는 혐의를 지워야 했다. 이분들은 우아한 정신을 가진 분들이니까. 나는 눈을 슬며시 감고 긴 숨을 토했다.

더욱이 범인 찾기 놀이의 공간인 바닷가의 전원주택이 '나'와 불륜관계를 맺고 있는 백 여사의 집으로 밝혀지면서 '나'가 세 명 회원을 심문하는 심리적 위계는 완전히 역전되어 회원들 앞에서 '나'는 추잡한 꼴을 보이며 당황스러워한다. 이제 독자는 어디에 서 있어야 할까? 소설의 전반부에서는 '나'와 같은 위치에서 세 명의 회원을 하나씩 뜯어보았지만, 이제 소설의 결말에 이르러 '나'에게 화가 난 회원들 틈에 끼어 '나'를 의심하지 않을 수 없다.

악평 위주의 리뷰를 올린 인물 찾기는 이렇게 허탈하게 마무리되었고, '나'의 위선적인 면모는 세 명의 회원과 독자 앞에 까발려졌다. 씁쓸하면서도 저절로 냉소가 나오게 되는 아이러니한 상황이다. 독자의 관심과 주의를 찬찬히 끌고 가다가 일시에 뒤집어버리는 분위기 반전에 고개를 끄덕이게 되는 그런 소설이다.

코로나19 소설의 한 가지 가능성─노령 〈용설란〉

코로나19가 우리의 일상을 송두리째 바꿔버린 지 벌써 1년이 훌쩍 넘어간다. 처음에는 이질감이 심하게 느껴졌던 마스크 쓰기가 이제는 어느 정도 적응되어 오히려 마스크를 쓰지 않고 집 밖을 나서면 어색하게 느낄 지경이다. 텔레비전을 틀면 화면 한쪽 구석에는 코로나19 확진자 수가 주식 정보처럼 늘 떠 있고, 전국 곳곳에서 확진자가 무더기로 발생하였다는 속보가 수시로 나오지만, 이제 만성이 되어버린 것인지 무덤덤한 생각이 들기도 한다.

노령의 단편소설 〈용설란〉의 주인공 '나'도 처음에는 무덤덤하기만 했다. "남의 이야기라 여겨 심각하게 생각하지 않았다. 그랬는데 바로 그런 일이 내 앞에 닥친 것이다." '나'는 시골 고향집에 내려가 살고 있던 남편이 코로나19에 걸리고 중증 환자로 분류되어 전담병원에 입원했다는 소식을 접한다. 이어 방역 방침에 따라 코로나19 확진자의 아내인 '나'는 격리 생활을 시작한다. 남의 일이라 여겼던 것이 자신에게 일어남으로써 발생한 변화에 관해 이 소설은 이야기를 들려준다. 섣부른 감정의 과잉을 극도로 자제한 채, 죽음과 생명, 부모와 자식에 관한 깊이 있는 통찰을 보여준다는 점에서 소설 〈용설란〉은 코로나19의 소설적 형상화에 관한 한 가지 실험으로서 의의가 있다.

우선 주인공의 가족들이 저마다 뿔뿔이 흩어져 있는 상황이 코로나19로 인한 거리 두기를 상징적으로 보여준다는 점이 흥미롭다. 주인공은 아파트 생활을 고집하고, 남편은 온실을 둘 수 있는 고향집으로 내려가고, 딸은 10년 넘게 의식이 없는 상태로 병실에 입원해 있다. 그러다가 코로나19 중증 환자로 분류된 남편은 전담병원에 갇힌 신세가 되었고, 딸은 스스로 움직일 수 없는 환자의 몸, 주인공마저 코로나19 확진자의 배우자라는 이유로 격리 생활을 하게 됨으로써 남편이나 딸을 만날 수 없는 상황이 되고 만다. 같이 모여 살았던 때도 있었겠지만, 적어도 소설이 시작되고 나서 끝날 때까지, 세 식구는 뿔뿔이 흩어져 있는 것으로 나온다. 한 가족이지만 서로를 만날 수 없는 상황이야말로 코로나19 시대에 우리가 흔히 겪는 일상생활의 적절한 비유가 아닐까 싶다.

　그런데 우리 부부는 어찌될 것인가. 남편은 위중한 상태이고, 나는 자가 격리로 나가지도 못한다. 딸애는 세상과 담을 쌓은 채 병상에 누워있다. 어찌해야 하는가. 아무리 머리를 쥐어짜 보아도 해결책이 보이지 않는다.

한편 방송에서는 연일 확진자의 동선이 공개되고, 역학조사를 통해 감염경로를 추적하지만, 이 소설에서는 병에 걸린 원인이나 경로에 관해서는 무관심으로 일관하고 있다는 점도 특이하다. 소설의 관심은 코로나19라는 질병 자체에 있는 것이 아닌 듯하다. 그것보다는 자가 격리가 시작되고 나서 시작된 변화를 소설 속에 담아내는 데 좀 더 주력한다. 요컨대 코로나19로 인한 생활의 변화를 관찰하는 것이 이 소설의 주된 관심이다.

첫날은 남편이 남기고 간 노트를 읽는 것으로 시간을 보냈다. 길게 느껴지는 지루한 하루를 보내면서 그제야 노트를 통해 남편의 속마음을 살펴볼 수 있게 된 것이다. 둘째 날은 남편이 그토록 애지중지하던 용설란이 있는 온실에서 시간을 보낸다. 남편이 왜 그렇게 용설란을 꽃 피우기 위해 매달렸는지를 어렴풋이 알게 된다. 그리고 그러한 노력이 딸의 회복을 향한 일종의 기원과 기도 비슷한 것이라는 사실도 깨달을 수 있다. 노노케어를 담당하는 이장 부인과 대화하면서 남편이 항상 주인공과 딸을 걱정했다는 것, 용설란꽃을 보면서 딸이 의식을 찾게 될 것이라 기뻐했었다는 사실을 알게 되는 것도 어찌 보면 코로나19 때문이다. 이처럼 자가 격리 과정에서 그동안 남편에 대해 몰랐던 것을 점차 알아가는 과정은 이 소설이 주목한 코로나19의 역설이다.

용설란은 일생에 단 한 번 꽃을 피운다. 일단 꽃을 피우면 자신을 돌아보지 않고 모든 영양분을 꽃과 씨앗에게 준다. 후손에게 자신의 모든 것을 아낌없이 주고 생을 마감한다는 말을 아이가 알아들을까? 생각해 보니 식물뿐만 아니라 동물도 그런 사례가 있다. 연어의 생이 그렇지 않은가. 자신이 태어난 모천으로 돌아와 알을 낳은 후 먹이를 먹지 않고 죽음을 택한다는 이야기를 과연 아이는 어떻게 받아들일까.

남편의 사망과 딸의 의식 회복이 교차하는 소설의 결말은 어떻게 해석해야 할 것인가? 작가는 이 장면을 위해 용설란이라는 소재를 가져왔으리라 짐작된다. 약간은 작위적인 느낌도 들 수밖에 없는 사망과 소생의 교차 사건은 꽃을 피워 후손에게 모든 것을 아낌없이 주고 생을 마감하는 용설란의 속성을 활용한 결과로 읽을 수 있다. 남편의 오랜 관심과 노력 끝에 용설란이 꽃을 피웠고, 우연적이기는 하지만 얼마 지나지 않아 남편은 사망한다. 마찬가지로 우연적이기는 하지만 때마침 딸은 다시 생명을 회복한다. 다소 개연성은 떨어지지만 사건의 선후관계로 이어져 있는 일련의 사건들은 딸을 향한 남편의 간절한 소망을 선명히 보여준다.

소설은 비극으로 끝난다. 코로나19와의 싸움이 아직 끝나지 않은 상황에서 섣부른 해피엔딩은 금물이다. 생명이 꺼져가는 남편에게, 핸드폰 영상으로 남편의 희망이자 구원자 역할을 했던 용설란꽃을 전송하는 것이 이 상황에서 취할 수 있는 최선의 행동이다. 바로 이때 이 소설은 화면에 나타난 남편의 눈에서 눈물이 흘러내리는 모습을 놓치지 않는다. 남편이 코로나19를 극복하는 상상적인 해피엔딩은 아니지만 딸의 회복을 간절히 바라던 남편의 소망이 마침내 이루어졌음을 남편도 인지했음을 표시하는 소설의 마지막 결말은 작지만 제법 큰 위안이다. 비극을 회피하지도 않으면서 작은 희망의 노력을 놓치지 않아야 한다는 것, 이것이 이 소설이 코로나19 시대를 살아가는 우리에게 전해주는 메시지이다.

일상의 기하학

초판 1쇄인쇄 2024년 9월 13일
초판 1쇄발행 2024년 9월 20일

저　자 장두영
발행인 박지연
발행처 도서출판 도화
등　록 2013년 11월 19일 제2013-000124호
주　소 서울시 송파구 중대로 34길 9-3
전　화 02) 3012-1030
팩　스 02) 3012-1031
전자우편 dohwa1030@daum.net
인　쇄 유진보라

ISBN | 979-11-92828-61-9 *03810
정가 15,000원

잘못 만들어진 책은 교환해 드립니다.
저자와 출판사의 허락 없이 책의 전부 또는 일부 내용을 사용할 수 없습니다.
도화道化, fool는
고정적인 질서에 대한 익살맞은 비판자,
고정화된 사고의 틀을 해체한다는 뜻입니다.